古代歷史文化研究輯刊

十三編

王明蓀 主編

第 7 冊

漢唐軍事史論集

張曉東 著

國家圖書館出版品預行編目資料

漢唐軍事史論集／張曉東 著 -- 初版 -- 新北市：花木蘭文化出
版社，2015〔民 104〕
序 4+ 目 2+224 面；19×26 公分
（古代歷史文化研究輯刊 十三編：第 7 冊）
ISBN 978-986-404-017-9（精裝）
1. 軍事史 2. 文集
618   103026947

ISBN-978-986-404-017-9

9 789864 040179

古代歷史文化研究輯刊
十三編 第七冊   ISBN：978-986-404-017-9

漢唐軍事史論集

作　　者　張曉東
主　　編　王明蓀
總 編 輯　杜潔祥
副總編輯　楊嘉樂
編　　輯　許郁翎
出　　版　花木蘭文化出版社
社　　長　高小娟
聯絡地址　235 新北市中和區中安街七二號十三樓
　　　　　電話：02-2923-1455／傳真：02-2923-1452
網　　址　http://www.huamulan.tw 信箱 hml 810518@gmail.com
印　　刷　普羅文化出版廣告事業
初　　版　2015 年 3 月
定　　價　十三編 27 冊（精裝）台幣 52,000 元

漢唐軍事史論集

張曉東　著

作者簡介

　　張曉東，男，（1977～），籍貫山東威海。上海師範大學歷史系 01 屆史學士畢業，上海師範大學人文學院 05 屆中國古代史專業碩士畢業，華東師範大學歷史學系 08 屆博士畢業，2008 年入上海社會科學院圖書館文獻部任助理研究員，2009 年轉入歷史研究所從事中國古代史專業至今。現任上海社科院歷史所助理研究員，上海社會科學院海洋戰略中心副秘書長，中華能源基金會特約戰略分析師。

　　作者十多年來專攻軍事史和漕運史，近年來不斷研究海洋史，曾參與《中華大典·歷史典·編年典》明代部分及《中華大典·歷史典》魏晉南北朝部分編寫工作，字數達 150 萬字以上，參與中國外交部交辦上海社科院海洋戰略研究中心重大課題《21 世紀海上絲綢之路若干問題研究大綱》，獨立承擔完成上海社科院一般課題《唐代的海上力量與東亞地緣博弈》、《隋唐海上力量和東亞地緣政治》、上海社科院十八屆三中全會重大改革問題系列研究課題《領導幹部實行官邸制相關問題研究──歷代官邸製成效借鑒研究》。曾撰寫專著《漢唐漕運與軍事》，係「上海市學術著作出版基金」資助出版，入上海市社會科學博士文庫第 12 輯，上海書店出版社 2010 年出版。四十餘萬字。曾撰寫歷史與國際關係論文二十餘篇，在雜誌、報紙等媒體發表時政評論十餘篇。

提　　要

　　《漢唐軍事史論集》收錄了作者關於十多年來的軍事史研究的大多數論文成果，多數曾公開發表，研究內容跨越先秦秦漢到隋唐五代的運河軍事史和海洋軍事史課題。文集分為四章，分別論述了四方面的內容，第一是先秦秦漢的國家軍事權力如何借助運河漕運倉儲得以確立，運河漕運倉儲的重要戰略功能，以及相關的學術回顧；第二是魏晉南北朝時期國家軍事權力如何繼續利用漕運倉城，圍繞交通要衝進行戰略預置和軍事爭奪，以及相關的重要資料梳理；第三是隋唐五代大一統軍事政治集權是如何利用漕運來樹立，卻又如何與漕運體系相始終地崩壞，並再次實現一統局面與漕運體系的互為促進；第四，從海洋史的角度論述了隋唐東亞地區的重要軍事問題，包括海陸軍事力量對東亞地緣政治局面的影響，以及從軍事地理的角度認識何者為重要的戰略因素。論文集是作者多年的心血，反映其對軍事史的深刻理解，觀點論證自成體系，頗值得一讀。

自序：從運河到海洋的軍事史研究

　　屈指一算，自我起筆寫第一篇與軍事有關的論文《周世宗的統一活動與漕運政策》至今已經超過十年了，光陰似箭，我也從一名中國古代史的碩士生成長為一個涉足軍事史研究領域的科研人員。如今蒙花木蘭文化出版社的資助，我有幸將主要為單篇發表的相關論文結集出版，在此處首先對出版社的工作人員致以由衷的感謝。個人的軍事史與漕運史研究工作因此暫告一段落，雖然和很多前輩相比沒有取得多大的成績，但是可以因此回顧以往探索歷程，以便為新的更高的學術攀登做出新的準備。

　　其實除了學術總結，回顧求學的歷程是有趣的事。作為一名深愛歷史學科的學人，我對專業的興趣非止一日。當我還是個稚童時就已經對歷史題材的書籍，包括古典文學有著濃厚的興趣，一層層爬上我父親的書架，等他發現已經看舊看爛了幾本通俗演義小說，但對於軍事歷史和軍事問題的興趣卻是後來才逐漸產生。成人之後，如願以償，我讀了上海師範大學人文與傳播學院歷史系，並在 2002 年師從古代史特別是佛教史和中古史的研究名家嚴耀中先生，攻讀碩士學位，研究方向是魏晉隋唐史。每個院系各有自己的風格，上師大古代史專業有一個從我師祖程應鏐先生開始就有的良好教學傳統，就是研究生開學以後要讀一年的編年史如《資治通鑑》，打下做學問的基礎。我跟老師上課，受益於這個傳統很大，最初基本的學術功底主要都是當時跟嚴師和另一位老師虞雲國教授在第一年的課程裏打下的。虞雲國老師，也是我的師叔，他是宋史名家，其課程是講史料學和歷史文獻等基本功的，現在回憶起來感覺自己雖然沒有能夠好好地完全消化，但是獲益同樣彌足珍貴，而且虞老師的課程內容的寶貴價值必決不僅限於個別師生。

我的首篇軍事史論文《周世宗的統一活動與漕運政策》是在碩士二年級開始構思撰寫的，起因是受嚴老師的啓發。導師做學問比較精純紮實，人也和藹可親，我讀本科的時候已經被他的《漢傳密教》所吸引。讀了碩士之後我才發現他的嚴格嚴厲一面也還是有的，令我也不敢懈怠。讀《通鑑》到了隋朝一段，導師論及隋煬帝開大運河，說道運河可以運兵運糧，我當時感覺很新奇。讀到《通鑑》末尾部分五代周世宗北伐的段落，其中有段記載是司馬光一氣呵成的周世宗北伐作戰，非常吸引人。周世宗是一代豪傑，帝王中之傑出者，胸懷霸業，採納良策，重用賢俊，圖謀再造河山一統，且自比唐太宗，或是以太宗皇帝爲偶像，文略武功能開宋初氣象，唯可惜天不假年，英年早逝，然而他的事迹及其中包含的歷史智慧吸引了我。我發現這段記載不僅記載了周世宗疏通運河運兵北上，還記載了相關漕運與軍事活動的相關日期，進軍速度較快，我就開始對漕運的軍事功能發生了濃厚的興趣，開始思考是否運河漕運提高了周世宗用兵的後勤效率？於是鑽了進去，一鑽就是十年。

這篇論文一成，發表雖是數年之後在《歷史教學問題》上，並不是多麼優秀的文章，然而當初成形後卻是充當了碩士論文的思想基礎，保證了畢業拿學位的事情。這篇論文是我第一篇軍事史論文，也是第一篇漕運史論文，當然也是「漕運與軍事」這一研究角度的首篇論文，雖然論文寫作存在一些問題，但卻是我之後多年軍事史研究的開端。這個小題目的寫作經驗告訴我，原來從軍事史角度看漕運問題研究還有不少可以做，特別是結合軍事地理的角度，可以闡發更多的研究題目。之後無論碩士論文還是博士論文都是圍繞「漕運與軍事」這個過去比較薄弱的研究領域展開的。

碩士畢業後，我進入華東師範大學歷史學系師從章義和先生，攻讀博士學位。章師興趣很廣，人也有性情豪爽的一面，讀書期間我多蒙關照。新導師對學術工作的要求也是高標準的，印象最深的是對學術規範的要求，對我良好學術習慣的養成起了重要的督導。導師指定我做「漢唐漕運與軍事」這一課題，把從秦漢到隋唐的漕運和軍事的關係梳理出來，繼續推動我在這條路上前進。由於博士論文有著獨有的體例要求，很多古代漕運和軍事的關係問題不可能一下子研究透，但是提醒我很多思考，留待後來努力。經過博士階段的努力，我發現漕運的軍事功能與戰略功能非常重要，過去顯然是被低估和忽視了，對於深入挖掘有了更多的信心。

拿到博士學位以後，我進入上海社會科學院圖書館文獻部工作。作為研究人員，工作以後一年，轉入歷史研究所供職。可以研究自己感興趣的學術，感覺很理想，儘管已經瞭解到當時歷史所人際環境惡劣。工作後發表的第一篇論文是《秦漢漕運的軍事功能研究——以秦漢時期的漕倉為中心》，當時寫作的初衷是因為發現了漢唐不少漕運倉城的戰略價值很高，承擔了古代國家借助漕運和倉儲完成國內地緣戰略規劃的功能。於是企圖把自己的漕運史研究擴大成囊括倉儲問題的「大漕運史」，並以此為理論基礎先後設計兩個倉儲史課題去申請院課題，計劃作作倉儲史。由於種種原因申請院課題不能成功，發現並非偶然，於是放棄，但對學科學術研究和學術資源的關係仍不甚明瞭。

工作六年來我對漕運史和軍事史的興趣始終濃厚，而對軍事史的興趣卻開始從內陸運河轉移到了東亞海洋。我關於海洋軍事史的第一篇論文是《唐太宗與高句麗之戰跨海戰略——兼論海上力量與高句麗之戰成敗》，發表在《史林》2011 年第 4 期。題目的緣起是在博士論文寫作中發現的隋唐東亞海戰造船運輸史料，和閱讀復旦韓昇教授的《東亞世界形成史論》一書所得的觀點啟發，從隋唐在東亞地區戰爭中用糧用船搞漕運的狹窄視野拓展到了地緣戰略的觀察角度。於是，我發現唐太宗在唐代東亞戰爭中起了關鍵的戰略決策作用，而對課題的深入研究又使我開始如饑似渴地尋找韓國和日本的古代史料。唐太宗是中華民族的英雄，傑出的君王，曾身經百戰，有雄才大略，是中國古代優秀的戰略家，在讀史的時候他的歷史功績一直刺激著我對歷史的探究欲亡。經過探索，我發現過去自己從沒在教材中讀到任何關於唐新戰爭的相關記載，哪怕蛛絲馬跡，顯然這不應該成為被遺忘的歷史，而對這場影響東亞格局的重要戰爭深入研究後我發現原來中國人古代就曾因為黃海海戰的敗績而喪失對朝鮮半島的主導權，這遠遠早於甲午戰爭，如果說國人要吸取所謂「黃海是國門」、「黃海制海權很重要」之類的歷史教訓，那從唐新戰爭就應該開始了。進而我認識到，東亞的歷史與中國密切相關，軍事歷史問題的研究更是有很多文章可做，特別是軍事地理和海洋史的角度。

專門史研究需要借助專門學科的理論方法，這不言自明。其實我個人對於軍事的興趣在我寫第一篇軍事史論文之前已經有相當一段時間。作為男性，對於軍事知識感興趣是很容易和普遍的。在本科畢業的時候，我上的最後一門課程是地理學概論，據說這是系裏認為是歷史學科必修而設立的課程，當時我交的本科期間最後一份作業是結合麥金德的地緣政治理論看中國

周邊的地緣戰略重心，三千字，博士期間也把這樣一篇作業擴展成政治課程「西方哲學史」作業論文，一萬字。選擇這樣一個地緣政治學色彩濃重的題目是因爲我在地理學教材中看到政治地理學部分裏麥金德爵士的理論見解，對他的學術大感興趣，很快我就在人文學院的閱覽室裏找到了《歷史的地理樞紐》這部偉大的著作，由於這位大師的海陸二分法地緣政治研究論述從歷史發展和地理形勢入手，且二者皆屬我個人的重要閱讀興趣，其背景知識很多來自歷史學，因此我讀起來毫不費力，並無國際關係和歷史學學科間的生疏感，相反親切感很重。可以說麥金德爵士勾起了我對歷史軍事地理甚至地緣政治學的深刻閱讀興趣，這種興趣在我個人文章中最大的影響就是我偏重對軍事問題作地理的分析，包括對交通地理條件的關注，我的畢業論文和近年來的研究全都體現出這一點。日久天長，這種對軍事學的閱讀興趣和軍事史研究相互促進，我開始讀更多的地緣政治學和軍事學著作，不僅麥金德，馬漢也成爲我重點借鑒的理論家對象，特別是在我開始研究海洋軍事史之後，對兩位人文巨匠的理論借鑒欲望日益增強，不僅在研究東亞海洋軍事史的時候要借鑒他們的方法和視角，近年來撰寫的幾篇國際問題小評論中也貫穿始終著相關的理論視角。

今年秋天，9 月 17 日，是中日甲午戰爭大東溝海戰 120 年紀念日，在所裏的紀念座談會上我發表了《馬漢對甲午海戰的分析》一文，終於有機會借直接研究馬漢的軍事思想來推動自己的海戰史研究，並做新的拓展，就我個人而言，相對於究竟能夠取得多大成績的欲望而言，研究活動這種「智力遊戲」所帶來的樂趣更加重要，這是難以言喻的快樂。當然，學術是公器，並非個人滿足私欲，學術研究也必須追求價值，受規則約束，不能僅僅放縱興趣。

2014 年 10 月 5 日
於滬上方圓居

目次

第一章　秦漢國家軍事權力與運河漕運

第一節　先秦秦漢漕運史研究概觀

（原文發表於《臨沂師範學院學報》2007年第2期，今作大幅度修改，加入過去發表前刪去的很多相關論述。）

摘要：

　　先秦秦漢漕運史研究在古代漕運史研究中具有突出地位，其各方面研究成果從總體來說已經很豐富，故作學術回顧以圖推動研究。就現有成果來看，漕運的開創問題上存在不同觀點，而漕運與經濟的關係研究已經比較深入，漕運與政治軍事、漕運與社會文化的關係研究方面還有薄弱的課題點，漕運工程沿革研究在早期運河史上仍然存在著爭議，也有一些新的研究角度比如從歷史地理和環境史的角度對運河、漕運與環境的互動關係等課題仍然有探索的空間。

關鍵詞：先秦；秦漢；漕運史；研究

　　漕運是中國古代的「國之大政」，因此也受到古今學者的關注和研究，時至今日，漕運史已經取得了豐碩的研究成果，有李治亭的《中國漕運史》、吳琦的《漕運與中國社會》、陳峰的《漕運與古代社會》等專門研究著作出版，

也有一些單篇論文。漕運或漕運制度，按多數學者的觀點開創於秦漢，李治亭、吳琦、陳峰等漕運史研究專家都持此觀點，當然也有學者將漕運的起源追溯到更早或是略晚，因此先秦秦漢漕運史的研究就在中國漕運史中具有特殊地位，故筆者對先秦秦漢時期漕運史研究的梗概作一學術回顧，將有助於研究的繼續深入。

一、漕運的開創問題

現有研究中，不少學者都把漕運的涵義等同於漕運制度或漕運活動，並由此判斷漕運開創時間，因此出現了春秋開創說、秦漢開創說、西漢開創說等不同觀點。此外，針對漕運出現的原因，不同學者對此也有不同的看法。這個問題涉及對漕運定義和內涵的認識。

李治亭對漕運的定義是「漕運是中國古代的水上運輸，它由國家經營，處於中央政權的直接控制之下，通過漕運，把徵收的稅糧及上供物資，或輸往京師，或實儲，或運抵邊疆軍鎮，以足需要，並藉此維護對全國的統治」。他認為「秦漢時期，是漕運的初創階段」，秦漢的大一統在經濟上的需求，諸如首都供糧和邊防糧餉供應的需要，導致了漕運的發展，大一統也為漕運提供了客觀條件。此外李治亭把漕運的起源追溯到先秦，提出只有在農業生產成為社會生活的基礎，政治上達到大一統的情況下，漕運才可能在全國範圍內實行，春秋時出於兼併戰爭的需要各諸侯國實行新的政策和戰略，開闢水路，吳國開邗溝則「為中國古代運河與漕運史寫下了第一頁」。〔註1〕

吳琦對漕運的定義做了深入詳細的探討，把漕運的涵義總結為：（1）漕運是封建中央政權通過水道強制性轉運官糧等物質的一種形式；（2）漕運主要運往京師，以滿足京城皇室、官兵及百姓的用糧需要；（3）漕運與封建社會的政治、經濟、軍事、文化、社會生活等各個領域都有密切聯繫，具有廣泛的社會功能；而漕運生成的原因，一是官僚機構需要的糧食供應，二是封建軍事體系供養的需要，三是遏制社會不安定因素和賑濟災荒的需要。吳琦指出漕運的產生與封建集權政治的產生和發展有著密切的關係，先秦沒有強大的中央集權，所以沒產生漕運。他認為秦漢雖然形成了統一，但由於市場的不發達，封建王朝只能依賴對農民的賦稅徵收，為了征集全國的糧食而發

〔註 1〕李治亭：《中國漕運史》，臺北：臺灣文津出版社，1997 年，（民國八十六年八月），第 1 頁，第 47 頁，第 36 頁，第 6 頁，第 12 頁。

展了漕運事業。〔註2〕

　　陳峰把「漕運」定義爲「一種由封建中央政府組織的、大規模水路物資徵運制度」，認爲先秦經濟發展水平限制了作爲一種制度的漕運產生。秦朝統一以後，由於控制和利用全國財賦收入，削弱地方實力，享用四方出產物資等經濟需要，漕運作爲集權統治的產兒誕生，在統一王朝時期，漕運發展態勢好，到分裂割據之時，漕運的發展萎靡不振。〔註3〕

　　研究秦漢以後歷史階段的斷代漕運史，也有上溯的內容，也有值得一提的好觀點。彭雲鶴對漕運和漕運制度作了嚴格區分，分別定義，而他對漕運開創時間的認定比李治亭、吳琦、陳峰諸人要早。他把漕運定義爲「故而凡由水道運送糧食（主要指公糧）和其它公用物資的專業運輸，均可稱爲「漕運」，而把漕運制度定義爲「圍繞這一活動所制定的各種制度」。他指出漕運制度創始於春秋，因爲在自然經濟占主導地位的封建社會，地區經濟發展不平衡，商品交換關係不發達，經濟重心不斷南移，同固守在北方的政治軍事中心相去日遠，但封建政府卻欲滿足日益增長的財政需要，且當時首都和畿輔附近地區不足以供給，亦無全國性商品市場補足，所以必須發展漕運。「從春秋戰國、秦、漢、直至魏晉南北朝，乃是我國漕運制度的創始和初步發展時期」。〔註4〕李文治和江太新的《清代漕運》〔註5〕把漕運制度沿革的歷史從秦漢說起，顯然也認爲漕運制度起源於秦漢。

　　史念海認爲秦統一後僅依靠關中平原和成都平原的糧食是不夠的，但爲對抗西北的匈奴，秦朝不能東遷，爲了聯繫政治中心咸陽和經濟中心定陶，秦朝發展起以鴻溝爲主幹的漕運事業。〔註6〕此外，他在《春秋以前的交通道路》一文中根據《史記集解》中許慎對商紂王鹿臺存有大量「漕粟」的說法，作出該「漕粟」可能是由黃河漕運所得的推測。如果這一推測可以成爲定論，

〔註2〕吳琦：《漕運與中國社會》，武漢：華中師範大學出版社，1999 年版，第 4 頁，第 8 頁。

〔註3〕陳峰：《漕運與古代社會》，西安：陝西人民教育出版社，2000 年版，第 2 頁，第 6～7 頁。

〔註4〕彭雲鶴，《明清漕運史》，北京：首都師範大學出版社，1995 年 9 月.第 9 頁，第 4 頁，第 15 頁。

〔註5〕李文治，江太新：《清代漕運》，北京：中華書局，1955 年版，第一章「中國古代漕運制度的發生與演變」。

〔註6〕史念海：《中國的運河》，重慶：重慶史學書局，1944 年版，第三章「秦漢時代對於漕運網的整理」。

則史先生提出了殷商開創漕運論。〔註7〕

　　安作璋主編的《中國運河文化史》認爲導致運河開鑿的原因是戰爭的需要和向京城運輸的需要，「西漢都城地理位置偏於西部，每年要從關東地區調運大批糧食，於是『漕運』作爲一種新的運輸手段登上歷史的舞臺」。〔註8〕這是對漕運的開創時間界定較晚的一種觀點。

　　對漕運的定義主要有以上幾種，共同特徵是把漕運看成一種滿足古代國家經濟需要的制度，這種制度以運輸糧食爲主要內容，看是經濟制度但是爲政治服務的意義很強烈。關於漕運制度的開創時間，主流觀點是在秦漢大一統建立後。按照各家觀點的共同點，漕運制度產生的原因，可以理解爲就是在中國這樣一個面積廣闊而區域經濟發展不平衡的大國裏建立大一統政治制度的需要。但在某些問題上觀點分歧的存在，比如漕運和漕運制度是否是同義，許愼所說的「漕粟」究竟是應該怎樣理解等，說明還有深入討論的必要。

二、漕運與經濟

　　以往的漕運史研究往往把重點放在經濟史角度，這是因爲漕運活動與經濟的關係最爲直接密切，因此這方面的研究成果相對最爲豐富。漕運與經濟大致可以分爲漕運與財政，漕運與社會經濟，漕運與都市，漕運與運河交通，漕運與糧倉等方面的課題。

　　第一，漕運與財政。在很多已有的研究成果中，都非常強調漕運對大一統的經濟支持，這是古代國家利用漕運解決自己的財政問題，包括利用漕運連接首都地區和經濟中心。

　　李治亭認爲秦漢大一統在經濟上的需求導致了漕運的發展，並對秦漢漕運對中央政府和邊防的經濟支持作用作了論述〔註9〕。吳琦也探討了這種支持作用，認爲秦朝爲聯繫關中的政治中心和黃河下游的經濟中心，利用鴻溝、濟水、黃河、渭河組成的漕運線，並提出秦漢漕運的階段性特點是漕糧多爲軍事需用，無常制、無常時、無常額。〔註10〕陳峰提出漕運產生的原因包括

〔註7〕史念海：《河山集（三集）》，北京：人民出版社，1988年版。

〔註8〕安作璋主編：《中國運河文化史》，濟南：山東教育出版社，2001年版，第一編「早期運河與運河文化」的第一章「早期運河的開鑿」。

〔註9〕李治亭：《中國漕運史》，臺北：臺灣文津出版社，1997年（民國八十六年）版，第二章「秦漢漕運的開創」，第47～52頁。

〔註10〕吳琦：《漕運與中國社會》，華中師範大學出版社，1999年年版，第二章，「漕

秦朝統一後控制和利用全國財賦，削弱地方實力，享用四方出產物資等需要。
〔註 11〕冀朝鼎認爲由於古代農業經濟的封閉性、地方性以及商業與交通發展的局限性，統一與中央集權的順利實現依賴於對基本經濟區的控制，漕運的作用就在於向統治中心徵運基本經濟區的漕糧，這一論斷「實際上對於秦以後的每一個朝代都是適用的」。〔註 12〕

史念海認爲秦統一後爲把政治中心和經濟中心定陶聯繫起來而發展漕運。他曾選取三門峽漕運作爲漢唐漕運的觀察點，探討了關中地區糧食生產及其需要，認爲統治階層的奢侈浪費是漕糧需求的主因，雖然關中地區不能擺脫對關東漕糧的依賴，但由於封建生產關係的束縛，關中糧食生產沒有得到最大限度的發揮。〔註 13〕黃盛璋的《歷史上黃、渭與江、漢間水陸聯繫的溝通及其貢獻》〔註 14〕指出由於黃渭運道和江淮運道的地理局限性，建都於北方的王朝開闢漕運渠道來解決物資轉運，考證了漢唐和北宋溝通南北的開渠工程，分析了其中的歷史經驗和教訓。

潘京京《略論秦漢時代的運河和漕運》〔註 15〕論述了秦漢時代對運河的整理、開鑿和經濟歷史作用，論證秦代爲了解決政治中心咸陽和經濟中心定陶難於聯繫的矛盾，在全國範圍發展起漕運。

蔡萬進《秦國糧食運輸政策探略》〔註 16〕指出秦朝糧食運輸政策的內容，一是收納租糧的運輸，二是地區間糧食調節運輸，三是軍需與工程建設用糧運輸，認爲秦自戰國末就開始溯黃河將中原的糧食運往關中，從戰爭運糧活動和法律規定、轉運體系等方面對秦國糧食運輸政策進行了探討，並指出秦的糧運有陸運和漕運兩種方式。

第二，漕運與社會經濟。漕運對社會經濟的影響主要是漕運的副作用，而非古代統治者實行漕運制度的初衷。吳琦分別從漕運與商業經濟、漕運與農業經濟等角度進行論述，其觀點精到，但可惜對古代早期的漕運論證相對

運與中國政治」，第 8～10 頁，第 14 頁。
〔註 11〕陳峰：《漕運與古代社會》，西安：陝西人民教育出版社，2000 年版，第 6 頁。
〔註 12〕冀朝鼎著，朱詩鼇譯：《中國歷史上的基本經濟區與水利事業的發展》，北京：中國社會科學出版社，1981 年版，第 10 頁。
〔註 13〕史念海：《三門峽與古代漕運》，《人文雜誌》，1960 年，第 4 期。
〔註 14〕黃盛璋：《歷史地理論集》，北京：人民出版社，1982 年版。
〔註 15〕潘京京：《略論秦漢時代的運河和漕運》，《雲南師範大學學報》，1993 年，第 1 期。
〔註 16〕蔡萬進：《秦國糧食運輸政策探略》，《鄭州大學學報》，2001 年，第 1 期。

簡略。安作璋主編的《中國運河文化史》第一編第三章對運河區域農業、手工業、商業等產業和運河區域主要城市的發展與運河的關係作了探究。〔註 17〕陳璧顯主編的《中國大運河史》第二章第三、四節討論了大運河的社會經濟作用，研究了吳大城、開封、洛陽、安陽、陶、薊等運河城市的經濟發展歷程。〔註 18〕傅築夫認爲先秦運河的開鑿與溝通對經濟發揮了重大影響，促進了商業發展，把不同的地區甚至不同生產部門聯繫起來，促使國民經濟體系形成。〔註 19〕1984 年唐史學會組織運河考察隊編寫的《運河訪古》〔註 20〕是專業領域中的優秀論文集，其中蔣福亞的《三吳地區經濟的發展和江南河的開鑿》一文對古代三吳地區經濟發展與水利的關係作了探討，指出早在春秋時吳越已經借興修水利和開闢水陸交通來加強地方經濟聯繫，秦始皇疏通了江南河北端故道來加強統治。石凌虛的論文《秦漢時期山西水運試探》〔註 21〕討論了秦漢時期山西的糧食基地和利用黃河、汾河連接糧食基地和統治中心的水運問題，以及當時三門峽對山西向東水運的不利影響。

第三，漕運與交通、都市。漕運本身是交通發展到一定程度的產物，而漕運線路的沿革引起交通的變遷，而交通的變遷又導致都市的興衰，三者關係非常重要。

陳峰在《漕運與古代社會》第五章「漕運、運河與古代的都市及社會生活」中指出「正是由於漕運、運河的長期存在，才造就了舉世罕見的都城繁榮，形成了工商業城市密佈運河的格局」。

王子今的《秦漢交通史稿》一書〔註 22〕的第五章《秦河內河航運》把研究重點放在漕運上，分按黃河、長江、珠江三水系和人工河道四方面論述航運路線及其開闢原因及運河狀況和歷史作用，認爲「秦漢河運的成功，對於交通史的進程表現出顯著的影響。」他還認爲秦漢主要河流的主要河段都已通航，爲

〔註 17〕安作璋主編：《中國運河文化史》，濟南；山東教育出版社，2001 年版，第一編「早期運河與運河文化」。第三章「運河區域社會經濟的發展和城市的興起」。
〔註 18〕陳璧顯主編：《中國大運河史》，北京：中華書局，2001 年版，第二章，第二節「早期大運河的作用」。第三節「早期大運河沿岸城市的興起」。
〔註 19〕傅築夫：《中國封建社會經濟史》，北京：：人民出版社，1981 年版，冊 1，275 頁，第五章「東周時期社會經濟的變化和發展」。
〔註 20〕唐宋運河考察隊：《運河訪古》，上海：上海人民出版社，1986 年版。
〔註 21〕石凌虛：《秦漢時期山西水運試探》，《晉陽學刊》，1984 年版，第 5 期。
〔註 22〕王子今：《秦漢交通史稿》，北京：中共中央黨校出版社，1994 年版。

便利漕運還開通了許多人工河流，爲後世河運發展也奠定了基礎。〔註23〕房仲甫和李二和研究春秋戰國的水運，認爲戰國成爲先秦水運最發達的時期，其特點是以都城爲中心輻射，並指出漢代「以定陶爲中轉港之一的關東水運，主要表現在轉輸京都漕糧和商品運輸方面，而其中流經齊、魯地區的濟、泗、菏等水系的水運則發揮了重大作用。」〔註24〕

傅築夫探討了春秋戰國時期開鑿的運河的經濟影響，提出邗溝反映了春秋末年交通建置上的一個巨大成就是運河的開鑿，「這是中國歷史上第一次把同一緯度、東西流向的天然河流用南北流向的人工運河連接起來」。〔註25〕在研究秦漢漕運交通運輸過程中考證了秦漢水陸交通與漕運的開發總體狀況，〔註26〕

白壽彝主編的《中國通史》肯定了靈渠對秦統一的作用，認爲靈渠的興建溝通長江水系和珠江水系，形成了更合理的生態環境，擴大了內河航行範圍，爲中原地區與嶺南的經濟文化交流提供了有利條件，〔註27〕指出秦也利用長江通水運，秦始皇出巡也利用和開鑿水運通道，〔註28〕西漢定都關中，後來漕運的狀況變得艱難，所以西漢以後交通中心向洛陽轉移。〔註29〕

史念海考證了吳國開鑿的運河及其區域交通意義，提出定陶作爲經濟和交通中心在菏水和濟水分流處興起，是受邗溝、菏水等運河的影響，對戰國初期開鑿的鴻溝系統及流域內的幾座都市的興起及對文化的溝通作用，對統一的促進作用等問題都有論述，並認爲漢初政簡導致鴻溝蕭條，在遭受黃河泛濫的打擊後，鴻溝流域的都會也隨之衰落〔註30〕。黃盛璋對漢唐渭河及渭漕水運作了

〔註23〕 王子今：《秦漢時期的內河航運》，《歷史研究》，1990 年第 2 期。

〔註24〕 房仲甫、李二和：《中國水運史》，新華出版社，2003 年版，第三章「中國水運事業發展期的初級階段」第 47 頁，第 56 頁；第四章「中國水運事業發展期的高級階段」，第 82 頁。

〔註25〕 傅築夫：《中國封建社會經濟史》，人民出版社，1981 年版，冊 1，275 頁，第五章「東周時期社會經濟的變化和發展」。

〔註26〕 傅築夫：《中國封建社會經濟史》，人民出版社，1982 年版，冊 2，63～76 頁。

〔註27〕 白壽彝主編：《中國通史》第四冊，上海人民出版社，2004 年版，第三卷《上古時代》，第三章「交通、道路、都會」，第 729 頁，第 757 頁，第四卷「中古時代秦漢時期」，第 194 頁。

〔註28〕 白壽彝主編：《中國通史》第四冊，上海人民出版社，2004 年版，第 670 頁。

〔註29〕 同上，第 672 頁。

〔註30〕 史念海：《中國的運河》，重慶：重慶史學書局，1944 年版，第二章「先秦時代地方性運河的開鑿及其影響」，又見《河山集（七集）》，陝西師範大學出版

深入研究，肯定了其經濟作用，並歸納了三點結論，「（一）從縱的方面說，似可大略分爲五個時期：（1）先秦，爲萌芽時期，（2）秦漢，爲興盛時期，（3）魏晉六朝爲中衰時期，（4）隋唐，爲再盛時期，（5）五代以後，爲衰弱時期；（二）從橫的方面說，最通行的僅限於下游即自西安至潼關渭口一段，以西就不常用；（三）從所載運的貨物來說，主要是農產品的糧食與布帛，載人的情形很少」，認爲水少沙多，水量變化大，影響渭河運行。〔註 31〕鄒逸麟的《論定陶的興衰與古代中原水運交通的變遷》研究了古代都市定陶的盛衰與古代河道變遷造成的水運交通變遷的關係。《淮河下游南北運口的變遷和城鎮興衰》也對春秋戰國以來的淮河運口及周邊城市歷史發展作了研究。《從地理環境角度考察我國運河的歷史作用》一文研究了歷史上運河的地理條件及航運價值，運河對地理環境的影響，運河通航和農業生產的矛盾三個重要問題。《略論歷史上交通運輸與社會經濟發展的關係》則探討了不同時期交通運輸與區域經濟發展、交通路線的開闢與變遷與城市的布局關係極大，大運河的變遷與盛衰，都對城市興衰有著巨大影響。以上論文都是從環境史和交通史、城市史特別是歷史地理學角度研究漕運與運河的學術傑作。

余天熾《秦漢時期嶺南和嶺北的交通舉要》〔註 32〕論及運河水路的開闢，指出秦人擴築山路，聯繫南北水道，使嶺南北交通呈現出水路爲主，水陸兼程的特點，漢代開闢了一批道路和水路，呈現擴築爲主，新辟爲輔的特點，促進南方開發。張承宗和李家釗在《秦始皇東巡會稽與江南運河的開鑿》〔註 33〕一文中考證了秦始皇在江南開鑿運河的起始和所經，提出秦始皇企圖鑿壞地脈來壓制東南王氣，結果把春秋運河加以延長。之後運河以蘇州爲中心，北通丹陽，南達嘉興，初步形成了江南運河網，促進太湖平原水上交通，加強了江南和中原的交通經濟聯繫。

李珍、藍日勇《秦漢時期桂東北地區的交通開發與城市建設》〔註 34〕結

社，1991 年版，收錄的《戰國時期的交通道路》，另見第三章「秦漢時代對於漕運網的整理」。

〔註 31〕 黃盛璋：《歷史上的渭河水運》，見《歷史地理論集》，原載《西北大學學報》1958 年 1 期。

〔註 32〕 余天熾：《秦漢時期嶺南和嶺北的交通舉要》，《歷史教學問題》1984 年 3 期。

〔註 33〕 張承宗、李家釗：《秦始皇東巡會稽與江南運河的開鑿》，《浙江學刊》1999 年 6 期。

〔註 34〕 李珍、藍日勇：《秦漢時期桂東北地區的交通開發與城市建設》，《廣西民族研究》2001 年 4 期。

合考古發現，認爲自秦始皇統一嶺南後，便致力於桂東北地區的交通開發和城市建設，在當地建成了包括靈渠在內的水運線爲主，陸運線爲輔的交通體系，促進了地區社會經濟文化的發展。

第五，漕運與倉儲。

呂思勉在《秦漢史》一書中〔註35〕指出「倉儲、漕運，在當時均爲要政」，認爲當時倉儲很多，「形要之地，所積尤多」，倉儲也兼有轉漕和糴糶的功能，且自漢代開始首都要依賴他處的漕糧供給，對漢代常平倉制度的源起、運行實效作了考辨。王子今《秦漢交通史稿》把敖倉看成秦漢國家倉儲系統最高典範，論述了它在楚漢戰爭、黥布叛亂，七國之亂等戰爭中的戰略作用，還對京師諸倉的建造、儲存、作用作了考證，認爲積穀多來自關東漕運，「基本用於支應京師消費和西北軍備，極少可能向東回流。」〔註36〕並討論了河西倉庫與郡國倉庫的儲存與使用制度。關於漕倉的研究還有一些從軍事角度進行的，將在下文進行討論。

總的來看，從經濟史角度對漕運進行研究的成果已經比較豐富，特別是漕運與國家經濟生活，漕運與交通、在政治中心與經濟重心連接中漕運的作用問題等方面。比如漕運線連接政治中心關中地區和經濟重心定陶的觀點得到很多學者的認同。研究成果相對不足的課題是漕運與都市，漕運與糧倉。在這些課題方面先秦秦漢的研究已經相對落後於唐宋以後特別是明清的漕運研究，先秦史的關於漕運與都市的研究主要集中在幾個大都市，秦漢史的同類研究也不平衡，對漕倉的研究只集中於秦漢的敖倉等大倉庫，專門的糧倉研究也是如此。又比如傅崇蘭的《中國運河城市發展史》是研究運河、漕運與城市關係的很好的專著，但是主要研究對象是京杭大運河沿線城市。這裡的主要原因恐怕是秦漢資料的相對缺乏。

三、漕運與政治軍事

漕運在歷史上所發揮的政治軍事作用並不小於經濟作用，漕運的政治軍事功能也很值得深入研究。軍事活動是政治活動的延伸，而在軍事上利用漕運也是爲政治服務的一種表現。此外，利用漕運爲社會制衡的目的服務看上

〔註35〕呂思勉：《秦漢史》，上海古籍出版社，2005 年版，第 517～519 頁。
〔註36〕王子今：《秦漢交通史稿》，中共中央黨校出版社，1994 年版，第 178 頁，第 329 頁，第 10 章「秦漢倉制與主要糧路」。

去是經濟政策，實質是政治措施。

李治亭指出春秋各諸侯國爲了兼併戰爭的需要，在經濟及軍事等方面實行新的政策和戰略，開闢新水路，並對吳國和秦國在戰爭中利用運河的表現進行了論述，並對秦漢爲供應首都和邊防需要的主要漕運活動進行了考證。〔註37〕吳琦指出漕運的產生與封建集權政治的產生和發展有密切關係，漕運生成的原因包括官僚機構和軍事體系需要的糧食供應，提出秦漢漕運的階段性特點是漕糧多爲軍事需用，屬臨時性的糧食運輸。漕運與集權政治的關係是共盛共衰的。陳峰認爲漕運是集權統治的產兒，並以此對秦代以後漕運的盛衰作了概述分析，提出在統一時期，由於存在著強大的中央集權，漕運始終存在並不斷髮展，而在分裂割據時期，大一統的集權政治暫時退出了歷史舞臺，於是，全國性的統一漕運也煙消雲散，漕運便陷於萎縮、窒息的境地〔註38〕。彭雲鶴指出秦漢開發整理運河網絡對於政權的空前強盛和長治久安，起到了相當重要的保證作用，特別是從全國政治中心通往經濟重心，形成一條橫互東西的大運河，其規模和重要性不下於後世京杭大運河的開鑿。〔註39〕

陳璧顯主編的《中國大運河史》一書也簡論了一些早期大運河的政治軍事作用。〔註40〕

安作璋主編的《中國運河文化史》認爲開鑿早期運河的原因是戰爭的和向京城運輸的需要。戰亂時前者是主因，安定時後者是主因。在分裂的時代，開鑿運河多爲富國強兵，盛世多開挖運河，衰世運河往往被湮塞。在第二章「運河對政治局勢的影響」中探討了運河與春秋戰國爭霸兼併、秦漢統一、東周到魏晉南北朝的民族關係之間的關係，認爲春秋戰國開鑿運河有加強對其他地方政治滲透與控制的目的，也引起軍隊的變化，影響了當時的政治軍事格局，〔註41〕也考證了鄭國渠與靈渠在秦實現政治統一中的作用，兩漢盛衰與開鑿運河的關係，認爲春秋和兩漢時期運河區域民族流動與融合發展最快。

〔註37〕 李治亭：《中國漕運史》，臺北：文津出版社，1997 年（民國八十六年）版，第 12 頁，第 20 頁，第 47 頁。

〔註38〕 陳峰：《漕運與古代社會》，第 6～7 頁，第 17 頁。

〔註39〕 彭雲鶴：《明清漕運史》，首都師範大學出版社，1995 年版，第 9 頁。

〔註40〕 陳璧顯主編：《中國大運河史》，中華書局，2001 年版，第二章第二節「早期大運河的作用」。

〔註41〕 安作璋：《中國運河文化史》，山東教育出版社，2001 年版，第 2 頁，第 64 頁。

　　王其坤的《中國軍事經濟史》認爲秦國佔有巴蜀，利用當地糧食爲征戰
服務，且利用長江水運東下攻楚，而秦統一後，爲農業和軍事運輸的需要疏
通水運道路，修築了靈渠，疏通了鴻溝、咸渠，而劉邦能夠戰勝項羽，依靠
了蕭何在關中的軍事經濟建設，包括借助黃河、渭水開闢軍事交通線，並在
關中建立了很多糧倉。爲保障戰時後勤補給，西漢中期積極開展了包括水路
軍事運輸工程建設，西漢平定南方的戰役也借助海運來支持後勤。〔註42〕

　　史念海考述了春秋時期的吳、楚借助江淮開展軍事活動，認爲由於西北
匈奴的威脅，秦朝都城不能東遷，可僅僅依靠關中平原和成都平原的糧食是
不夠的，爲了聯繫政治中心咸陽和經濟中心定陶，秦朝發展起漕運事業。他
還指出漢武帝時期政治興盛的需要導致了漕運量的上昇，隨之開闢了渭漕，
大力發展漕運。〔註43〕

　　王子今《秦漢時期的內河航運》〔註44〕認爲秦漢時期開通的人工河，成
爲維護專制帝國生存並保證其行政效能的重要條件。上官緒智、溫樂平的《從
秦漢時期造船業看水軍戰船及後勤漕運保障》〔註45〕指出秦漢造船業設有中
央與地方兩級專門機構，造船場分佈合理，範圍較廣，技術得到快速發展，
這些都爲水軍裝備先進的戰船及軍事後勤漕運船的保障提供了強有力支持。

　　值得注意的是，秦漢時期重要的轉運倉庫敖倉一直是從軍事史角度進行
研究的重點。馬彪認爲項羽在楚漢戰爭中不能奪取和堅守敖倉，依賴漫長的
補給線，是他在軍事上失敗的重要原因。〔註46〕宋傑討論了敖倉在整個秦漢
時期戰略地位的變化，認爲在秦代和西漢敖倉都具有重大的戰略意義，在從
秦末農民戰爭到七國之亂等戰爭中發揮了巨大戰略作用，東漢政治中心東
遷，敖倉因此逐漸衰落。〔註47〕王子今把敖倉看成秦漢國家倉儲系統最高典
範，論述了它在楚漢戰爭、黥布叛亂，七國之亂等戰爭中的戰略作用。他對
京師諸倉的建造、儲存、作用作了考證，認爲積穀多來自關東漕運，基本用

〔註42〕王其坤：《中國軍事經濟史》，解放軍出版社，1991年版，第57～101頁。
〔註43〕史念海：《中國的運河》，重慶史學書局，1944年版，第三章「秦漢時代對於
　　　　漕運網的整理」。
〔註44〕王子今：《秦漢時期的內河航運》，《歷史研究》，1990年第2期。
〔註45〕上官緒智、溫樂平：《從秦漢時期造船業看水軍戰船及後勤漕運保障》，《南都
　　　　學壇》，2004年第2期，6～10頁。
〔註46〕馬彪：《敖倉與楚漢戰爭》，北京師範學院學報1987年期。
〔註47〕宋傑：《敖倉在秦漢時代的興衰》，北京師範學院學報，1989年版。

於支應京師消費和西北軍備，極少可能向東回流。〔註48〕郭秀琦、宋建華認爲彭越在楚漢戰爭中以昌邑爲依託，干擾楚軍後方，打擊楚軍糧草運輸線，有效地牽制了項羽，對漢軍重奪滎陽等軍事重鎮和敖倉起到了關鍵作用。

　　在漕運的社會制衡方面發揮的功能也具備相當的政治功效，呂思勉指出秦漢「倉儲、漕運，在當時均爲要政」，〔註49〕並對兩漢運用漕運與常平倉的表現及效果進行了考辯。吳琦在《漕運與中國社會》中專立「漕運與社會制衡」一章，把漕運的社會制衡功能總結爲「賑濟災荒」、「平糶市價」、「漕糧蠲免」三方面，並對前兩個方面在秦漢的表現作了論述，認爲多用於賑濟，少用於平糶，主要因爲糧食市場不發達，南方相對落後；平糶多用來抑商扶農；在漢宣帝建立常平倉前，主要靠漕運平糶。他還指出兩漢主要用漕糧儲運的辦法來減緩災荒的破壞，也常組織大規模的救荒運輸。

　　漕運與政治的關係研究也已經比較深入，很多學者認同漕運與集權政治的密切關係，甚至認爲漕運的發展伴隨集權政治的興衰而起落。軍事活動是政治的延伸，因此想要深入研究漕運與政治的互動不僅要從漕運與大一統的關係和統治者漕運經濟政策角度作理論探討，也必須通過漕運與軍事的密切關係作深入探討，比如漕運網絡與軍事地理戰略安排，漕運交通要地與軍事爭奪等問題也還有拓展的必要。

四、漕運與社會文化

　　發展漕運、開闢運河本事爲政治軍事服務，但是其一個重要的副作用是漕河沿線社會生活與文化事業的發展也隨之促進，這本不是統治者發展漕運的初衷，但在客觀上卻成爲豐富多彩的歷史現象。「運河文化」也是近年出現的新課題，從目前主要研究成果看，運河文化史的研究主要是從廣義文化史的角度進行的，其內涵極爲廣泛，涉及文化傳播、社會生活等多個方面。從這個角度出發，漕運、運河與社會經濟的關係研究甚至漕運與政治的關係研究也和運河文化密切相關。這一方面的研究更多的是從運河史著作中體現出來。

　　2001 年出版的《中國運河文化史》是第一部研究專著，其編寫課題組撰

〔註48〕王子今：《秦漢交通史稿》，中共中央黨校出版社，1994 年版，第 10 章「秦漢倉制與主要糧路」。

〔註49〕呂思勉：《秦漢史》，上海古籍出版社，2005 年版，第 517～519 頁。

寫的《運河文化論綱》一文對運河文化提出了獨到的認識，認爲大運河暢通及沿岸經濟繁榮，使運河區域吸納了文化精華，融會了風情民俗，形成了獨特的運河風情民俗文化。〔註 50〕主編安作璋的《中國的運河與運河文化》指出運河區域社會經濟發展爲運河文化的發展奠定了物質基礎，促進了運河文化的形成。〔註 51〕

　　《中國運河文化史》從哲學、經學、史學、文學藝術、科學技術、學校教育、宗教民俗多方面研究了隋唐以前運河沿線區域文化的興盛。〔註 52〕陳璧顯主編的《中國大運河史》〔註 53〕則討論到了泰伯、伍子胥、夫差、句踐、范蠡、黃歇等先秦時期與運河漕運關係密切的歷史人物，做出簡傳，這也是很好的研究角度，如果能把人物的成長、生活過程和運河的密切關係再突出一些就更好了。於德普《運河文化與運河經濟的發展》〔註 54〕一文提出了很多對運河文化的理論認識，對運河文化的內涵和價值進行了探討。

　　吳琦的《漕運與中國社會》〔註 55〕和陳峰的《漕運與古代社會》〔註 56〕實際上都是從廣義社會史的角度研究漕運。前者對漕運與社會文化關係進行論述，研究了漕運與古代科技、漕運與人文、漕運與區域開發等方面的問題，可惜其對中國古代早期的歷史論證簡略。後者第五章「漕運、運河與古代的都市及社會生活」也討論了漕運運河與社會生活的一般關係。

　　其它很多從漕運交通與經濟互動的角度進行的研究，也對社會文化發展的問題有所涉及，如上文的李珍、藍日勇的《秦漢時期桂東北地區的交通開發與城市建設》〔註 57〕等，在此不再列舉討論。

　　秦漢漕運、運河與社會文化的互動的研究是相對比較薄弱的領域，比唐宋以後，特別是明清以後的同類課題研究比實在是落後了，不僅是因爲資料

〔註 50〕《運河文化研究》課題組：《運河文化論綱》，《山東大學學報》1997 年第 1期。

〔註 51〕安作璋：《中國的運河與運河文化》，《人文與自然》，2001 年第 8 期。

〔註 52〕安作璋：《中國運河文化史》，山東教育出版社，2001 年版，第一編「早期運河與運河文化」的第四章「運河區域文化的繁榮」。

〔註 53〕陳璧顯主編：《中國大運河史》，中華書局，2001 年版，第二章第四節「先秦時期運河帶的重要人物」。

〔註 54〕於德普：《運河文化與運河經濟的發展》，《人文與自然》2002 年第 2 期。

〔註 55〕吳琦：《漕運與中國社會》，華中師範大學出版社，1999 年版。

〔註 56〕陳峰：《漕運與古代社會》，陝西人民教育出版社，2000 年版。

〔註 57〕李珍、藍日勇：《秦漢時期桂東北地區的交通開發與城市建設》，《廣西民族研究》2001 年 4 期。

的相對缺乏，還因爲從社會史和文化史角度對漕運和運河研究起步比對漕運和經濟研究起步晚得多，所以在這個領域可能還會有更大的進步。

五、漕運工程史研究

　　中國的大運河是人類歷史上的傑作。漕運的前提是有運河的存在，人工運河的開闢和維護需要大規模的工程，無論人工運河還是自然河道改造的運河平時經常需要巨大的工程力量來維持，筆者把這些工程通稱爲漕運工程。不僅漕運工程與運河體系沿革、漕運發展的互動需要深入探討，而且中國古代最早的運河工程是何時發生的也值得研究。

　　漕運工程的研究專著目前只有歐陽洪的《京杭運河工程史考》。〔註58〕其第一章「概述」作出歷代大運河工程大事年表，引證資料翔實可靠，令人對工程史線索一目了然。第二章「春秋至南北朝時期運河的開發」，考證了邗溝、鴻溝與汴渠、白溝、關中古運道、江南運河的工程及治理活動和運行狀況，研究也是從邗溝開始的，對研究者來說是重要的學術參考。其它學者的研究主要以論文的形式或是在漕運史、運河史、水利史專著中研究相關問題。

　　姚漢源的《中國水利發展史》提出古代水利以防洪治河、農田水利、航運工程三者爲主。航運工程的部分實際是漕運工程。全書按歷史階段立章研究，每章下均爲「航運工程」立節論述。在開篇部分，他指出歷代常從政治中心到經濟發達地區開有運河，一方面是政治需要，一方面是爲了經濟上的平衡，並且高度評價古代漕運工程，指出相應的技術成就，並將古代的航運工程分利用河流行運，開人工渠，提高渠化水平，自然條件不好地區的通航，按需要充分發展航運等五個方面的內容。對航運工程的分期以不同地域間通航階段發展劃分，很有新意，對漕運史研究也很有參考價值。在他看來，《尚書・禹貢》中對禹事迹的記載著重於航路開闢與運輸物資的內容，反映的卻是漕運工程和漕運活動。作者對《禹貢》和《鄂君啓節》中的水道及先秦人工運渠的分佈與開闢等信息作了清晰的梳理，將先秦運渠分爲、「江漢之間的運渠」、「太湖通江通海等水道」、「邗溝」、「荷水」、「鴻溝」、「濟淄運河」六個體系，詳細地考證了其各自的開辟位置、流向乃至秦漢以後的發展。〔註59〕

〔註58〕歐陽洪：《京杭運河工程史考》，南京：江蘇省航海學會出版發行，1988 年版。

〔註59〕姚漢源：《中國水利發展史》，上海人民出版社，2005 年版，第二章「水利事業的初步發展」第四節「先秦的航運工程」。

　　此外一般的漕運史與運河史著作都有相關的考證或描述。李治亭認為吳國「首開邗溝，初創漕運」，還對戰國時魏國鴻溝的開闢和秦漢主要漕運工程進行了考證。〔註60〕吳琦、陳峰、常征〔註61〕在他們的著作中都對漕運工程有一些考證。姚漢源的《京杭運河史》〔註62〕的第二編簡論開鑿簡史也有對早期運河的簡略考證。史念海除了對先秦的運河開鑿史進行考證外，簡述了王景治河及其對鴻溝的整理工程，並對秦漢的靈渠、大白渠、蒲吾渠等渠道的開闢作了論述。〔註63〕安作璋主編的《中國運河文化史》〔註64〕考證了春秋戰國和秦漢時期運河的開鑿，流向，工程特點，交通網變化等問題。陳璧顯主編的《中國大運河史》第二章討論先秦至南北朝時期的運河史，第一節「大運河古河道的開鑿」把《禹貢》作為史料，認為人工運河在四千多年前的原始社會末期出現，〔註65〕第五節「秦漢時期的大運河」討論了秦始皇東巡與運河，劉邦劉濞對運河的開發，兩漢時期的運河建設。

　　史念海的《論濟水和鴻溝》一文，深入細緻的考證了鴻溝的形成、開鑿時期，以及構成鴻溝系統的支流水道及其現狀。〔註66〕王育民的《先秦時期運河考略》沿先秦運河發展的線索作了論述，提出史書上關於最早的運河的記載見於《水經注》提到的徐偃王開鑿運河，但缺乏相關歷史記錄，而春秋時楚國開鑿了荊漢運河和巢肥運河，早於吳國後來開鑿的運河，並對齊國開鑿的淄濟運河和魏國的鴻溝系統進行考證，指出此時的運河缺乏系統性〔註67〕。他還考證了不同時期開鑿和修治、廢棄的不同運河的水文地理和和運行狀況，考證翔實，結論精確，是從歷史地理角度研究運河變遷的傑作〔註68〕。黃盛璋的《關中農田水利的歷史發展及其成就》探討了不同歷史時期的關中盆地的水利工程，其中也涉及了對一些漕渠的灌溉功能的研究。《歷史上的渭河水運》一文

〔註60〕 李治亭：《中國漕運史》，臺北：臺灣文津出版社，1997年（民國八十六年）版，第13頁，第47頁。

〔註61〕 常征：《中國運河史》，北京燕山出版社，1989年版。

〔註62〕 姚漢源：《京杭運河史》，中國水利水電出版社，1998年版。

〔註63〕 史念海：《中國的運河》，重慶：重慶史學書局，1944年版，第三章「秦漢時代對於漕運網的整理」。

〔註64〕 安作璋主編：《中國運河文化史》，濟南：山東教育出版社，2001年。

〔註65〕 陳璧顯主編：《中國大運河史》，中華書局，2001年版，22～23頁。

〔註66〕 史念海：《河山集（三集）》，人民出版社，1988年版。

〔註67〕 王育民：《先秦時期運河考略》，《上海師範學院學報》1984年3月。

〔註68〕 王育民：《中國歷史地理概論》上冊，人民教育出版社，1987年版，第二編「中國歷史經濟地理」第六章「運河」。

中也梳理了歷代渭河及渭漕水利發展的線索，討論了歷代對渭河的利用和重視及相關工程。〔註69〕其他的中國古代歷史地理專著也有一些論述，不再列舉。

白壽彝《中國交通史》的也研究了先秦秦漢漕運運河，簡述了邗溝與鴻溝的開鑿路線，也對渭漕、陽渠汴渠、賈侯渠、鄧艾所開的渠作了簡單考證。〔註70〕在白壽彝主編《中國通史》的第四卷「中古時代秦漢時期」的丙編中「典志」的第四章「手工業技術」中考述了秦漢水利發展概況和水利工程的一些技術問題，研究內容是系統而全面的。郭松義和張澤咸的《中國航運史》考證了鴻溝和邗溝的開鑿，也考察了漢代對新運路包括一些漕運線的開闢。〔註71〕

斷代史著作中楊寬對戰國時代的水利發展特別是運河工程研究很深。他認為鴻溝是由戰國早期的魏惠王修築的，相關觀點基本上成為很多歷史教科書的依據。認為當時運河工程技術進步有四方面表現，一是利用湖泊作水庫，二是建設調節水量的「水門」，三是運用在「中流」作堰的方法，四是運用淤灌壓城的方法。〔註72〕

潘京京《略論秦漢時代的運河和漕運》〔註73〕論述梳理了漢代開鑿的漕渠、褒斜道、砥柱的工程以及鴻溝、汴渠、陽渠、邗溝、靈渠的維護整理工程。許輝《歷經滄桑的江南運河》一文則對江南運河的形成、開鑿以及後來唐宋對其經營作了概述。〔註74〕

此外，在最早的運河的開鑿工程究竟起源於何時這一問題上，漕運史上存在歧見，先秦的運河鴻溝系統究竟是由誰最先開鑿也有不同的觀點。楊寬在《戰國史》中則考證為戰國初年魏國魏惠王開鑿了鴻溝系統，史念海持相

〔註69〕黃盛璋：《歷史上黃、渭與江、漢間水陸聯繫的溝通及其貢獻》，見《歷史地理論集》，原載《地理學報》1962 年 4 期；《歷史上的渭河水運》，見《歷史地理論集》，原載《西北大學學報》1958 年 1 期。

〔註70〕白壽彝：《中國交通史》，北京商務印書館，1937 年版，第 32～33 頁。

〔註71〕郭松義、張澤咸：《中國航運史》，臺灣文津出版社，1997 年（民國八十六年八月）版，第一章「先秦時期的水運」中的第三節「水運與水戰」，第二章「秦漢魏晉南北朝的水運」的第二節「內河航運」。

〔註72〕楊寬：《戰國史》，上海人民出版社，1998 年版，第二章「春秋戰國間農業生產的發展」，第二部分「水利灌溉事業的發展」對「運河的開鑿和水利工程的興辦」和「運河開鑿工程技術的進步」作專題討論，第 59～65 頁。

〔註73〕潘京京：《略論秦漢時代的運河和漕運》，《雲南師範大學學報》1993 年 2 月。

〔註74〕許輝：《歷經滄桑的江南運河》，見唐宋運河考察隊：《運河訪古》，上海人民出版社，1986 年版。

同觀點。史念海在《中國的運河》中提出最早的運河不是邗溝和鴻溝，而是楚靈王孫叔敖開鑿的運渠。鄭肇經《中國水利史》則提出了鴻溝的開闢始於春秋時期這一獨到觀點，雖然「引河之時期，不能確指」，「必在周定王五年河徙以前」，是人為的後果。〔註75〕王育民在《中國歷史地理概論》中引用《水經注》的史料認為鴻溝的開鑿最初應當追溯到徐偃王時期。呂思勉則認為先秦時漕運工程很普遍，並依照《後漢書》注文判定，西周時期徐偃王最早「溝通陳、蔡之間」，為鴻溝的歷史發端，「該自江至河，水道幾於縱橫交貫亦。果誰所為不可知，古水利修治，溝渠到處皆是，連屬之而為可以通舟之漕渠，初不難也。而其較大之工程，明見記載著，為徐偃王、吳夫差。」〔註76〕

　　先秦秦漢漕運工程研究的成果的覆蓋面最廣，比較充分，運河沿革的線索揭示的比較明晰。最早的漕運工程所開鑿的是哪一條運河，這一問題上存在著不同的說法，從已有的研究來看多數學者傾向於相信正史文獻，堅持邗溝工程為最早的論斷，也有人從地方志材料提供史料的角度，相信在邗溝開鑿以前，吳國就已經開鑿了胥浦等運河，還有學者提出了更早的論斷，比如認為楚靈王或孫叔敖開鑿的運河，故此運河史的開端問題或許還會有新的爭論。

六、結　論

　　經過以上幾個方面的綜述，我們可以看到先秦秦漢漕運史研究成果相當豐富，各方面的研究具體狀況不盡相同，有些重點問題都已經研究的相當透徹，如漕運與經濟的關係研究在理論上是最深入的一個領域，但在某些方面也還有進一步深入的必要，如在漕運與軍事關係研究方面還有薄弱的課題，漕運與社會文化的關係的研究也相對薄弱，漕運工程沿革研究的成果雖然已經比較清晰，但是在早期運河史上仍然存在著爭議，在漕運開創問題上，已經有紮實的研究成果，有的重要概念還需要進一步的探討。當然也有一些新的研究角度仍然需要去努力探索，比如從歷史地理和環境史的角度對運河、漕運與環境的互動關係等課題雖然已經有鄒逸麟等學者取得一定成果，仍然有繼續耕耘的需要。

〔註75〕鄭肇經：《中國水利史》，北京商務印書館，1939 年版，第五章，「運河」。
〔註76〕呂思勉：《先秦史》，上海古籍出版社，2005 年版，第十三章「衣食住行」的
　　　　第四節「交通」。

總之，我們相信先秦秦漢漕運史研究在已有的巨大學術成績的基礎上，在克服資料方面存在的困難，澄清早期漕運興起與發展的理論難題後，會繼續取得新的重大突破。

第二節　秦漢漕運的軍事功能研究——以秦漢時期的漕倉爲中心

（原文發表於《社會科學》2009 年第 9 期，文字有小的修訂）

提要：

秦漢時期的漕倉不僅儲備大量糧食，還多有高大的倉城設施，可以爲調運軍糧服務，也可以迅速轉作軍用堡壘。秦漢漕倉的交通地理條件優越，因之也在軍事地理格局具備了特殊的戰略地位。即使在穩定時期，各地的倉城，在水陸漕運交通線的聯接下形成網絡，配合國家戰略部署，爲軍事活動服務，形成了國家權力在各地的堅實支撐。這體現了早期漕運與軍事政治的密切關係，以及早期漕運的戰略作用。

關鍵詞：秦漢；漕運；漕倉；軍事；倉城

中國古代漕運的發展和大一統集權君主國家體制的形成和發展是緊密聯繫的，漕運的歷史價值是不容低估的。以往作爲制度開創階段的秦漢漕運的研究相對薄弱，而對漕運軍事功能的認識也遠遠不及對其經濟功能認識的深刻。多年來的秦漢漕運相關研究中，最受重視的是從經濟史角度進行的研究，近年從荒政角度的研究有所推動，但從軍事史角度對秦漢漕倉的研究仍主要限於對敖倉的研究，有一些優秀論文，總體仍比較薄弱。如馬彪認爲項羽在楚漢戰爭中不能奪取和堅守敖倉，依賴漫長的補給線，是他在軍事上失敗的重要原因。〔註 77〕宋傑則討論了敖倉在整個秦漢時期戰略地位的變化，認爲在秦代和西漢敖倉都具有重大的戰略意義，在從秦末農民戰爭到七國之亂等

〔註 77〕馬彪：《敖倉與楚漢戰爭》，《北京師範學院學報》，1987 年第 1 期。

戰爭中發揮了巨大戰略作用，東漢政治中心東遷，敖倉因此逐漸衰落。〔註78〕
王子今把敖倉看成秦漢國家倉儲系統最高典範，論述了它在楚漢戰爭、黥布
叛亂，七國之亂等戰爭中的戰略作用。他對京師諸倉的建造、儲存、作用作
了考證，認爲積穀多來自關東漕運，基本用於支應京師消費和西北軍備，極
少可能向東回流。〔註79〕郭秀琦、宋建華認爲彭越在楚漢戰爭中以昌邑爲依
託，干擾楚軍後方，打擊楚軍糧草運輸線，有效地牽制了項羽，對漢軍重奪
滎陽等軍事重鎮和敖倉起到了關鍵作用。〔註80〕現有的幾種漕運史專著對秦
漢漕倉的研究也有所不足。具體的來講，漕倉是漕運活動開展的重要依託，
漕倉的設計規劃和制度運作體現著古代國家結合漕運進行的戰略規劃，非常
值得研究。但是對秦漢漕倉軍事作用研究僅僅局限於敖倉一個倉儲是不夠
的，故撰文予以系統考察。

一、漕倉的先秦起源及其在漕運系統結構中的地位

　　漕倉，顧名思義，是主要依託漕運的方式建立的倉儲。漕運系統由倉儲、
運河等組成，是一個運輸和儲備系統。如果把一個相對完整的漕運系統看成
一個聯結區域面的網絡，則一條條漕運線則是構成網絡的線條，而漕倉則正
好處在各線聯結的點上，從點到線，由線成網。因此，漕倉是漕運系統中非
常重要的組成元素。漕倉不僅有經濟功能，也可以爲軍事活動服務。有學者
認爲在唐朝以前沒有出現專門的「軍倉」名稱，直至隋朝不過出現了「屯倉」
稱呼。〔註81〕可是古代國家管理者發展漕運是爲了滿足「軍需」和「國用」，
即軍事經濟需要和國家的財政需要，其內涵和區別有些類似於今天的「軍用」
和「社會需要」，當然兩者不能等同。但是在建構漕運系統的時候統治者並沒
有也沒必要把兩個服務目的不同的部分區分開，漕倉少有專門明確只爲軍事
服務的，大部分漕倉還是被綜合利用，這樣對古代國家更有利。

　　漕倉在先秦已經出現，起源可以追溯到殷商。《史記》記載商紂王在巨橋
倉積粟，周武王伐紂，「發巨橋之粟」，「而盈鉅橋之粟」條下注文認爲是倉儲

〔註78〕　宋傑：《敖倉在秦漢時代的興衰》，《北京師範學院學報》，1989 年第 3 期。
〔註79〕　王子今：《秦漢交通史稿》，中共中央黨校出版社，1994 年，第 10 章「秦漢倉
　　　　　制與主要糧路」。
〔註80〕　郭秀琦、宋建華：《論彭越在楚漢戰爭中的作用》，《陰山學刊》，1999 年第 3
　　　　　期。
〔註81〕　張弓：《唐朝倉廩制度研究》，中華書局，1985 年，第 80 頁。

漕粟，「《集解》服虔曰：『巨橋，倉名』。許慎曰：『鉅鹿水之大橋也，有漕粟也。』《索隱》鄒誕生云：『巨，大；橋，器名也。紂厚賦稅，故因器而大其名。』」〔註82〕史念海在《春秋以前的交通道路》一文中根據這一說法，作出該倉「漕粟」可能是由黃河漕運所得的推測。〔註83〕則可能漕運活動或漕運系統、漕倉已經開始於商末齣現。到春秋戰國時期很多諸侯國都注重倉儲的建設。春秋時期，吳國開鑿邗溝運兵運糧，在邗溝邊修築邗城，為古揚州城的開始，當時即已可能借助水運建立軍糧儲備以助北上。在戰國時期借助水運，建立倉儲，積累糧食以備軍國之用的行為已經比較普遍。魏惠王鑿通鴻溝，組建本國的運河網，規劃霸業，《戰國策》記載魏國有「粟糧漕庾，不下十萬。」鮑彪注文解釋說：「漕，水運。庾，水漕倉」。〔註84〕我認為至遲在戰國已經出現依靠水運建立倉儲系統的表現，因此漕運活動、漕運系統、漕倉在先秦都已經出現。

秦漢時期倉儲大部分都和漕運發生聯繫，呂思勉就認為秦漢倉儲兼有轉漕和糴糶的功能。〔註85〕根據我個人的研究，秦漢江漢流域內漕倉和漕運線就具有極其密切的關係〔註86〕。從交通網建構的角度看，漕運系統中漕倉屬於交通站點和儲備點的設置，而漕運線則被作為交通線的設置，共同構成漕運網的骨架結構。從資源儲備和物流的角度看，漕運系統中漕倉是物資儲備中心，而漕運線是連接糧食資源產地和漕倉以及漕糧調配目的地的運輸線和供應線。秦漢利用漕倉進行戰略儲備，既為調撥漕糧做出了準備，也為穩定地方統治預作了伏筆。秦漢時四川盆地裏的漕倉和北方漕運線上的京師倉、敖倉一樣是軍事化的倉城，可以為區域軍事活動服務，也可在彼此之間由漕運線聯結成網絡。僅僅單獨觀察秦漢江漢漕運，就可發現它承擔著為財政經濟活動、軍事政治活動、社會救濟活動提供多種支持。

經過檢索與考證，秦漢漕倉包括咸陽倉、櫟陽倉、（長安）太倉、甘泉倉、敖倉、北河倉、京師倉、灞上倉、細柳倉、成都倉、琅邪倉、黃倉、腄倉、羊腸倉、海陵倉、廣陵倉、五倉、郫倉、臨邛倉、江州倉、平曲倉、牛渚倉，共二十二倉。判定這些倉儲是漕倉的標準是這些倉儲和漕運的密切關係，也

〔註82〕《史記》，卷4，中華書局，1959年，冊1，第126頁。

〔註83〕史念海：《河山集（三集）》，人民出版社，1988年。

〔註84〕〔西漢〕劉向：《戰國策》，上海古籍出版社，1985年，卷22，第792頁。

〔註85〕呂思勉，《秦漢史》，上海古籍出版社，2005年，第517～519頁。

〔註86〕參見拙作：《秦漢江漢漕運研究》，《重慶社會科學》，2008年第2期。

參考了馬非百對秦代倉儲的統計，〔註87〕如果按照其在倉廩制度中的地位分類來看，可以分成太倉、軍倉、轉運倉和郡國倉（郡縣倉和諸侯王國倉）等地位不同的四組，但其具有主要依靠漕運建立積儲，並且是全國和地方漕運系統的組成部分，並爲漕運活動服務的共性。此外，秦漢時期郡縣普遍設有倉儲，很多與漕運或軍事密切相關，但大多沒有在文獻中出現，或者難以找到史料證明其和漕運的直接聯繫，故對這類倉儲不予討論。

筆者將秦漢漕倉的軍事功能按照以下兩個方面進行討論。

二、秦漢漕倉設施與儲備的軍事作用

秦漢國家在建設漕運系統的時候對全國戰略格局作過通盤的考慮，在局部的建設上，主要漕倉的建設也都可以體現這種規劃。秦漢漕倉多爲倉城，都有高大堅固的城牆衛護，選點在水路要衝，如敖倉、京師倉、甘泉倉都設在山上或高地上，易守難攻。在重要的倉儲築城守衛的傳統從文獻來看可以上溯到先秦，甚至春秋戰國和秦漢某些城市的興起，最初也僅僅是在擴展疆土或是在加強地方控制的需要的基礎上建立的倉城，這種倉城以城牆圍護的倉儲爲主要建築，來輔助和容納新的郡縣軍政設置，既是政治設施又是軍事設施。已知的這種倉城都是大一統國家在其廣大疆土內的軍政據點，且都是依賴漕運建立和維持的。秦漢重要的漕倉都儲備了大量糧食，可備軍事用途，這具備了在戰時做軍事要塞使用的另一個基本條件。

從現有文獻來看，秦人高度重視戰略糧食儲備，睡虎地秦簡《倉律》有26 條對糧食的收藏、管理、發放、口糧標準等都作了明確嚴格的規定。從秦簡可知，到了戰國時期，秦人在都城和國內各縣普遍設有糧倉。秦朝在都城咸陽三百里內主要有三個大漕倉，即咸陽倉、櫟陽倉、霸上倉。三倉都在渭河流域，內史郡境內。在都城設置的糧倉，《倉律》稱爲「大（太）倉」，「櫟陽二萬石一積，咸陽十萬石一積」，〔註88〕即二萬石一積的櫟陽倉和十萬石一積的咸陽倉，都是太倉。

咸陽倉是秦國和秦朝的太倉，功能綜合性強，其中儲糧應是天下最多，供應各種軍國之需。秦二世皇帝胡亥即位之初即曾在京師組建了一支五萬人的精銳機動部隊：「盡徵其材士五萬人爲屯衛咸陽，令教射狗馬禽獸。當食者

〔註87〕馬非百：《秦集史》，中華書局，1982 年版，冊下，第 94 頁。
〔註88〕《睡虎地秦墓竹簡》，文物出版社，1990 年版，第 38 頁。

多，度不足，下調郡縣轉輸菽粟芻稾，皆令自齎糧食，咸陽三百里內不得食其穀。」〔註 89〕不僅河套地區和長城沿線的邊防軍，保衛統治核心區關中的軍隊也要依靠外來漕糧的供應，所以要在關中建立大型糧倉，作為國家一級戰略儲備，並預防戰亂，和爲沿渭河東運平叛作準備。項羽入關中後爲了發泄對秦的仇恨，對咸陽城的宮室、陵寢、衙門等國家建築物進行了大肆破壞，咸陽倉應該也損失巨大，從此在記載中消失。

櫟陽是秦國舊都，櫟陽倉就是過去的秦國太倉，秦朝建立後繼續用來儲糧，供應都畿，或爲轉運河套服務。項羽分封諸侯，把司馬欣封爲塞王，都於櫟陽。劉邦奪取關中之後，也把櫟陽作爲後方的漢國都城，這可能就是因爲咸陽遭到項羽的破壞，而櫟陽由於接近秦的都城和邊塞而儲備了大量的糧食，又鄰近渭河便於漕運，可以利用。

秦朝霸上倉在霸水與渭河匯合處，可以依傍渭河漕運，其中的糧儲也很多：

> 漢元年十月，沛公兵遂先諸侯至霸上。……乃封秦重寶財物府庫，還軍霸上。……秦人大喜，爭持牛羊酒食獻饗軍士。沛公又讓不受，曰：「倉粟多，非乏，不欲費人。」〔註 90〕

劉邦封藏了咸陽倉庫，回軍霸上，所用軍糧只能來自霸上倉。霸上倉是倉城，很有可能秦朝時已經可以駐軍，此地糧儲除轉運咸陽外，本身就具有軍事預置性。

秦在統一過程中還建立了秦漢第一名倉的敖倉，是全國性的漕運樞紐，設在黃河與鴻溝匯合處，特意建在山上，修築城池，易守難攻：

> 敖山本在滎陽縣西北，山上有城，秦置倉其中，曰敖倉城。此城本在滎陽縣西北十五里，今縣治移。〔註 91〕

平時敖倉負責把山東的漕糧轉運關中，充實咸陽倉和邊境地區的北河倉。由於戰略需要，敖倉是常滿倉，《淮南子·說林》講：「近敖倉者不爲之多飯」，高誘注曰：「敖倉，古常滿倉，在滎陽北」。〔註 92〕敖倉常年保證豐富的糧儲

〔註 89〕《史記》，卷 6，《秦二世本紀》，中華書局，1959 年版，冊 1，第 269 頁。

〔註 90〕《史記》，卷 8，《漢高祖本紀》，中華書局，1959 年版，冊 2，第 362 頁。

〔註 91〕〔清〕王鳴盛：《十七史商榷》，諸倉，上海書店出版社，2006 年版，第 746 頁。

〔註 92〕〔西漢〕劉安著，劉文典集解：《淮南鴻烈集解》，卷 17，《說林訓》，中華書局，1989 年版，第 561 頁。

以備戰事與災荒，其儲糧可能比京師咸陽還要豐富。西漢建立之初即大修敖倉，漢初分封制與郡縣制並行，山東廣大地區爲諸侯王國領地，向中央的繳納的財賦有限，漢初「歲漕不過數十萬石」，然而軍事形勢一緊張，西漢朝廷就要派遣大軍進駐敖倉、滎陽、洛陽，不在敖倉事先囤積大量漕糧是不可能的。

秦漢時期江漢流域的漕倉的選址也具有戰略和交通的全盤考慮。成都倉開創於秦國平定巴蜀地區後不久，是秦的區域性大倉儲。這種漕倉是依靠集中區域內漕糧建立起來的，即代表了地區性的糧食儲備，又可以爲國家調撥地方資源服務。張儀張若在成都、郫、臨邛三地「造作下倉，上皆有屋。而置觀樓射蘭」。﹝註93﹞任乃強認爲觀樓是城門上的城樓，射蘭應爲射闌，是屏蔽敵箭的設施，﹝註94﹞秦時縣不是都有城的，倉有牆保護，故曰「倉城」，「此謂自成都、郫、臨邛三縣有城者，故皆有倉在城內；其它縣邑無城者，亦皆先有倉城」。即成都等三縣有縣城，倉城在縣城內，沒有縣城的縣有倉，則先有倉城後有縣城。也有學者認爲射蘭是射箭場，即軍事訓練的設施。﹝註95﹞我認爲有「觀樓射蘭」的倉牆不是普通圍牆，確定是城牆，即使「射蘭」是射箭場也說明倉城有軍事設施的內容，看來倉城的起源和早期城池的發展關係密切。這些蜀地漕倉就是最早的有軍事設施的倉城，張儀修築的成都大、少二城和成都倉倉城的關係也很值得研究。﹝註96﹞在秦滅楚國的作戰中，蜀

﹝註93﹞〔晉〕常璩著，任乃強校注：《華陽國志校補圖注》，卷3，上海古籍出版社，1987年版，第128頁。

﹝註94﹞〔晉〕常璩著，任乃強校注：《華陽國志校補圖注》，卷3，上海古籍出版社，1987年版，第131頁（注文）。

﹝註95﹞〔晉〕常璩著，劉琳校注：《華陽國志校注》，卷3，巴蜀書社，1984年版，第197頁。

﹝註96﹞這與論文主題無關，故未予展開討論，但仍然很重要，中國古代的城市在唐宋之際江南市鎮出現以前，首先主要是以軍事政治中心的面貌出現，而不是以一個經濟和社會生活的中心的面目出現，因此不論同時出現城中有城，還是漕倉城先於成都縣大小城出現，抑或小城最初是漕倉城，倉城的形成必是作爲巴蜀軍政中心的成都城形成過程中極其重要的部分。我在這裡的觀點部分的受《三國演義》的啓發，《三國演義》第九十回《驅巨獸六破蠻兵，燒藤甲七擒孟獲》的最後部分，諸葛亮評定少數民族地區的變亂，打算班師回朝，有人問他「何不置官吏，與孟獲一同守之？」諸葛亮説「如此有三不易：留外人則當留兵，兵無所食，一不易也；……」這確實道出古代國家在新領土上建立統治的成本問題，設官則必駐軍，駐軍則必運糧。沒有軍隊，國家樹立主權，安排官吏就會缺乏權威保障，駐軍則必須保證糧食供應，糧食也需

地的糧儲發揮了很大作用。

秦朝首創了全國漕運系統和全國性的漕倉群，西漢則主要繼承秦的漕運系統，局部又有細柳倉、甘泉倉、萬安倉、京師倉的出現，充實了漕運系統。

西漢非常重視農業發展，也重視漕運和倉儲建設。經過文景之治，倉儲積蓄豐富，「都鄙廩庾盡滿，而府庫餘財。京師之錢累百鉅萬，貫朽而不可校。太倉之粟陳陳相因，充溢露積於外，腐敗不可食。」〔註97〕當時京城長安的太倉和城外的甘泉宮甘泉倉，都屬都畿正倉，依靠全國範圍的漕運供應建立。漢武帝北擊匈奴，開支擴大很快，用各種財政手段在兩倉集中大量漕糧：

> 令民入粟甘泉各有差，以復終身，不復告緡。它郡各輸急處。

> 而諸農各致粟，山東漕益歲六百萬石。一歲之中，太倉、甘泉倉滿。

> 邊餘穀，諸均輸帛五百萬匹。民不益賦而天下用饒。〔註98〕

兩倉倉糧首供國用，兼及西北邊軍軍需，據王子今考證，「雲陽甘泉又以直道交通之便，使得行幸此地的帝王，可以直接控制北邊軍事局勢」，「甘泉倉積粟可以通過直道，及時輸送北邊以補充軍需」。〔註99〕

要軍隊看守，而新領土的經濟發展程度往往有限，秦漢在少數民族聚居的地方還要「因俗而治」，不收賦稅，需要組織專門的糧食征集或糧食運輸。秦朝西部的少數民族地區行政區叫做「道」，這個名稱怎樣來的？道又是如何逐步演化為縣？「道」是一個很形象的說法，證明對國家來說，當地最重要的戰略設施應該是「道路」，便於進兵、徵糧、通訊，「道」很有可能也是西部很多「縣」的前身。秦漢蜀郡設立之前也會有「道」的設置階段，「縣」和「道」並存過，「蜀道」一詞也富有歷史內涵。因此，我認為貫徹國家主權管理，維持外來官、兵的經濟與安全需要導致了倉城的產生，倉城出現的初期，本地不一定能提供足夠的糧食，也需要國家組織的糧食運輸，包括漕運，這樣講應該是不過分的。先秦到秦漢，不斷湧現出新的城市，在城市發展歷程中漕運和倉儲城的發展必然也曾是一部分推動力和後果。

其實從先秦到魏晉南北朝一直有從倉城發展為正常城市的例子，也有長期以軍事倉儲和堡壘為主要功能的城市，倉城也是一部分城市的軍政要害部分。比如今天美麗的運河城市揚州本來應是吳王夫差修築的轉運倉城，後來才出現了大量非軍事人口，秦漢的敖倉在東漢滅亡前似乎始終是倉城，沒有非軍事人口出現的迹象，兩漢京師倉當地也有船司空縣建制，也算是縣城，西漢的五縣由五倉城發展而來，東漢汾陽縣城即由羊腸倉發展而來，魏晉南北朝的巴丘邸閣，本來是東吳的軍事駐地和倉儲，後來發展成為南朝巴陵郡的治所，演變為今天的岳陽市。只是史料所保留下來的例子不多。

〔註97〕《漢書》，卷24上，《食貨志》，中華書局，1962年版，第1135頁，冊4。
〔註98〕《漢書》，卷24下，《食貨志》，中華書局，1962年版，第1175頁，冊4。
〔註99〕王子今：《秦漢交通史稿》，中共中央黨校出版社，1994年版，第328頁，下冊。

　　西漢長安周邊除了秦朝以來的霸上倉外，又出現了細柳倉。西漢霸上倉在發生動亂時被作爲軍事預備營地使用，成爲保衛長安的「城門」。英布謀反之後，漢高祖打算親征，先至霸上，後聽從張良的計策令太子劉盈率軍留守關中，駐軍霸上：

　　　　於是上自將兵而東，群臣居守，皆送至霸上。……因説上令太
　　　　子爲將軍，監關中兵。……發上郡、北地、隴西車騎、巴蜀材官及
　　　　中尉卒三萬人爲皇太子衛，軍霸上。〔註100〕

　　漢文帝六年，匈奴入寇，逼近關中，文帝派三位大將駐紮長安周邊要害，三處駐軍地兩處是漕倉，其中渭北棘門是長安重要的城門，細柳和霸上則是軍事化倉城：

　　　　乃以宗正劉禮爲將軍，軍霸上；祝茲侯徐厲爲將軍，軍棘門；
　　　　以河內守亞夫爲將軍，軍細柳：以備胡。〔註101〕

　　《史記正義》引《括地志》云：「細柳倉在雍州咸陽縣西南二十里也。」

　　屯兵於倉是爲了軍人就食方便，也避免敵軍奪糧，也借倉城爲營地。景帝時七國作亂，周亞夫奉詔東征，「亞夫既發，至霸上」，〔註102〕也是同樣的部署方式。根據《水經注》的記載，霸上倉有城，也就是霸城：

　　　　自新豐故城西，至霸城五十里，霸城西十里，則霸水，西二十
　　　　里則長安城。應劭曰：霸水上地名，在長安東三十里，即霸城是也。
　　　　高祖舊停軍處。〔註103〕

　　兩漢京師倉，又叫華倉，華陰倉，利用秦的寧秦縣城故址修築，寧秦城在西漢船司空縣南〔註104〕，位於黃河和渭河相會處，主要起中轉關東敖倉粟谷西運京師的作用，東漢初年開始廢棄，也是叱吒風雲的一座名倉名城。1980年陝西省考古研究所對京師倉遺址的正式發掘表明京師倉位於今天陝西省華陰縣磑峪鄉段家城村北、西泉店村南的瓦渣梁上，一面依山，三面臨崖，地勢高敞，確實是形勢險要。在長1000米、寬700米的倉城之中，發現六座糧倉，其中一號倉的儲糧量約爲一萬立方米，京師倉的總儲糧量當在百萬石左

〔註100〕《資治通鑒》，卷12，中華書局，1956年版，第401頁，冊1。

〔註101〕《史記》，卷57，《絳侯周勃世家》，中華書局，1959年版，第2074頁，冊6。

〔註102〕《漢書》，卷40，《周亞夫傳》，中華書局，1962年版，第2059頁，冊7。

〔註103〕〔北魏〕酈道元著，陳橋驛校注：《水經注校證》，卷19，《渭水注》，中華書局，2007年版，第462頁。

〔註104〕《漢華倉遺址發掘簡報》，《考古與文物》，1982年第6期。

右，也確實有大的儲糧量。〔註105〕「京師倉的建築，無論從建築結構還是布局，處處考慮到儲糧技術和安全，比起先秦時有一個很大的變化，發展到了一個新的水平」。〔註106〕東往函谷關的大路也自倉前經過。京師倉和史料中記載的重要的機構「船司空」所在地應當是在一處。〔註107〕「《地理志》曰：渭水東至船司空入河。服虔曰；縣名，都官。《三輔黃圖》有船庫官，後改爲縣。王莽之船利者也」。〔註108〕京師倉的設立是結合了船司空縣的設立，船司空縣本是船庫官，是特殊的行政建制，名爲縣級行政機構，實爲管理華陰倉和造船部門、航運部門設立的管理機構。京師倉有著堅固的城壘。公元23年，山東起義軍打進函谷關，王莽發北軍精兵數萬人至華陰與起義軍交戰失利，殘部退保京師倉。〔註109〕由於京師倉糧多城堅，李松等漢將攻不下城池，便不敢繞過去向進軍都城長安，說明京師倉集軍事要塞、轉運倉儲、交通樞紐於一身，既便於守衛，又勢在必奪：

> 鄧曄開武關迎漢，丞相司直李松將二千餘人至湖，與曄等共攻京師倉，未下。……時李松、鄧曄以爲，京師小小倉尚未可下，何況長安城！當須更始帝大兵到。即引軍至華陰，治攻具。〔註110〕

三、秦漢漕倉的交通條件與軍事地理意義

秦漢漕倉的經濟地理與交通地理特徵使漕倉具備了軍事地理局勢中的特殊地位，需要借助交通運輸地理學上的「腹地」概念進行分析。「所謂吸引範圍（道路運輸）或腹地（水運），即交通線或站、港的服務地區，或稱爲以站、港爲中心的經濟區。交通點、線、網的地域結構，又有腹地這種面的地域結構予以充填，使得交通運輸地理的研究更爲全面化和地域化。」〔註111〕這一概念可以用來分析漕倉的糧食產地來源和轉運範圍，一般太倉的腹地包括全

〔註105〕陝西省考古研究所：《西漢京師倉》，文物出版社，1990年版，第60頁。
〔註106〕陝西省考古研究所：《西漢京師倉》，文物出版社，1990年版，第63頁。
〔註107〕陝西省考古研究所：《西漢京師倉》，文物出版社，1990年版，第2頁另見該書插圖一，插圖二，並可與《中國歷史地圖集》相對照。
〔註108〕〔北魏〕酈道元著，陳橋驛校注：《水經注校證》，卷19，《渭水注》，中華書局，2007年版，第467頁。
〔註109〕《後漢書》，卷99下，《王莽傳》，中華書局，1965年版，第4188頁，冊4。
〔註110〕《後漢書》，卷99下，《王莽傳》，中華書局，1965年版，第4189頁，冊4。
〔註111〕楊吾揚，章國伍等著《交通運輸地理學》，商務印書館，1986年版，第156頁。腹地一詞在經濟學、交通運輸學、交通地理學不同研究論述中有著不同的定義，但在此處，以交通運輸地理學概念最適合漕倉研究需要。

國出漕糧的地區，如敖倉這樣的全國性轉運倉，吸引範圍可達關東各地，甚至也可包括全國各地，地方性的大倉如成都倉吸引範圍也包括整個蜀郡區域，甚至更大。

秦朝的統治核心區關中有咸陽倉、櫟陽倉、霸上倉。三倉地理特點相似，都是在渭河漕運線沿岸，處於西北核心區和軍事重心。秦國在歷史上曾有隨軍事重心東遷的特點。秦先後有九都，隨著秦軍向東不斷奪取新領土而逐步東遷〔註112〕。秦獻公為了向魏國用兵定都櫟陽，商鞅變法後，又遷都咸陽。秦遷都咸陽，有利用渭河的想法，〔註113〕包括漕運和軍事交通上的利用。

劉邦暗度陳倉佔領關中，鑒於咸陽已毀，櫟陽倉成為關中最重要的倉儲。由於接近秦的都城和邊塞，櫟陽倉儲備了大量的糧食，又鄰近渭河便於水運關東戰場，可供使用，在楚漢戰爭中發揮了相當的作用：

> 漢王與諸侯擊楚，何守關中，侍太子，治櫟陽。為法令約束，立宗廟社稷宮室縣邑，輒奏上，可，許以從事；即不及奏上，輒以便宜施行，上來以聞。關中事計戶口轉漕給軍，漢王數失軍遁去，何常興關中卒，輒補缺。〔註114〕

因此，在楚漢戰爭中櫟陽是漢後方的的軍政中心，櫟陽倉應是轉漕中心。腹地幾乎包括整個渭河流域。

除了核心區的渭河漕運諸倉，秦朝北方漕運主幹線沿線還有敖倉和黃腄倉、琅邪倉也都具有良好的漕運交通條件，便於向西北邊疆轉運軍糧。秦始皇自山東半島起運東方糧食，組織海運入河，沿河至敖倉，匯合鴻溝流域漕運，繼續向西過三門峽，轉入渭河抵達關中，這形成了北方的漕運主幹線：「又使天下飛芻挽粟，起於黃、腄、琅邪負海之郡，轉輸北河，率三十鍾而致一石。」主幹線沿途大轉運倉有山東半島的黃腄倉，黃河鴻溝匯合處的敖倉。按馬非百的考證，黃腄倉是秦的轉運倉，但他把黃腄倉看成一個倉，〔註115〕可黃縣和腄縣其實是秦朝山東半島上的兩個縣，所以我認為黃腄倉是兩個倉，黃倉和腄倉。史書講糧食是由海路轉運入黃河的，漕運史研究和水運史研究著作也都公認這一點。秦朝時黃河不像今天自山東半島入海，而是從今

〔註112〕徐衛民：《秦都城研究瑣議》，《秦漢歷史地理研究》，三秦出版社，2005年版。
〔註113〕徐衛民：《秦都咸陽的幾個問題》，見《秦漢歷史地理研究》，三秦出版社，2005年版，第61頁。
〔註114〕《史記》，卷53，《蕭相國世家》，中華書局，1959年版，冊6，第2014頁。
〔註115〕馬非百：《秦集史》，中華書局，1982年版，下冊，第94頁。

天的河北地區入海。琅邪是自春秋以來重要的海港,航線下可接會稽的東冶,在春秋末期吳越國家都曾利用過自山東半島到錢塘江流域的沿海海運,越國還曾遷都於琅邪,故當地有銜接內陸運輸和海上運輸的轉運倉。我估計是淮河以北到山東半島的沿海諸郡將糧食用陸運和海運的形式集中到黃腄二倉然後再由渤海轉運入河,而淮南有邗溝連接江南和中原的鴻溝,漕運不必經山東半島,也就是說黃、腄二倉的腹地是山東半島直到淮北的地區。圍繞黃腄二倉的轉運活動的一個重要目的是「轉輸北河」,即沿黃河漕運供應西北河套地區的邊軍倉儲,這甚至是設計黃腄倉的初衷。

敖倉位於北方漕運主幹線的中間位置,扼守著關中和山東之間漕運大動脈的咽喉,且通過鴻溝下接通往遠至東南會稽的運河水路,〔註116〕其歷史地位在倉儲中是空前的。敖倉位於黃河鴻溝交匯處,向東沿黃河可一直到渤海,或向東南沿鴻溝入淮河,再出邗溝入長江,兩條運河大線就像從敖倉向東伸出的兩條巨臂,抱住江淮和華北。敖倉的腹地面積也是空前的,幾乎包括了整個山東地區。此外,黃河漕運經過敖倉,過三門峽,進入渭河可以運達西北的關中和河套,而自敖倉沿陸路向西南可以與江漢水運線聯結,劉邦與項羽爭奪天下時即利用黃河渭河運出關中糧食,利用江漢漕運運出蜀漢漕糧,全都運到敖倉做軍事用途,這又像是自敖倉向西部地區伸出的兩條巨臂。因此,敖倉位於一個聯結東北、東南、西南、西北的漕運十字路口上,把黃河、渭河、江漢、江淮間漕運都聯結了起來。秦西漢重視敖倉,不僅是因為它的經濟功能,而是看重其潛在的軍事功能,當山東地區發生動亂的時候,從敖倉延伸出去的運河線本身也可以轉為軍事交通運輸線,特別是拿來運輸敖倉乃至關中的漕糧以向東方供軍。其在秦漢歷次戰爭中的具體表現在本文開篇的學術回顧中已作介紹,在這裡不再討論。不論在秦朝和山東義軍的鬥爭中,還是楚漢之爭、七國之亂和西漢末大起義等軍事活動中,敖倉都發揮出重大戰略作用。東漢時期敖倉仍具有重要價值,虞詡遷為朝歌長,「時朝歌多盜賊連年不解」,親舊替他擔憂,他卻說:「賊去敖倉不過百里,不知取以為糧,青冀流人前後連屬,不知略以為眾,誠出入河山守阨塞此為斷天下之右臂,今則不然,此無大計之效也」。〔註117〕

〔註116〕秦朝江南運河的開闢情況可參見張承宗,李家鉥:《秦始皇東巡會稽與江南運
　　　　河的開鑿》,《浙江學刊》1999 年第 1 期。
〔註117〕《兩漢紀》,下冊,〔東晉〕袁宏《後漢紀》,卷 16,《孝安皇帝紀》,中華書

　　秦國建成都倉是配合成都的城市建設進行的，成都在四川盆地中處於交通要衝，濱岷江，可溯流上汶山，或沿流入長江，然後順江而下進入楚地，經過秦的郡守李冰建設水利，穿二江入城，優化了成都航運條件。張儀曾威嚇楚王說「秦西有巴蜀，大船積粟，起於汶山，浮江以下，至楚三千餘里。舫船載卒，一舫載五十人與三月之食，下水而浮，一日行三百餘里。里數雖多，然而不費牛馬之力，不至十日而距扞關。」〔註118〕張儀所說有動員蜀地區域資源以對楚作戰的意思，要秦軍沿岷江入長江東下。「起於汶山」，是指成都以北的岷江上游漕運活動，平時大概秦蜀郡就利用岷江長江漕運為成都倉等倉儲積糧，待作戰需要則載糧運兵沿流而下。秦昭襄王二十七年（前280年），「使司馬錯發隴西，因蜀攻出黔中，拔之」。「司馬錯率巴、蜀眾十萬，大舶船萬艘，米六百萬斛，浮江伐楚」，〔註119〕奪取了楚的黔中郡地區。蜀地的倉儲必在秦逐步滅楚的戰爭中充當後方的轉運中心，其轉運腹地恐囊括蜀地。

　　成都倉至少一直使用到西漢末。兩漢之際，公孫述割據巴蜀自立，也依靠了巴蜀內部的水運網和秦朝遺留的下倉來建立自己的交通、軍事和經濟基礎，為割據及對外用兵服務。「成都郭外有秦時舊倉，述改名白帝倉」。〔註120〕公孫述自以為德應白帝，命名成都倉為白帝倉，說明是把這個倉儲作為蜀政權的「太倉」使用，其腹地為整個四川盆地。另，李熊游說公孫述，勸說他利用蜀地的資源和漕運、地理形勢建立霸業：

　　　　蜀地沃野千里，土壤膏腴，果實所生，無穀而飽。女工之業，覆衣天下。名材竹幹，器構之饒，不可勝用，又有魚、鹽、銅、銀之利，浮水轉漕之便。北據漢中，杜褒、斜之險；東守巴郡，拒扞關之口；地方數千里，戰士不下百萬。見利則出兵而略地，無利則堅守而力農。東下漢水以窺秦地，南順江流以震荊、楊。所謂用天因地，成功之資。〔註121〕

又如荊邯給公孫述獻計，〔註122〕主張從漢中和荊州兩路出兵夾擊中原，所論

局，2006年版，第313～314頁。

〔註118〕《史記》，卷70，《張儀列傳》，中華書局，1959年版，第2290頁，冊7。

〔註119〕〔晉〕常璩著，任乃強校注：《華陽國志校補圖注》，卷3，上海古籍出版社，1987年版，第128頁。

〔註120〕《後漢書》，卷13，《公孫述列傳》，中華書局，1962年版，第541頁，冊3。

〔註121〕《後漢書》，卷13，《公孫述列傳》，中華書局，1965年版，第535頁，冊3。

〔註122〕《後漢書》，卷13，《公孫述列傳》，中華書局，1962年版，第539～540頁，冊3。

「據江陵」和接下來的「臨江南之會，倚巫山之固」必然都要依靠跨越三峽的江漢漕運。此戰略與戰國時秦攻楚的戰略略同，事前也必依靠諸倉集糧以備水運，次計也是後來諸葛亮「隆中對」戰略的濫觴。

公孫述政權在三峽峽口以內還設有江州倉和平曲倉，以助扼守和外攻，後被東漢軍奪去。巴州城建於秦，是漢的巴郡治所。「漢世，郡治江州巴水北」。〔註123〕建武十一年「冬，岑彭以江州城固而糧多，留馮俊守之」。〔註124〕「自引兵乘利直指墊江，攻破平曲，收其米數十萬石。」〔註125〕公孫蜀政權的存在時間短，史料少，其漕運活動很難研究。從地理條件來看，江州是古巴國的都城，是當時川東地區中心城市，今天的重慶的前身，是當時越過三峽入蜀後第一個要地，扼長江交通，在這裡儲糧以備接應出三峽的軍隊，和抵禦打進來的敵人，都有軍事上的必然性。

西漢蜀地還曾出現了一個縣級漕倉叫做萬安倉，最初是軍用倉儲，後來發展成為新的縣城。漢武帝時隨著西南拓邊和當地經濟發展，在巴蜀地區增設郡縣，借助漕運發展了不少新的郡縣和倉儲，有的新漕倉也成為新的縣城建設的起點。新建廣漢郡的新都縣境內沱江匯合綿水、雒水再奔流入江，「水通於巴」，交通便利，故在當地有「漢時五倉，名萬安倉」。〔註126〕同郡五城縣即是由五倉發展而來：

> 在郡東南。有水通於巴。漢時置五倉，發五縣民，尉部主之。

後因以為縣。

據任乃強考證：「漢徵五縣民營造五倉時，倉地多在中江水側，以廣漢部尉督之。遂因部尉所駐立縣，稱五城縣。」〔註127〕

五城縣即後來的中江縣，當地中江水水勢平緩，便於航運，在「五城水口」處入涪江，船隻可由涪轉巴，這是古代一條經常被利用的水路。五縣的五倉選址多在中江水側，以利漕運，也可以借水上交通運輸的幫助平

〔註123〕〔晉〕常璩著，任乃強校注：《華陽國志校補圖注》，卷1，上海古籍出版社，1987年版，第27頁。

〔註124〕《兩漢紀》，下冊，〔東晉〕袁宏《後漢紀》，卷6，《光武皇帝紀》，中華書局，2006年版，第110頁。

〔註125〕《後漢書》，卷17，《岑彭列傳》，中華書局，1965年版，冊3，第662頁。

〔註126〕〔晉〕常璩著，任乃強校注：《華陽國志校補圖注》，卷3，上海古籍出版社，1987年版，第166頁。

〔註127〕〔晉〕常璩著，任乃強校注：《華陽國志校補圖注》，卷3，上海古籍出版社，1987年版，第169頁。

定流域內地方，主事的行政長官是廣漢部尉，以其所駐立縣，稱五城縣。修築五倉動用了周邊郡縣、綿竹縣、雒縣、涪縣、新都縣五個縣的力量。從譚其驤《中國歷史地圖集》和地方志的所能提供的資料來看，秦漢巴蜀地區的郡縣治所大多設在水運要衝，選址符合交通網合理佈點的原則。最初的漕運倉城，是原有五個縣的經濟交通中心，這在城市史上也是很重要的特例。萬安倉在水運上的腹地顯然是包括周邊這五個縣。西漢巴蜀地區為開邊而進行的轉運活動規模很大，如唐蒙通夜郎「發巴蜀吏卒千人，郡又多為發轉漕萬餘人」〔註128〕。萬安倉等漕倉儲糧支持開拓西南夷的軍事活動，其作用在於把各地漕糧集中起來供漕轉和軍食。《華陽國志》說「尉部主之」，是指在設立五城縣之前，當地在行政區劃上是縣尉轄區，而正常郡縣的尉僅僅是地方軍事長官，地位略低於行政長官郡守、縣令，因此「尉部」是一個處於軍政階段的籌備縣，其建樹的軍事性很強。五倉，也就是萬安倉，一開始應該就是倉城。

　　東漢初年曾有羊腸倉為北方漕運服務過較短的時期，該倉情況較特殊。漢明帝時期嘗試把虖沱河和汾水的上游連接起來，在汾水上游的汾陽縣設羊腸倉作為漕運系統的重要銜接點。從腹地條件看，該倉與其相聯接的漕路，使漕糧可以由黃河進入河東，再進入河北虖沱河，支持河北邊防，或是反向運輸，將河北地區的漕糧運到黃河上中游甚至運抵京師洛陽，一旦漕路暢通，就在黃河下游北面架起一道大致呈平行的漕運線，溝通東西，使河北地區和關中地區之間可繞開三門峽運糧：

　　　　永平中，理虖沱、石臼河，從都慮至羊腸倉，欲令通漕。太原吏人苦役，連年無成，轉運所經三百八十九隩，前後沒溺死者不可勝算。建初三年，（鄧）拜訓謁者，使監領其事。訓考慮隱括，知大功難立，具以上言。肅宗從之，遂罷其役。〔註129〕

　　正史文獻對羊腸倉的面貌描述非常有限。《水經注》對羊腸倉的地理也做過描述：

　　　　汾水又南徑汾陽縣故城東，川土寬平，峘山夷水。地理志曰：汾水出汾陽縣北山，西南流者也。漢高帝十一年，封靳強為侯國，後立屯農，積粟在斯，謂之羊腸倉。……漢永平中，治呼沱、石臼

〔註128〕《史記》，卷117，《司馬相如列傳》，中華書局，1959年版，冊9第3044頁。
〔註129〕《後漢書》，卷16，《鄧訓傳》，中華書局，1965年版，第608頁，冊3。

河。按司馬彪後漢郡國志，常山南行唐縣有石臼谷，蓋資承呼沱之

水，轉山東之漕，自都慮至羊腸倉，將憑汾水以漕太原，用實秦晉，

苦役連年，轉運所經，凡三百八十九隘，死者無算。〔註130〕

可惜這條漕路由於過於艱難，時間不長就被放棄。東漢章帝建初三年因
爲運輸成本過高的關係「罷常山呼沱石臼河漕。」〔註131〕說明在此以前，常
山郡境內一直利用呼沱石臼河漕運。

《後漢書》注文的記載於上述史料又有補充，提供了羊腸倉也具備倉城
設施的重要信息：

酈道元《水經注》云：「汾陽故城，積粟所在。謂之羊腸倉，在

晉陽西北，石磴縈委，若羊腸焉，故以爲名。」

按照《水經注》的記載，羊腸倉當地來是西漢軍屯田地，儲存屯田產糧，沒
有直說羊腸倉和「汾陽故城」具有明確關係，《後漢書》注文卻說根據《水經
注》講羊腸倉是「汾陽故城」，看似注文引證失誤，可我認爲這是注者作了「義
解」和考證，兩段文字並無矛盾。估計羊腸倉和西漢太原郡汾陽縣汾陽城的
關係就是像成都倉和成都城的關係，倉在城內，又或是像五倉和五城縣的關
係，倉在城先，總之是相互依託。則羊腸倉也是倉城無疑。在西漢羊腸倉是
屯田糧倉，而到了東漢成爲漕倉。

《水經注》言，羊腸倉糧「用實秦晉」，說明是把漕糧自河北地區轉運河
東和關中，「山東之漕」的形容說明當時羊腸倉的腹地相當大，至少包括河北
地區的漕糧都要運過來，可當時東漢都城已不在關中，而遷到了河南的洛陽，
開展這樣的漕運活動目的是爲了什麼原因哪？

很顯然，東漢的西北平羌軍需是建立該倉的重要原因。

最後，還有一個牛渚倉是在東漢末年的戰亂中出現在揚州丹楊郡。興平
二年，孫策攻擊揚州刺史劉繇，渡江第一戰即奪取牛渚邸閣，「盡得邸閣糧穀、
戰具」。〔註132〕「按牛渚濱江爲險，自橫江渡者必經此以趨建業」。〔註133〕
孫策挫敗了樊能、於麋「復合眾襲奪牛渚屯」的企圖，在進攻笮融的戰爭中

〔註130〕〔北魏〕酈道元著，陳橋驛校證：《水經注校證》，卷6，《汾水注》，中華書
　　　　局，2007年版，第157頁。

〔註131〕《後漢書》，卷3，《章帝紀》，中華書局，1965年版，第136頁。

〔註132〕《三國志》，卷46，《孫討逆列傳》，中華書局，1959年版，第1103頁，注文
　　　　引《江表傳》。

〔註133〕胡阿祥：《六朝疆域與政區研究》，學苑出版社，2005年版，第75頁。

受傷，「因自牛渚」，﹝註134﹞回到這裡修整。看來他是把這裡當作了征戰江東的大本營。孫策「以（周）瑜恩信著於廬江，出備牛渚，後領春谷長。」孫策定丹楊郡後，有眾數萬，對周瑜說「吾以此眾取吳會平山越已足。卿還鎮丹楊。」周瑜「發眾及船糧以濟大事」。﹝註135﹞這個邸閣何時出現，為何而建，史書中沒有記載。我估計是在揚州不同勢力間激烈爭奪形勢下，劉繇一方建立的「屯糧之所」，為征戰而立自有營壘設施防禦堪為一用。後孫氏大將孫瑜「遷奮威將軍，領郡如故，自溧陽徙屯牛渚。」﹝註136﹞全綜也將山越精兵萬人出屯此地：「因開募召，得精兵萬餘人，出屯牛渚，稍遷偏將軍。」﹝註137﹞鑒於該倉在秦漢史上影響不大，不予過多分析。

四、結　論

　　綜上所述，秦漢時期的漕倉不僅儲備大量糧食，還多有高大的城堡設施衛護。漕倉的經營活動如選址、築城、聚糧、駐軍等，除了要考慮國家經濟需要，也為了滿足戰略需求，甚至有根本為軍事服務而建具有軍倉城堡性質者。在和平情況下，漕運系統的運作主要是滿足財政需要和建立戰略儲備，漕運線的軍事交通作用是隱性的，漕倉儲備主要為財政和防災服務，雖然儲糧很大一部分也供軍隊食用的，倉城的軍事設施也只是防止盜竊、搶劫。一旦發生戰爭，漕運系統可以轉入戰時使用狀態，漕運線轉化為軍事交通運輸線使用，漕倉儲備功能的軍事意義立刻凸顯出來，可以為調運軍糧服務，漕倉倉城可以迅速轉作軍用堡壘，用來防禦和駐紮。戰時，漕運活動還會改變原有的運輸路線，不向軍事政治中心運送，而是向戰場轉運，有時甚至是反向運輸。漕倉的這種戰略價值，不僅是由倉儲糧和倉城設施決定的，也和選址布局時的戰略設計有關，而設計的根據主要是交通地理。在戰時，交通地理條件和軍事交通地理特性的一致性體現出來，漕倉甚至可轉化為軍事要塞，成為各方軍事力量爭奪的目標。因此即使在穩定時期，分佈在各地的倉城，在水陸漕運交通線的聯接下形成網絡，配合國家戰略部署，為國家財政

﹝註134﹞《三國志》，卷46，《孫討逆列傳》，中華書局，1959年版，第1103頁，注文引《江表傳》。

﹝註135﹞《三國志》，卷54，《周瑜傳》，中華書局，1959年版，第1260頁。

﹝註136﹞《三國志》，卷51，《宗室傳》，中華書局，1975年版，第1206頁。

﹝註137﹞《三國志》，卷60，《全綜傳》，附《陸抗傳》，中華書局，1959年版，第1381頁。

和軍事活動提供多種服務，形成了國家權力在各地的堅實支撐。這體現了早期漕運與軍事政治的密切關係。

第三節　秦漢江漢漕運演進及其歷史價值

（原文發表於《重慶社會科學》2008 年第 1 期，文字略有增加和修訂，補充了發表前刪去的部分論述）

提要：

　　秦漢的江漢漕運在秦朝建立過程中興起，對社會經濟、軍事政治各個領域產生重要的歷史影響，反映出古代漕運活動和漕運系統在大一統國家形成和發展過程中的所起到的重要輔助作用。

關鍵詞：秦漢；江漢；漕運；漕運體系

　　一般認為秦漢是大一統和漕運制度的開創時期。筆者認為在秦漢漕運制度形成的同時全國性的漕運體系也開始形成，並對大一統的確立起到了重要的作用。雖然秦漢漕運體系的結構遠不及後世緊密，但已經出現全國性和區域性的漕運活動和漕運系統。近年來對秦漢鴻溝漕運和敖倉的研究已經有一些，而從秦漢漕運體系來看在不同的地域漕運活動和漕運系統有著不同的具體表現，秦漢江漢流域的漕運活動雖然地域特徵較強，但也曾經發生相當的歷史影響，甚至影響全局，故對其歷史作用作一深入考察。

一、秦漢江漢漕運系統的形成

　　以運出巴蜀漕糧為主的江漢漕路的開闢，是在戰國末秦國的兼併征戰中開始的。從那時起，秦漢江漢漕運系統也開始逐步形成。作為統一後秦漢全國漕運體系的一部分，江漢漕運系統由漢水和長江上游的水運網以及巴蜀漢中的漕倉、運道組成。四川盆地中已知的秦漢倉儲多分佈在水運要衝，積蓄大量漕糧。江漢漕運系統的交通特徵是由四川盆地內外的地理條件決定的。四川盆地具有相對封閉的地理特點，盆地內部有有長江、嘉陵江、漢水、岷

江等多條江河，構成了便利的水運網，但盆地爲崇山峻嶺環繞，對外水陸交通都不便利。長江和漢水是盆地和外界溝通最方便的交通線。由於三峽的險峻使跨峽航運比較困難，而漢水經鄂西北山地入江漢平原與長江匯合，其間經歷的也是險峻山區，順流易，溯流難。因此即使是走江漢水路也是出川易，進川難。這樣就使沿江漢走水路順流而下向東南出荊楚爲易，逆流而上從下游進入盆地或向東北走陸路入關中爲難。這就決定了秦漢在長江上游發展漕運活動的交通局限性，只好利用江漢漕路向今天的豫鄂地區運出上游盆地的資源，很難從漢中向鄰近的統治中心關中運糧。

秦惠王時期秦國吞併了長江上游的巴、蜀兩國，奪取楚國的漢中，以高屋建瓴之勢，擁有了對位於長江中下游的楚國的軍事地理優勢。秦國蜀郡守李冰對地方社會經濟的發展做出了巨大貢獻，「蜀守冰鑿離碓，辟沫水之害，穿二江成都之中，此渠皆可行舟，有餘則用溉，百姓饗其利」，〔註138〕「冰乃壅江作堋，穿郫江、撿江別支流，雙過郡下，以行舟船，岷山多梓柏大竹，頹隨水流，坐致材木，功省用饒，又溉灌三郡，開稻田，於是蜀沃野千里號爲陸海」。〔註139〕盆地的生產活動和漕運交通建設互爲促進，與之相配合的還有當地漕倉的建設。張「儀與（蜀郡守張）若城成都，周回十二里，高七丈。郫城，周回七里，高六丈。臨邛城，周回六里，高五丈。造作下倉」。〔註140〕任乃強教授認爲「『下倉』，謂各縣倉。」〔註141〕我認爲成都倉不能看成縣倉，應該是蜀郡郡倉，因爲蜀郡治成都縣。戰國時借助水運建立倉儲已經比較普遍。張儀說魏國「粟糧漕庾，不下十萬」。鮑彪注文講「漕，水運。庾，水漕倉」。〔註142〕「粟糧漕庾」即是通過水運建立的糧倉儲備，儲量還不小。秦國在郡縣也普遍設有倉儲。三倉應該是當時巴蜀地區最大和最高級別的倉儲，依靠盆地內水運網建立積蓄，是秦的區域性大倉。這種漕倉是依靠集中特定區域的漕糧建立起來，即代表了地區性的糧食儲備，又可以爲國家調撥各地

〔註138〕《史記》，卷7，《河渠書》，冊4，1407頁，中華書局，1959年版。

〔註139〕〔晉〕常璩著，任乃強校注：《華陽國志校補圖注》，卷3，《蜀志》3，上海古籍出版社，1987年版。

〔註140〕〔晉〕常璩著，任乃強校注：《華陽國志校補圖注》，卷3，《蜀志》3，第128頁，上海古籍出版社，1987年版。

〔註141〕〔晉〕常璩著，任乃強校注：《華陽國志校補圖注》，卷3，《蜀志》3，第131頁，（注文），上海古籍出版社，1987年版。

〔註142〕〔西漢〕劉向：《戰國策》，中冊，卷22，第792頁，上海古籍出版社，1985年版。

經濟資源服務。秦倉依傍長江上游水運網，可以和整個長江流域發生交通聯繫，平時集中儲備蜀地糧食，可沿江東下爲秦的軍事活動服務。這種漕運活動一直沿襲到兩漢時期。

古人云「得蜀則得楚，楚亡則天下並矣」。〔註143〕在秦國規劃滅蜀的時候，將領司馬錯就計劃「其國富饒，得其布帛金銀，足給軍用。水通於楚。有巴之勁卒，浮大舶船，以東向楚，楚地可得。」〔註144〕吞併蜀地之後，秦王威脅楚國說「蜀地之甲，乘船浮於汶，乘夏水（漢水）而下江，五日而至郢。漢中之甲，乘船出於巴，乘夏水而下漢，四日而至五渚」。〔註145〕炫耀秦在江漢上的軍事能力。張儀也曾威嚇楚王：「秦西有巴蜀，大船積粟，起於汶山，浮江以下，至楚三千餘里。舫船載卒，一舫載五十人與三月之食，下水而浮，一日行三百餘里。里數雖多，然而不費牛馬之力，不至十日而距扞關。扞關驚則從境以東盡城守矣。黔中、巫郡非王之有，秦舉甲出武關，南面而伐，則北地絕。秦兵之攻楚也，危難在三月之內。〔註146〕張儀所說有動員蜀地區域資源以對楚作戰的意思，要秦軍沿岷江入長江東下，威脅楚的黔中郡和巫郡。當時步兵編制，五十人爲一屯，則一船所載恰爲一屯兵力和三月軍糧，十日內遠征三千里，可在三個月內擊敗楚國。秦昭襄王二十二年（前285年），「張若因取筰及（楚）江南地焉」。〔註147〕筰，任乃強以爲即是楚國的巫郡。秦昭襄王二十七年（前280年），「使司馬錯發隴西，因蜀攻出黔中，拔之」。「司馬錯率巴、蜀眾十萬，大舶船萬艘，米六百萬斛，浮江伐楚。」〔註148〕秦軍順江而下，奪取了楚的黔中郡地區。後來楚國雖然收復黔中地，但秦昭襄王三十年（前277），秦將白起再伐楚，拿下郢都，同

〔註143〕〔晉〕常璩著，任乃強校注：《華陽國志校補圖注》，卷3，《蜀志》3，第126頁，上海古籍出版社，1987年版。

〔註144〕〔晉〕常璩著，任乃強校注：《華陽國志校補圖注》，卷3，《蜀志》3，第126頁，上海古籍出版社，1987年版。

〔註145〕〔西漢〕司馬遷：《史記》，《蘇秦列傳》，卷69，第2272頁，冊7，中華書局，1959年版。

〔註146〕〔西漢〕司馬遷：《史記》，《張儀列傳》，卷70，第2290頁，冊7，中華書局，1959年版。

〔註147〕〔晉〕常璩著，任乃強校注：《華陽國志校補圖注》，卷3，《蜀志》3，第129頁，上海古籍出版社，1987年版。

〔註148〕〔晉〕常璩著，任乃強校注：《華陽國志校補圖注》，卷3，《蜀志》3，第128頁，上海古籍出版社，1987年版。

時張若順流再次奪取黔中地,「取巫郡及江南爲黔中郡」。〔註 149〕秦始皇滅楚國時派王翦率兵六十萬出征,有學者估計每天口糧總數多達 66667 石左右,若以車載 25 石計,每日都需兩千六百輛以上的車輛運送。〔註 150〕如單靠陸運則十分緩慢,肯定要借助江漢水運的方式。秦朝統一後,江漢流域的水運仍然可以爲秦朝控制長江中游,威懾下游服務。

顯然,秦政權發展江漢漕運是服從於其經營巴蜀和統一關東的需要,因地制宜,通過發展巴蜀漢中地區的生產和倉儲、航運交通來爲江漢漕運提供物質基礎,在客觀上構築了一個由蜀漢倉儲和江漢漕路構成的江漢漕運系統。秦朝建立之後在北方依託鴻溝,在南方依託靈渠和江南運河各建立漕運系統爲抗擊匈奴、開拓嶺南等統一活動服務,這些地方漕運系統和江漢漕運系統共同構成了秦漢的漕運體系。

二、江漢漕運的社會經濟作用

秦西漢的政治中心在西北,由於關中產糧不能夠滿足大一統國家的財政需要,因此大力發展漕運從關東運糧。巴蜀漢中雖然比鄰關中,是統治核心區的「後院」,但因漢中向北交通的困難很少向關中供糧,故秦漢主要是將巴蜀漕糧沿江漢水路向下游東運,在區域間進行調配。

秦朝統一後從關中向西南修有子午道和故道,通行都非常艱難,文獻記載中缺乏江漢漕運活動的記載。西漢重視農業發展,也重視漕運和倉儲建設。賈誼曾主張「夫積貯者,天下之大命也。苟粟多而財有餘,何爲而不成?以攻則取,以守則固,以戰則勝。懷敵附遠,何招而不至?」重視倉儲建設的戰略意義。〔註 151〕漢武帝時倉儲積蓄豐富,「都鄙廩庾盡滿,而府庫餘財。京師之錢累百鉅萬,貫朽而不可校。太倉之粟陳陳相因,充溢露積於外,腐敗不可食。」〔註 152〕隨著西南拓邊和經濟發展,西漢在巴蜀地區增設郡縣,借助盆地內漕運發展了不少新倉儲。新漕倉也成爲新的縣城建設的起點。當時

〔註 149〕〔西漢〕司馬遷:《史記》,冊 1,卷 5,《秦昭襄王本紀》,第 213 頁,冊 1,中華書局,1959 年版。

〔註 150〕王子今:《秦漢交通史稿》,第 21 頁,中共中央黨校出版社,1994 年版。

〔註 151〕〔東漢〕班固:《漢書》,卷 24 上,《食貨志》,第 1127~1135 頁,冊 1,中華書局,1962 年版。

〔註 152〕〔東漢〕班固:《漢書》,卷 24 上,《食貨志》,第 1135~1138 頁,冊 1,中華書局,1962 年版。

各郡建倉如西漢廣漢郡的新都縣境內沱江匯合綿水、雒水再奔流入江,「水通於巴」,交通便利,故在當地有「漢時五倉,名萬安倉」。〔註153〕廣漢郡五城縣「在郡東南。有水通於巴。漢時置五倉,發五縣民,尉部主之。後因以爲縣」。〔註154〕五城縣即後來的中江縣。當地中江水水勢平緩,便於航運,在「五城水口」處入涪江,船隻可由涪轉巴,這是古代一條經常被利用的水路。五縣的五倉選址多在中江水側,以利漕運,主事的是廣漢部尉,當然倉儲之設也是爲廣漢部尉行政建制的財政需要服務,後以其駐地立縣,稱五城縣。修築五倉動用了周邊郪縣、綿竹縣、雒縣、涪縣、新都縣五個縣的力量。從地圖和地方志的情況來看,秦漢巴蜀地區的郡縣治所大多設在水運要衝,選址符合交通網合理佈點的原則。最初的五城縣僅是一個漕運倉城,是原有五個縣的經濟和交通中心。五倉在水運上的吸引範圍顯然是包括周邊這五個縣。

漢武帝時曾想在漢水上游開闢褒斜道,好借漢水漕運關東糧食,以避三門峽黃河運路的艱險,也可藉以向北運出巴蜀漢中的糧食。當時有人主張「今穿褒斜道,少阪,近四百里;而褒水通沔,斜水通渭,皆可以行船漕。漕從南陽上沔入褒,褒絕水至斜,間百餘里,以車轉,從斜下渭。如此,漢中谷可致,而山東從沔無限,便於底柱之漕。」武帝發數萬人作褒斜道五百餘里。「道果便近,而水多湍石,不可漕。」〔註155〕工程失敗了,只對陸路建設構成積極影響。當時巴蜀漢中社會經濟也有長足的進步。「司馬、唐蒙鑿西南夷之塗,巴、蜀弊於邛、筰;橫海征南夷,樓船戍東越,荊、楚罷於甌、駱」。〔註156〕事實上巴蜀地區和江漢流域被作爲漢武帝開拓西南夷和南越的大後方,或許也要利用江漢漕運輸送錢糧去西南邊境。

巴蜀地區運糧關中雖然不便,可是西漢通過江漢向東進行漕糧調配卻很有效。漢武帝時黃河水災規模很大,造成了不小的社會經濟困難。「是時山東被河災,乃歲不登數年,人或相食,方二三千里。天子憐之,令饑民得流就食江、淮間,欲留,留處。使者冠蓋相屬於道護之,下巴、蜀粟以賑焉。」〔註157〕

〔註153〕〔晉〕常璩著,任乃強校注:《華陽國志校補圖注》,卷3,《蜀志》14,第166頁,上海古籍出版社,1987年版。

〔註154〕〔晉〕常璩著,任乃強校注:《華陽國志校補圖注》,卷3,《蜀志》14,第166頁,上海古籍出版社,1987年版。

〔註155〕〔東漢〕班固:《漢書》,卷29,《溝洫志》,第1681頁,冊6,中華書局,1962年版。

〔註156〕〔西漢〕桓寬:《鹽鐵論》,卷4,《地廣第十六》。

〔註157〕〔東漢〕班固:《漢書》,卷24下,《食貨志》,第1172頁,冊4,中華書局,

秦西漢的經濟重心一直都在關中，即使如此，仍然要漕運大量關東漕糧滿足抗匈奴和供養首都國家機器等財政需要。秦漢巴蜀地區開發程度較高，經濟發展程度僅次於關中，關東北方部分則次之，東南地區經濟最爲落後。秦西漢的財政依靠來自關東的大量漕運，爲有限的關中資源作巨大補充。因此華北災民南下江淮就食對落後的東南地區構成壓力，也會影響整個國家的財政來源。爲防止社會矛盾激化，西漢只有將巴蜀漕糧沿江漢東下救濟一策。這樣對江漢漕運的利用非常合理。此外西漢奉行強幹弱枝的政策，重視關中的發展，忽視甚至壓抑關東其他地方的發展，借助漕運等形式榨取各地財富入關中而用，巴蜀地域與關中之間交通不便的狀況或許因此反倒成爲當地經濟發展與積累的有利條件。

西漢末年天下大亂，公孫述割據巴蜀自立，依靠了巴蜀水運網和秦朝遺留的下倉來建立自己的交通和經濟體系。李熊游說公孫述說「蜀地沃野千里，土壤膏腴，果實所生，無穀而飽。女工之業，覆衣天下。名材竹幹，器構之饒，不可勝用，又有魚、鹽、銅、銀之利，浮水轉漕之便。北據漢中，杜褒、斜之險；東守巴郡，拒扞關之口；地方數千里，戰士不下百萬。見利則出兵而略地，無利則堅守而力農。東下漢水以窺秦地，南順江流以震荊、楊。所謂用天因地，成功之資。」〔註158〕到東漢末年，秦的下倉仍被使用，「成都郭外有秦時舊倉，述改名白帝倉」。〔註159〕公孫述自以爲德應白帝，命名成都倉爲白帝倉，說明是把這個倉儲作爲蜀政權的「太倉」使用，其吸引範圍當爲整個四川盆地。〔註160〕荊邯又曾獻計：「令田戎據江陵，臨江南之會，倚巫山之固，築壘堅守，傳檄吳、楚，長沙以南必隨風而靡。令延岑出漢中，定三輔，天水、隴西拱手自服。如此，海內震搖，冀有大利。」〔註161〕

1962 年版。

〔註158〕〔南朝宋〕范曄：《後漢書》，卷 13，《公孫述列傳》，第 535 頁，中華書局，1965 年版。

〔註159〕〔東漢〕班固：《漢書》，卷 13，《公孫述列傳》，第 541 頁，冊 3，中華書局，1962 年版。

〔註160〕當代交通運輸學認爲「所謂吸引範圍（道路運輸）或腹地（水運），即交通線或站、港的服務地區，或稱爲以站、港爲中心的經濟區。交通點、線、網的地域結構，又有吸引範圍這種面的地域結構予以充填，使得交通運輸地理的研究更爲全面化和地域化。」

〔註161〕〔東漢〕班固：《漢書》，卷 13，《公孫述列傳》，第 539～540 頁，冊 3，中華書局，1962 年版。

荊邯所獻計策與三國諸葛亮「隆中對」的戰略決策有相似之處，即「跨有荊益」，從漢中和荊州兩路出兵夾擊中原，所論「據江陵」和接下來的「臨江南之會，倚巫山之固」必然都要依靠跨越三峽的江漢漕運。當時公孫述政權還有一個巴郡江州倉，是其大量儲糧的戰略據點。「漢世，郡治江州巴水北」。〔註162〕巴州城建於秦，是漢的巴郡治所。建武十一年東漢軍入川，「岑彭以江州城固而糧多，留馮俊守之」。〔註163〕公孫蜀政權的存在時間短，史料少，其漕運體系與漕運活動的面貌究竟如何，已經很難系統全面的研究。在平定公孫述的時候，東漢軍自中游的荊楚溯流而上進攻。總的看，相對於秦朝和西漢，東漢一代，不僅江漢漕運，全國漕運並不發達，也缺乏記載。

三、江漢漕運的軍事歷史意義

秦漢時期漕運活動的軍事功能很強，江漢漕運即是典型。

第一，江漢漕運系統與秦漢戰略格局的關係體現了漕運體系與戰略需要的密切關係。

秦朝和西漢的戰略格局基本是東西對立的局面。戰國時秦國和其他六國間呈現東西對立的軍事格局。秦國地處西部，屬中國大陸地理第二階梯，位居大河的上游流域，向東方用兵有高屋建瓴之勢，用水路運糧有順流而下的便利。秦在滅六國的軍事鬥爭中利用了渭河、黃河、洛水、漢水、長江等河流的水運，採取了和地理形勢相適應的軍事運輸方式。「且秦以牛田，水通糧」，鮑彪曰：「因其水爲漕。」吳師道曰：「牛耕積穀，水漕通糧。」〔註164〕秦朝統一之後，重視交通發展，開始利用鴻溝等運河組織全國性的漕運活動，並在南方江淮流域開鑿新運河，〔註165〕發展全國性的漕運交通體系，既滿足了以低成本方式集中資源完成財政運作的需要，又加強了對全國各區域的戰略控制。統一後秦人以勝利者自居，歧視奴役山東人，而山東貴族殘餘勢力也不甘心亡國，使東西間存在著嚴重的地域對立，且匈奴的威脅成爲主要軍

〔註162〕〔晉〕常璩著，任乃強校注：《華陽國志校補圖注》，卷1，《巴志》10，第27頁，上海古籍出版社，1987版。

〔註163〕《兩漢紀》，下冊，〔東晉〕袁宏《後漢紀》，卷6，《光武皇帝紀》，第110頁，中華書局，2006年版。

〔註164〕《戰國策》，中冊，卷18，第618頁，上海古籍出版社，1985年版。

〔註165〕張承宗、李家釗：《秦始皇東巡會稽與江南運河的開鑿》，《浙江學刊》1999年第6期。

事矛盾，秦朝統治者的軍事關注被牽制在西北，難以向東遷都，必須向西北大量漕運糧草。影響秦朝漕運體系地理架構方式的主要是這以上兩個軍事因素。因此，秦朝沿著渭河、黃河、鴻溝建立東西走向的北方漕運幹線，保證對關中都畿和西北邊防的糧食供應，並借助運河在關東建立敖倉等大型轉運倉，江漢漕運系統以向下流運輸爲主的交通方式也在客觀上符合了這一建構的要求。江漢漕運可以爲秦滅楚的戰爭提供軍事交通服務，也可以在秦朝控制關東地區的戰略中被利用。西漢前期的戰略格局仍然是秦朝東西對立格局的繼續。西漢建立之初分封制與郡縣制並存，封國集中在山東地區，郡縣主要在原來秦國的故土上。在漢武帝以前，地理上仍然呈現著東西對立的戰略格局，故在平定七國之亂時漢朝廷借江漢漕運來支持周亞夫的平叛軍。鄒陽勸說吳王罷兵說漢朝「遣羽林黃頭循江而下，襲大王之都；魯東海絕吳之餉道；梁王飭車騎，習戰射，積粟固守，以備滎陽，待吳之饑。大王雖欲反都，亦不得已。」〔註166〕東漢經濟重心從關中東遷到關東，首都東遷到洛陽，諸侯割據的問題也早已解決，但國家集權力量較弱，漕運事業並不發達。

　　第二，江漢漕運與秦漢戰爭活動的關係反映了當時漕運線在戰時成爲軍事補給線以運送軍糧。

　　秦國和秦朝的軍事利用上文已經講過一些。漢高祖劉邦與楚霸王項羽爭天下，以巴蜀和漢中爲後方，以韓信爲將出兵關中，用的是巴蜀軍糧：「留蕭何收巴、蜀租，給軍糧食。」〔註167〕劉邦得關中後，再從關中出兵徵糧爭奪天下，也要依靠巴蜀軍糧，命蕭何守關中，「計關中戶口，轉漕、調兵以給軍，未嘗乏絕。」〔註168〕蜀漢之粟成爲劉邦得勢的重要資本之一。劉項雙方曾在鴻溝流域長期進行軍事較量，漢一方利用江漢漕運調取巴蜀漢中的糧食。蕭何留守關中，「蕭何發蜀漢米萬船而給助軍糧，收其精銳以補傷疾」。〔註169〕

　　關中的糧食可以向秦滅六國時那樣沿黃河、渭河順流而下，巴蜀漢中的卻不應該從關中運出，只能沿江漢漕路順流而下。這是因爲當時蜀漢地區的對外交通運輸以由漢中出關中陸路爲難，以順江漢漂流而下爲易。秦國滅亡巴蜀的時候，司馬錯大軍走的是所謂金牛道，形式爲棧道，並不好走。有證據證明秦

〔註166〕〔東漢〕班固：《漢書》，卷51，冊8，第2362～2365頁，《鄒陽傳》，中華書局，1962年版。

〔註167〕《資治通鑒》，卷9，中華書局，1956年版，第312頁，冊1。

〔註168〕《資治通鑒》，卷9，中華書局，1956年版，第323頁，冊1。

〔註169〕《華陽國志》，卷3，《蜀志》7，第141頁，上海古籍出版社，1987年版。

國使用江漢漕路東下滅楚，缺乏證據表明秦朝把蜀漢糧食運進關中，這就是由於交通的困難。秦朝在統一天下後，建有子午道和故道等棧道，劉邦入漢中走的也是這些道路，但是子午道「途路澀難」〔註 170〕，秦朝有子午道和故道，劉邦入漢中走的就是子午道。爲了向項羽表示不出漢中的決心劉邦曾將子棧道燒毀，這使得從蜀漢地區出漢中入關中的交通更加困難。〔註 171〕故蕭何採用成本低的方式，把關中產糧沿黃河運輸，巴蜀產糧必然是沿江漢水運入楚地，自南陽陸運進入洛水流域，再到敖倉前線。

楚漢之爭中，酈食其游說齊王，論天下歸漢之勢，說「諸侯之兵四面而至，蜀漢之粟方船而下。」〔註 172〕隨何游說英布，也說「漢王收諸侯，還守成皋、滎陽，下蜀、漢之粟，深溝壁壘，分卒守徼乘塞」。〔註 173〕蜀漢之粟正是江漢漕運的漕粟，我估計很有可能在楚漢相爭的後期，敖倉的秦朝遺糧早已吃盡，漢軍及其盟軍主要是吃關中巴蜀，特別是巴蜀漢中的糧食。這是因爲秦末山東人起義，陳勝吳廣佔據陳郡，劉邦也曾在碭郡境內活動，武臣稱王趙王於邯鄲郡，皆與三川郡僅一郡之隔，六國各自復興，秦朝廷已經很難得到山東漕糧，而河套邊防軍與咸陽陵園宮室之勞動人口及關中奴婢盡東向組成鎮壓軍，大型工程亦皆暫停，敖倉存糧必停運關中，用作鎮壓之費，進入淨消耗狀態，且章邯王離數十萬眾在河南北轉戰經年，鉅鹿大戰時章邯所用軍糧係從黃河東運，必由敖倉，則屆劉項相爭之時敖倉之糧必消耗不小，卻又缺乏補充，雖爲劉邦所用，恐並不太足，必有待蜀漢關中漕糧補充。巴蜀漢中不經關中，必然是水運入楚地，自南陽陸運進入洛水流域，再到滎陽前線。任乃強分析劉邦拉攏英布，控制長江中游，可以達到屏蔽江漢漕運的目的，結果「楚漢久相持未決，丁壯苦軍旅，老弱罷轉餉。」〔註 174〕處於劣勢的項羽被迫求和，劉邦先和再戰，一鼓作氣殲滅項羽。

東漢平定公孫述的時候則首次利用江漢漕路逆流運輸〔註 175〕。建武十一

〔註 170〕〔清〕嚴可均：《全後漢文》，卷 98，《司隸校尉楊孟文石門頌序》，商務印書館，1999 年版，第 990 頁，下冊。

〔註 171〕子午道直到西漢平帝時才被修復，當時王莽以其女王皇后有子孫瑞，才下令通子午道。

〔註 172〕《漢書》，卷 43，《酈食其傳》，中華書局，1962 年版，第 2109 頁，冊 7。

〔註 173〕《史記》，卷 91，《黥布列傳》，中華書局，1959 年版，第 2600 頁，冊 8。

〔註 174〕《史記》，卷 8，《高祖本紀》，中華書局，1959 年版，第 376 頁，冊 2。

〔註 175〕《兩漢紀》，下冊，〔東晉〕袁宏《後漢紀》，卷 6，《光武皇帝紀》，第 110 頁，中華書局，2006 年版。

年岑彭「發南陽、武陵、南郡兵，又發桂陽、零陵、長沙委輸棹卒，凡六萬餘人，騎五千匹，皆會荊門。」其軍糧多仗荊楚地區供應，「吳漢以三郡棹卒多費糧穀，欲罷之。彭以蜀兵盛，不可遣」。〔註176〕東漢國家權力較爲虛弱，漕運事業不及西漢發達，從史料中見不到顯著的江漢漕運活動的記載。

第三，秦漢戰爭中漕倉不僅可以作爲後勤供應轉運中心，又可作爲戰略大本營和防禦要塞使用，成爲各方所必奪，江漢流域和巴蜀盆地的漕倉選址同樣具有這樣的戰略和交通考慮。

秦漢統治者在建設漕運體系的時候往往對戰略格局作過深刻的考慮，在局部地區的發展上，也很體現戰略規劃，主要漕倉的設置也可以體現戰略思考。秦漢漕倉多爲倉城，選點在水路要衝，外以城牆維護，易守難攻，這是普遍現象，如敖倉、京師倉。巴蜀地區也不例外，「漢徵五縣民營造五倉時，倉地多在中江水側，以廣漢部尉督之。遂因部尉所駐立縣，稱五城縣。」〔註177〕上文所述張儀張若在三地「造作下倉，上皆有屋。而置觀樓射蘭」。〔註178〕任乃強認爲「秦時，各縣不盡有城。惟縣邑所在既有倉，以備民賦之穀。倉皆繞垣牆似城，故曰『倉城』。此謂自成都、郫、臨邛三縣有城者，故皆有倉在城內；其他縣邑無城者，亦皆先有倉城」。任乃強認爲觀樓是城門上的城樓，射蘭是屏蔽敵箭的設施，〔註179〕則秦代起蜀地漕倉就是有軍事設施的倉城。漕倉倉城化即可在變亂時進行武裝防禦，或是在戰爭中作爲要塞使用。兩漢京師倉倉城就在王莽之亂中爲新莽軍隊固守，綠林軍打到長安時仍未攻陷該倉。「時李松、鄧曄以爲，京師小小倉尚未可下，何況長安城！當須更始帝大兵到。即引軍至華陰，治攻具。」〔註180〕巴蜀漢中漕倉的情況也不應例外。

四、結　論

第一，江漢漕運反映了秦漢漕運體系在實現大一統國家權力過程中的重

〔註176〕〔南朝宋〕范曄：《後漢書》，卷17，冊3，第661頁，《岑彭列傳》，中華書局，1965年版。

〔註177〕上引《華陽國志》，第169頁。

〔註178〕〔晉〕常璩著，任乃強校注：《華陽國志校補圖注》，卷3，《蜀志》3，第128頁，上海古籍出版社，1987年版。

〔註179〕〔晉〕常璩著，任乃強校注：《華陽國志校補圖注》，卷3，《蜀志》3，第131頁，（注文），上海古籍出版社，1987年版。

〔註180〕〔南朝宋〕范曄：《後漢書》，卷99下，《王莽傳》，第4189頁，冊4，中華書局，1965年版。

要作用，而且具有豐富的表現形式。

在春秋戰國漫長的社會變革中，中國古代大一統集權式的國家體制逐步形成，但直到戰國，這種新型的國家權力仍然被局限在中國的局部地區。當秦漢統一國家建立之後，集權國家權力由地域走向更加廣闊的區域，廣大的疆土現在被緊密的聯繫在一起。秦朝的漕運體系的建設也與之相適應，結構上主要包括四個部分，北方漕運系統，以黃河、渭河、鴻溝組成的漕運主幹線和海運線組成，長江下游的江淮漕運系統，由江南的運河和江淮間的邗溝組成，通過菏水、鴻溝與北方漕運系統連接；嶺南北漕運系統，以靈渠溝通南嶺北的湘水水系和嶺南的灕江珠江水系；再加上長江上游的江漢漕運系統。西漢對秦朝遺留的漕運體系基本上繼承下來，沒有在結構上作重大改變，東漢遷都洛陽，渭漕廢棄，北方漕運系統和江漢漕運系統都有所萎縮。總的來看，秦漢江漢漕運是全國漕運體系的一個部分，既和全國性漕運有著相當的聯繫，又具有相對獨立的特點，可以為大一統國家利用和調配資源服務。如上文所論漢武帝救災史實表明，在華北黃河兩岸發生的災荒和長江下游的社會經濟、黃土高原首都地區的食物供應以及遠在長江上游的糧儲之間首次呈現了密切的關連。如果不利用長江和漢水漕運上游糧食，就會影響全國經濟與財政的正常運行。因此如何在各地掌控財富資源，並積聚起來形成儲備，形成戰略上的儲備基地，以便對地方進行控制，並用交通運輸方式在必要時進行跨地域的物質調配，以應對社會、經濟、軍事、政治的多重需求。對於早熟的大一統帝國來說是性命攸關的事情。中國古代實物貨幣形式不發達，糧食和布帛長期佔據了社會財富的主要表達形式，漕運就成為古代國家集聚和調配粟帛財富的重要方式，包括漕倉、漕運線的漕運系統就成為帝國確立統治的戰略設施。當然，秦漢所進行的陸路交通建設和海運的開闢也都很重要，但是從運輸成本和秦漢漕運線的地理位置來看，漕運交通體系作為秦漢國家交通網的主幹部分是不可替代的。秦漢帝國建立的過程中，江漢漕運建設是為秦朝和西漢大戰略格局服務的一部分。江漢漕運系統和北方的漕運主幹線一樣是大致為東西走向的交通線，便於進行東西資源調配。東漢的歷史情況則由於國家的衰弱有很大的不同，但相信可以用同樣的方式利用江漢漕運。

第二，在漕運發生這種重大歷史作用的過程中，倉儲，特別是依靠漕運建立的漕倉扮演了很重要的腳色。從漕倉的情況可以看出漕運系統功能的多

樣化及實現途徑。

呂思勉早就認爲秦漢倉儲也兼有轉漕和糴糶的功能〔註181〕。江漢漕運系統內漕倉和漕運線也具有極其密切的關係，體現了漕運體系建設中所遵循的交通網合理建構原則。從交通網建構的角度看，漕運體系中漕倉屬於交通站點和儲備點的設置，而漕運線則被作爲交通線的設置，共同構成漕運網的骨架結構。從資源儲備和物流的角度看，漕運體系中漕倉是物資儲備中心，而漕運線是連接資源產地和漕倉以及調配目的地的運輸線和供應線。秦漢利用漕倉進行戰略儲備，既爲調撥漕糧做出了準備，也爲穩定地方統治預作了伏筆。盆地裏的漕倉和北方漕運線上的京師倉、敖倉一樣是軍事化的倉城，可以爲區域軍事活動服務，也可在彼此之間由漕運線聯結成網絡。想像一下，作爲漕運體系的重要組成部分，分佈在各地的倉城，在交通線的聯接下形成網絡，配合國家兵力分佈，可以爲國家財政和軍事活動提供多種支持，形成了國家權力在各地的堅實支撐。在這種情況下，我們僅僅單獨觀察江漢漕運，就會發現它承擔著爲財政經濟活動、軍事政治活動、社會救濟活動提供支持。

第三，漕運活動的運作及漕運體系的建設都與地理有著密切的關係，地理條件對漕運路線的建構的影響幾乎是決定性的。江漢漕運系統的發展證明了這一點。

江漢漕運系統的形成就是秦人順應了巴蜀盆地內部自成體系、外部東下江漢的交通地理特徵建立的。秦漢江漢漕運已經和全國其他地區發生的漕運需要相聯。儘管秦漢漕運體系的地理結構不及後世嚴密，江漢漕運系統與其他地方的聯繫不夠緊密，但是秦漢已經在地理條件和歷史條件允許下做了充分的利用，以及盡可能的通過褒斜道工程升級它的使用價值。也正是由於自然地理條件的限制，漢武帝開闢褒斜道的措置未能成功，四川盆地與關中平原很難在交通和經濟上融爲一個整體。東漢曾經逆而用之，逆流而上進攻蜀國，就遇了運糧的困難。在攻進成都城的前夕，「漢軍糧盡，具舟將退」，東漢朝廷使者曾發生動搖，說「禍將至矣，軍有七日糧而轉運不至，必爲虜擒，不如退也」。〔註182〕在以後的歷史上，蜀漢之地與外界的交通聯繫一直比較弱，容易形成割據政權，中央政權統一四川盆地的進軍路線主要還是從漢中

〔註181〕呂思勉，《秦漢史》，第517～519頁，上海古籍出版社，2005年版。
〔註182〕《兩漢紀》，下冊，〔東晉〕袁宏《後漢紀》，卷6，《光武皇帝紀》，第112頁，中華書局，2006年版。

陸路進行。由此可見地理局限性所在。

在後來的歷史長河中，江漢漕運繼續在戰略上扮演著積極的腳色。三國時諸葛亮在「隆中對」中提出了「跨有荊益」的戰略構想。劉備奪取益州和漢中，又派劉封奪取漢水流域的上三郡，佔據了江漢上游，具備了進取下流的優勢，又派關羽進攻襄陽，即將打通江漢。但是由於東吳偷襲和孟達的叛變，漢水流域中下游被曹魏控制，蜀漢政權失去了走長江出三峽的可能，也無法利用漢水運輸。上文已經說過，走陸路出川是對外交通形式，可蜀漢政權只有這一個用兵方向。田餘慶認為失東三郡使蜀漢政權失去「跨有荊益」的可能性。〔註183〕進一步的，我認為，從漕運與軍事的關係來看，立足蜀中，卻不能打通自己的江漢漕運線，是包括古代蜀地政權在軍事上陷於困境的原因。從秦漢史看，在巴蜀漢中地區與關中地區在政治上成為一個整體時江漢漕運和北方的黃渭漕運一樣可以發生順流而下，高屋瓴水的作用，令立足於西部的政權獲得巨大效益。但在四川盆地與關中平原分屬不同政權後，立足於盆地的政權就可能面臨控制江漢漕路的困難，甚至是對外交通的絕境，不能出奇兵奪取關中的話就會困於盆地。但如果佔有蜀地的政權能兼有關中，或是控制了漢水流域，才能夠跨有三峽東西，打開局面。蜀地人力物力加江漢漕運系統，等於兵糧加軍事交通線。再後來的北周因江陵之變而控制江漢流域而獲得對下游的戰略優勢。此後中國西部軍事歷史的發展大致遵循這樣的戰略原理。

第四節　小　結

軍事是政治的工具，而經濟是軍事的重要基礎。

從已經存在的研究成果看，漕運制度的開創始於秦漢大一統局面的形成，基本上佔據了觀點的主流，主要原因是作為制度的漕運是應大一統的集權制度的需要產生，也就是說是中央集權國家政權對社會財富資源進行統制後的調配。但是筆者相信漕運活動開始的直接原因卻是中國古代集權制君主國開展軍事活動和加強軍事力量的需要，這種需要在先秦時期就已經出現，至晚在戰國已經開始出現在靠近邊境的軍事要地和水路要衝建立與軍事據點

〔註183〕《東三郡與蜀魏歷史》，《〈隆中對〉再認識》，見田餘慶：《秦漢魏晉史探微》，第244～261頁，中華書局，2004年版。

相和的漕倉。在吞併巴蜀之後，秦國在當地的戰略性建設顯示出軍事化的漕倉倉城營造已經非常成熟。漕倉城成爲維護大一統體制和軍事擴張的重要戰略工具，其形成的歷史時間比全國性漕運網的形成要早很多。由於郡縣制大一統的君主集權國家形態在商鞅變法之後，和秦始皇完成統一之前已經開始形成，因此，爲秦國國家對外軍事活動服務的漕運成爲了完成統一的工具，實際上漕運制度在戰國時期已經出現。

　　秦漢大一統帝國確立之後無論是對內實施統治還是對外防禦，抑或是國內地緣戰略布局都把漕運及倉儲作爲樹立國家軍事權力的重要工具，沿著漕運線路分佈的一座座大型倉城展示著強大的國家軍事權力和經濟力量及其戰略意圖。

第二章　魏晉南北朝國家軍事權力與漕運

第一節　六朝的漕運、地域格局與國家權力

（原文發表於《史林》2010 年第 3 期，獲《中國人民大學複印報刊資料》2010 年 12 期全文轉載，《中國社會科學文摘》2010 年第 11 期摘錄）

摘要：

　　六朝的漕運受到地域格局和國家權力鬥爭的影響，呈現曲折的發展。六朝時期都城依賴長江下游三吳地域的漕糧供應，而軍事防禦重心在上下游間的變動導致了遷都的壓力，使漕運系統結構整體出現變動。六朝國家中央權力與上游大族勢力以及不同地域力量的角逐也通過爭奪對中上游地域漕運掌控權體現出來。六朝漕運發展的特殊性說明了歷史時期漕運的重大戰略意義。

關鍵詞：六朝；漕運；地域格局；國家權力

　　魏晉南北朝漕運史一直處在相對薄弱的研究狀態，而六朝漕運更是缺乏充分的研究。《中國漕運史》的作者李治亭把魏晉南北朝時期看成「漕運的局部發展」，對桓溫、劉裕等利用漕運支持北伐的事迹有所論述，對魏晉南北朝

管理漕運的職官名稱有所考證。〔註1〕馬曉峰研究了魏晉南北朝漕運管理制度，對漕渠做功能類型分析，認爲漕運的管理形成了皇帝權臣決策，地方郡守和軍事將領執行的機制，在管理機構上形成了以度支尙書爲中心的中央管理機構和以專門職官與地方郡守組成的地方管理機構，漕運事業初步形成了有機管理體系，由於軍事鬥爭頻繁，使得軍事將領對漕運從決策到執行、管理各環節都產生了巨大影響。〔註2〕我認爲漕運是傳統集權政治重要的統治工具，漕運的變化也反映國家政治局勢的變化，而六朝的政權政治和地域關係的歷史很是曲折，也影響了漕運的發展，故選擇六朝漕運系統建構與長江上下游間地域格局間相互關係爲切入口，對六朝漕運與國家權力之關係作一研究，以圖發現六朝漕運的特點，求正方家。〔註3〕

一、六朝漕運的理論問題與歷史形勢

專門史研究需要首先確定研究對象的內涵，漕運史研究的大的對象，不僅有漕運活動和漕運制度，還應該有漕運系統作爲同等地位的元素。漕運系統和漕運體系等詞語都在已有的論著中出現過，但分佈散，使用廣，缺乏明確和公認的內涵。我的學力有限，想要協調認識，提出精確定義存在著困難，故據個人理解提出認識，以便於論文的展開。論文中用的「漕運系統」按照構成要素可以看成是由漕運線、漕倉倉場、運口等組成，是一個具備運輸和儲備兩種功能的系統。全國（以及分裂時期的政權統轄範圍）漕運系統結構下可以按地理區域分不同的「子系統」。每個子系統各有一條運河作交通主幹，或溝通不同的地理區域之間的漕運運輸，或作爲一個地理區域的漕運交通動脈。不同的漕運（子）系統由漕運線聯結成爲全國的漕運系統。在帝制時代，全國有著一個漕運主幹線，它是某個比較重要的漕運系統或是一條溝通各地域漕運系統的大運河線。對漕運系統各組成部分的具體判定因時代條件而定，如北宋是汴河，元明清則是京杭大運河，又如隋朝的漕運系統是由永濟渠系統、通濟渠系統、江南運河系統等漕運系統組成，永濟渠系統包括了自曹操以來河北地區逐步形

〔註1〕李治亭：《中國漕運史》，文津出版社，1997年版（原書標爲民國八十六年）第82～92頁，第94頁。
〔註2〕馬曉峰：《魏晉南北朝時期的漕運與管理》，西北師範大學學報，2003年第5期。
〔註3〕魏晉南北朝的漕運研究一直比較薄弱，至今沒有專著出版，也缺乏專門論述六朝漕運的論文。

成的運河網和水運線路，以永濟渠爲主幹，通濟渠系統則包括了保留到隋朝的黃河和淮河之間的水運網，以通濟渠爲主幹。「漕運體系」則是包括漕運管理制度、漕運活動和漕運系統、漕運管理部門的整體。

　　一個重要的學術問題是漕運系統的建構和漕運活動形式變化究竟是由那些因素決定的？到底影響的因素有哪些？六朝是劇烈變動的歷史時期，國家權力的運作透過對漕運的操控，也體現出複雜的變化，我相信選擇六朝漕運與國家權力的關係會有助於理解問題。

　　六朝時期中國經濟重心南移的趨勢已經出現，但並未完成，而六朝只能利用南方的經濟資源，因此南方經濟發展的限度制約了六朝財政運作，決定了漕運系統的建構不能是隨心所欲的，必須盡可能降低運輸成本。六朝漕運系統的建構主要是以其都城和軍事重心爲中心展開的。有限資源不僅要滿足軍需也要滿足國用，這導致了六朝漕運系統運行的內在矛盾。六朝能在南方立國已經是南方經濟發展的極限，太大規模的軍需就很難開展。漕運制度本是爲維護大一統服務的，使地方資源可以爲國家所用，如果中央政權不能有效的控制各地域，會影響漕運體系的運作效果。六朝時期經濟地理和政治地理比前代都有新的變動。按照已有的研究觀點，六朝時期南方主要存在巴蜀、江漢、三吳三大型經濟區，另有次一級的豫章、嶺南、閩江三個新興經濟區。〔註4〕經濟發展也會促進社會的變化，會有新的社會政治力量對比。各個地域社會經濟力量的變化必將不僅使漕運錢糧的來源分佈發生變化，也影響漕糧物資的輸送。六朝皇權有不穩定的因素存在，東晉形成了門閥政治的格局，門閥士族爲主導的政治鬥爭「一是以爭據朝廷勢要的形式出現，」「一是以競據形勝方鎮的形式出現」，〔註5〕南朝的政治形態是東晉世族政治向隋唐皇權政治的過渡形態，「其中，具有地域色彩的政治、軍事力量即地域集團是南朝政權的支撐性力量」，「多個地域集團並存、交織及其活動，在爲南朝政治增添豐富性和複雜性的同時，也帶來了種種不確定性。」〔註6〕地域勢力和中央政權的角逐影響了皇權對地域的控制，也影響了漕運的運作。具體的看，六朝漕運系統主幹線是長江，而影響六朝漕運體系的地理因素，主要是都城所產生的經濟需求，三吳地區的經濟優勢，荊湘地區政治勢力的離心傾向，中

〔註4〕許輝，蔣福亞主編：《六朝經濟史》，江蘇古籍出版社，1993年版，第66～95頁。

〔註5〕田餘慶：《東晉門閥政治》，北京大學出版社，1989年版，第83頁。

〔註6〕章義和：《地域集團與南朝政治》，華東師範大學出版社，2002年版，第2頁。

下游間潛在的地域競爭，嶺南邊區的發展及其與統治中心聯繫的加強，南北間軍事鬥爭所導致的江淮間和江漢間軍事經濟力量聚合，其中最具影響力者為上下游間地域關係，這也是論文要解決的重點問題。

二、上下游間軍事重心的變動對六朝漕運系統的影響

六朝時期南方經濟發展有限，軍事重心則不穩定，造成了兼顧「國用軍需」的漕運系統結構不穩定。

都城是漕運活動的重要目的地，其選址影響甚至是決定漕運系統的建構，而選擇範圍大體不出軍事政治重心或是漕運便利的經濟重心兩者。古代軍事重心與經濟重心自西漢以後往往處於分離狀態，軍事重心和都城一樣是漕運活動的重要目的地，經濟重心則是漕運物資的主要來源。有的朝代注重軍事優勢，建都不惜遠離經濟重心，長途高成本漕運，元、清都是典型的例子，有的朝代則建都經濟發達之地或是接近經濟重心，以降低漕運成本，宋代是典型。六朝疆土比較穩定的部分是長江中下游，中游常為其軍事重點，下游則為其境內經濟發達區。長江貫通東西，可順流和溯流運輸的成本大不相同。六朝主要是在下游建都，接近三吳地區，便於漕運，只在初期（東吳初年與末年）和晚期（梁陳之際）較短時期內定都上游，都是非常情勢下的選擇。

東吳是六朝首創政權，其都城反覆遷移的歷史反映六朝漕運系統和軍事重心的關係。在東吳都城問題上有學者提出過觀點。陳金鳳認為決定孫權兩次建都和撤都武昌的是政治因素而不是經濟、軍事因素，[註7] 黃惠賢則認為決定孫權建都和撤都的都是軍事因素。[註8] 賴萍認為建康成為東晉南朝都城是因為地利優勢和東吳留下的都城資源、軍事條件，以及兩百年來積澱的正統地位。這些觀點都沒有考慮漕運成本的因素，而我認為由於經濟重心南移尚未完成，下游江南部分在六朝時尚不能做到獨力支撐中央集權國家財政，中游荊州也發揮相當的補充作用，甚至後來東晉南朝江州在漕運來源中也佔有重要份額。由於國力局限，漕運活動規模受限，六朝隨軍事重心變化而遷都具有難度。東吳和蕭梁一度改定都上游，但因漕運成本太高，吳主孫權和孫皓都曾把都城遷回建康。六朝失上游梁益地區的時候，其最大的軍事威脅

〔註7〕陳金鳳：《孫吳建都與撤都武昌原因原因析探》，《河南科技大學學報》，2003年第4期。

〔註8〕黃惠賢：《公元三至十九世紀鄂東南地區經濟開發的歷史考察（上篇）》，見黃惠賢，李文瀾，《古代長江中游的經濟開發》武漢出版社，1988年版。

來自上游，而當梁益地區不存在強敵或為六朝所有的時候，軍事上的重心則可能在下游江淮間，是軍事活動和後勤漕運的重點。

雖然東吳國力可以維持政權的存在，但還不足與北方決戰，故其國策為「劃江以守」，防禦重點在長江中游和江淮間變動，政權依靠的基本經濟區卻是在下游三吳。孫權佔有荊州後，立國條件成熟，選擇武昌作為統治中心，因為武昌與蜀魏邊疆都鄰近，利於組織攻守，特別是防範劉備前來復奪荊州，故胡三省以為「既城石頭，又城武昌，此吳人保江之根本也」〔註9〕。但從經濟和漕運的角度看，建都武昌的成本要比建業高得多。

夷陵之戰後，三國鼎立局面穩定下來，孫權乘機稱帝，遷都建業，一是由於防禦重心已經轉移到和曹魏對壘的淮南，二是降低漕運成本的需要，即把首都放在發達的三吳地區周邊，上游的錢糧也可順流而下。魏吳兩國都在江淮之間投入大量兵力，屯田、積穀、興水利漕運。故北魏人袁翻說「臣聞兩漢警於西北，魏晉備在東南」。〔註10〕

東吳國力有限，孫權甚至無力在建業另造宮室，而要挪用武昌宮殿的建材。赤烏十年（247年）「改作太初宮，諸將及州郡皆義作。」《三國志》注引《江表傳》：「建業宮乃朕從京來所作將軍府寺耳，材柱率細，皆以腐朽，常恐損壞。今未復西，可徙武昌宮材瓦，更繕治之。」〔註11〕說明孫吳政權很珍惜國力，則長期漕運武昌確實捉襟見肘。

孫權集中力量在江東進行漕運建設，在建業周邊開鑿了連接三吳的運河，「丹徒水道，入通吳會」。〔註12〕赤烏八年（245年），孫權「遣校尉陳勳將屯田及作士三萬人鑿句容中道，自小其至雲陽西城，通會市，作邸閣。」〔註13〕即破崗瀆運河。孫權開鑿這段運河，既有發展經濟的動機，「通會市」，繁榮沿岸經濟，又有為軍國服務的措施，「作邸閣」儲存糧食。

蜀國滅亡後，東吳西北邊關壓力大增，荊州成為軍需漕運重點。吳主孫皓把都城遷回武昌，又因為漕運成本高引發的尖銳矛盾而再度遷回來，反而使社會負擔更加加重。「揚土百姓溯流供給，以為患苦」，漕運逆流而上，成本苦高，難以建立充足的糧儲，故「童謠曰：寧飲建業水，不食武昌魚，寧

〔註9〕　《資治通鑒》，卷69，中華書局，1956年版，第2194頁，冊5。
〔註10〕《魏書》，卷57，《袁翻列傳》，中華書局，1974年版，第1539頁，冊5。
〔註11〕《三國志》，卷47，《吳主傳第二》，中華書局，1959年版，第1145頁，冊5。
〔註12〕《南齊書》，卷14，《州郡志》，中華書局，1972年版。
〔註13〕《三國志》，卷47，《吳主傳第二》，第1146頁，冊5，中華書局，1959年版。

還建業死，不止武昌居。」陸凱說「臣聞國無三年之儲，謂之非國，而今無一年之畜」。〔註14〕道出了吳國國庫的空虛，說明東吳所能積聚的漕糧很有限。社會矛盾因此尖銳起來，寶鼎元年（266年）「永安山賊施但等聚眾數千人，劫皓庶弟永安侯謙出烏程，取孫和陵上鼓吹曲蓋。比至建業，眾萬餘人。」〔註15〕當年底孫皓遷都回建業。

西晉杜預任荊州都督後上表請伐吳，指出東吳軍事困境：「自閏月以來，賊但敕嚴，下無兵上。以理勢推之，賊之窮計，力不兩完，必先護上流，勤保夏口以東，以延視息，無緣多兵西上，空其國都。」西晉滅吳作戰中上游的重鎮成為重點攻擊的目標。

軍事重心轉移以後，東吳隨軍事形勢的變化而移動都城於上下游之間，卻事與願違。南方經濟發展有著自身的限度，後勤支持十分勉強，這可以從東吳軍事活動以防禦為主體現出來，也可以從漕運供應的吃力狀態中觀察。在魏晉控制江漢上游後東吳即無力對抗，沒有足夠的兵、糧同時守禦長江中游和下游，難以同時滿足國用和軍需。這對於以後的東晉南朝，形勢是差不多的。

東晉建都建康，除了一度受前秦全盛期的軍事壓迫外上游無強敵，還曾數次出兵奪取梁益地區，故軍事重心常在江淮間。三吳漕運北上至京口，向西即是京師，沿江轉入運河可直趨淮域。軍事重心、建康、三吳大致呈線，都城位置稍稍偏離，但南北基本成列，漕糧運往政治中心和軍事重心都較便利。東晉經歷了幾次兵變，常有人建議遷都。如蘇峻之亂後，「宗廟宮室並為灰燼，溫嶠議遷都豫章，三吳之豪請都會稽」。豫章是長江中下游之間要衝，水運條件良好，會稽地處三吳，經濟條件優越。執政者王導說：「建康，古之金陵，舊為帝里，又孫仲謀、劉玄德俱言王者之宅。古之帝王不必以豐儉移都，苟弘衛文大帛之冠，則無往不可。若不績其麻，則樂土為虛矣。且北寇遊魂，伺我之隙，一旦示弱，竄於蠻越，求之望實，懼非良計。今特宜鎮之以靜，群情自安。」〔註16〕從軍事重心和漕運的關係角度看，王導的觀點也是有理由的。如果東晉退步遷都，南遷會稽等地，北方政權南下相逼，東晉會因統治中心遠在南方而策應不及，則成「敵進我退」之勢。常言道「兩軍

〔註14〕《三國志》，《吳書》，卷61，《陸凱傳》，第1400～1402頁，中華書局，1959年版。

〔註15〕《三國志》，卷48，《三嗣主傳》，中華書局，1959年版。

〔註16〕《晉書》，卷65，《王導列傳》，中華書局，1974年版，第1751頁，冊6。

對壘勇者勝」，後來的南宋曾因金兵兵鋒相逼，從應天府、揚州、鎮江一路南退到臨安，氣勢上已是輸了。胡馬連年臨江臨淮之際，東晉若遷都遠南，非但軍事上失了氣勢，而漕運成本也會加大。如果定都三吳，國用所需之漕運需要向東南，而軍需所需之漕運需要向淮域，有限漕糧在防禦重心和都畿的分配上肯定要起矛盾。如都豫章，則三吳漕糧爲國用者逆江上行，三吳漕糧爲軍需者入江後要轉運淮域，兩者平時分流易，遇大戰時也不好分配比例。如不遷都則三吳漕糧北運和上游漕糧東下，都在建康周邊集合，留下供國用者，將可供軍需的份額轉北運。都城在建康，而軍事重心在沿運河向北的淮河流域，則都城和軍事重心的需求容易得到保證，運輸路線殊途同歸，避免反覆，漕運效率高，漕運系統結構較合理。故東晉南朝遷都問題關鍵不在於都城本身，而在於遷都會改變漕運系統結構，改變漕運供需平衡。

梁末曾暫時定都上游，原因是多方面的。承聖二年梁元帝下詔將還建康，遭受中游籍人士反對，發生激烈廷議，「東人勸東」，「西人欲西」。最終「上以建康凋殘，江陵全盛，意亦安之」。〔註17〕對這段史事從不同角度有不同闡釋。從軍事重心和漕運的角度來看梁元帝的考慮具有一定合理性。一個重要理由是「建康凋殘」，也包括了三吳衰落。侯景之亂對建康和三吳菁華之區的的破壞很大，「時江南連年旱蝗，江、揚尤甚，百姓流亡，相與入山谷、江湖，採草根、木葉、菱芡而食之，」「千里絕煙，人跡罕見，白骨成聚，如丘隴焉。」〔註18〕「自晉氏度江，三吳最爲富庶，貢賦商旅，皆出其地。及侯景之亂，掠金帛既盡，乃掠人而食之，或賣於北境，遺民殆盡矣。」〔註19〕「是時，唯荊、益所部尚完實」。〔註20〕下游的經濟中心地位已經動搖。且西魏奪下益梁地區，深入江漢，六朝軍事防禦重心自淝水之戰至今又回到江漢間。元帝定都上游，本好集中資源防禦。可是西魏完全取得了中游的戰略優勢，南陳只能回建康建都，雖然國家安危繫於上游，也不可能積極有效的守衛，更毋庸說像東吳那樣遷都中游以集中資源守衛邊關。

三、上下游之爭對漕運活動的影響

六朝曾長期存在上下游競爭的格局，上游（長江中游）的荊州具有僅次

〔註17〕《資治通鑒》，卷165，中華書局，1956年版，第5104頁，冊11。
〔註18〕《資治通鑒》，卷163，中華書局，1956年版，第5039頁，冊11。
〔註19〕《資治通鑒》，卷163，中華書局，1956年版，第5045頁，冊11。
〔註20〕《資治通鑒》，卷163，中華書局，1956年版，第5046頁，冊11。

於下游揚州江東地區的經濟實力，因此成為第二個重要漕糧來源。這使六朝政權很難脫離荊州而獨立生存。荊州有很多北方移民，軍事力量強大，位居上游，有「高屋瓴水」之勢。不能控制中游會使六朝在軍事政治上處於危險境地。東吳荊揚兩州相對，「均分」長江流域的局面分明，東晉南朝分割荊州，以致湘州郢州等州先後出現，而江州在荊揚兩州之間出現，使長江漕運沿線格局從東吳的「一分為二」變成三者排列，這增加了地域關係的變數，影響了漕運系統的建設。一旦荊湘地域出現了反對朝廷的力量，處於下游的中央政權往往面臨崩潰的危險，這不僅僅是由上游的強大軍事政治力量決定的，也與荊湘江州漕糧的重要性有關。

東晉建立之始「王與馬共天下」，王敦先為江州刺史兼江、揚、荊、湘、交、廣六州都督，後為江州牧，加荊州牧，權勢薰天，甚至發動兵變攻入都城，挾持天子，開創了大族佔據上游的先例，從此上游的兵、糧很難為朝廷掌握。晉康帝時庾翼上疏主張東西兩路北伐，西路以襄陽為基地走漢水、溳水、丹水等道，動搖關中，東路自廣陵北上。〔註 21〕不待朝廷同意，庾翼自行出兵：「於是並發所統六州奴及車牛驢馬，百姓嗟怨。時欲向襄陽，慮朝遷不許，故以安陸為辭。」〔註 22〕庾翼為荊江雍司梁益六州都督，江州也是庾氏勢力範圍，則六州人力物力調動權在庾氏之手。

後桓溫任荊梁四州諸軍事兼荊州刺史，掌控上游大權，永和元年又出任都督荊雍司梁益寧六州軍事，領護南蠻校尉、荊州刺史。〔註 23〕「時李勢微弱，溫志在立勳於蜀，永和二年，率眾西伐。時康獻太后臨朝，溫將發，上疏而行。」〔註 24〕桓溫西征，根本不等待朝廷同意，以船隻運送兵糧直接出發，《晉書穆帝紀》說他「拜表輒行」〔註25〕。桓溫嫉恨朝廷重用在下游北伐的殷浩，「雖有君臣之迹，亦相羈縻而已，八州士眾資調，殆不為國家用。聲言北伐，拜表便行，順流而下，行達武昌，眾四五萬」。〔註 26〕八州人力物力，包括漕運的資糧，都被桓溫把持，朝廷無法支配。八州除桓溫所都督六州外

〔註 21〕《晉書》，卷 73，《庾亮列傳》，附《庾翼列傳》，中華書局，1974 年版，第 1933 頁，冊 6。

〔註 22〕《晉書》，卷 73，《庾亮列傳》，附《庾翼列傳》，中華書局，1974 年版，第 1933 頁，冊 6。

〔註 23〕《晉書》，卷 8，《晉穆帝紀》，中華書局，1974 年版，第 192 頁，冊 1。

〔註 24〕《晉書》，卷 98，《桓溫列傳》，中華書局，1974 年版，第 2569 頁，冊 8。

〔註 25〕《晉書》，卷 8，《晉穆帝紀》，中華書局，1974 年版，第 193 頁，冊 1。

〔註 26〕《晉書》，卷 98，《桓溫列傳》，中華書局，1974 年版，第 2569 頁，冊 8。

應包括交廣二州。雖然桓溫自都督六州至此，並未加都一州或加刺一州，可是當時交廣兩州資財北上先經荊州而後入江州，桓溫可以截留。殷浩於淮北屯田積聚軍糧，並用降羌姚氏爲武力，足見在桓溫阻難下，確有兵糧難籌的苦衷，東晉用殷浩北伐實際上只有長江下游的人力物力可用。

桓溫子桓玄，先被封爲都督交廣兼廣州刺史，後又加封都督荊州四郡，其兄出任南蠻校尉，掌控荊州的精兵和漕糧。桓玄襲取荊州刺史殷仲堪，迫使朝廷「詔以玄都督荊司雍秦梁益寧七州、後將軍、荊州刺史、假節」，「以桓修爲江州刺史」。〔註27〕桓玄上書爭取到都督包括江州的八州和楊豫八郡，加江州刺史，「自謂三分有二」。〔註28〕東晉執政謀圖桓玄，「於時揚土饑虛，運漕不繼，玄斷江路，商旅遂絕。於是公私匱乏，士卒唯給粰橡。」桓玄截斷上下游間交通，則朝廷失去與三分之二國土的經濟聯繫，來自上中游的漕運斷絕，無力與之進行軍事對抗。

劉宋以后皇權漸漸強大，東晉極盛的門閥政治走到了盡頭，南朝實行「宗王掌方鎮」，宋武帝又「以荊州上流形勝，地廣兵強，遺詔諸子次第居之」。〔註29〕南朝宗室爲爭奪皇權，不惜骨肉相殘，上下游間仍會有激烈鬥爭。一旦上游出現強大的政治勢力，則上游漕運不但又不能被朝廷控制，反而又被作亂者爲向下游的進攻提供支持，故南朝堅持在上游分立更多的州，分化上游重鎮，也使之對國家漕運活動的危害降低，但上游漕運的影響仍不可忽視。

如蕭衍在蕭齊爲宗室族親，建武五年出任「都督雍梁南北秦四州郢州之竟陵司州之隨郡諸軍事、輔國將軍、雍州刺史」，掌握上游要地，自以爲「郢州控帶荊、湘，西注漢、沔；雍州士馬，呼吸數萬，虎視其間，以觀天下。」〔註30〕「於是潛造器械，多伐竹木，沈於檀溪，密爲舟裝之備」。永樂二年起兵，有船三千艘，「出檀溪竹木裝艦。」〔註31〕次年擁立南康王爲相國，以「小府錄事郭儼知轉漕」。〔註32〕打到竟陵後，他圍攻魯山，打通沔漢，稱「郢城、竟陵間粟，方舟而下；江陵、湘中之兵，連旗繼至。糧食既足，士眾稍多，圍守兩城，不攻自拔，天下之事，臥取之耳。」蕭衍明瞭軍事交通大勢所在，

〔註27〕《晉書》，卷98，《桓溫列傳》，中華書局，1974年版，第2569頁，冊8。

〔註28〕《晉書》，卷98，《桓溫列傳》，中華書局，1974年版，第2590頁，冊8。

〔註29〕《宋書》，卷68，《南郡王義宣傳》，中華書局，1974年版，第1798頁，冊6。

〔註30〕《梁書》，卷1，《武帝本紀上》，中華書局，1973年版，第4頁，冊1。

〔註31〕《梁書》，卷1，《武帝本紀上》，中華書局，1973年版，第4頁，冊1。

〔註32〕《梁書》，卷1，《武帝本紀上》，中華書局，1973年版，第6頁，冊1。

以爲：「漢口路通荊、雍，控引秦、梁，糧運資儲，聽此氣息，所以兵壓漢口，連絡數州。」

又如，侯景之亂發生後，陳霸先率嶺南兵力北上勤王，借助長江中游漕糧作軍糧平定下游，利用巴丘倉轉運軍糧。故封賞他的詔書稱：「王師討虜，次屆淪波，兵乏兼儲，士有饑色。公回麾蠡澤，積穀巴丘，億庾之詠斯豐，壺漿之迎是眾，軍民轉漕，曾無砥柱之難，艫舳相望，如運敖倉之府，犀渠貝冑，顧蔑雷霆，高艦層樓，仰捫霄漢，故使三軍勇銳，百戰無前，承此兵糧，遂殄凶逆。此又公之功也。」〔註33〕巴丘倉爲長江中游之最重要倉儲，其在六朝漕運史上有特殊地位。〔註34〕

四、上下游「夾縫」中的江州漕運

六朝時期，巴蜀和嶺南以及長江下游的山區，豫章地區，閩中地區社會經濟都有一定進步，不僅提供了更多的漕糧來源，也影響著地域格局。巴蜀梁益地區距離統治中心較遠，六朝不能長期保有，其地域對六朝形勢影響遠不如其他地區。交廣與江州地域對漕運系統影響是值得深入的問題。江州地當軍事要衝，「自六朝以來，州常爲中流雄鎮，得其人守之，未嘗越潯陽一步也」。〔註35〕東晉設江州，既順應了江州的發展，又隔離了荊揚兩重鎮。如果把長江漕運線比作常山之蛇，則揚州爲頭，荊州爲尾，江州爲中腰，地理位置很敏感。來自荊州湘州的漕運必要經江州到達揚州，江州還是嶺南通往統治中心的近便水路。長江與贛江匯合處的豫章不僅是新興產糧區，也成爲東、西、南三方向政治勢力沿水路爭奪的焦點。嶺南也呈發展態勢，在南朝後期當地社會勢力也有「異軍突起」的傾向。梁陳之際，來自嶺南的政治力量數次越嶺北上，參與六朝全國範圍內的權爭。「自南昌以南諸郡之水悉合於贛水，而委輸於鄱湖。地勢南高而北下，上流之重恒在南方，故嶺嶠發難，贛江上下千里之間皆爲戰地，振古如茲矣。」〔註36〕爲控制江州和嶺南，控制

〔註33〕《陳書》，卷1，《武帝高祖本紀上》，中華書局，1972年版，第16頁，冊1。
〔註34〕可參見拙作《〈水經注〉所載漕運史與運河史資料及問題考述》，〈〈重慶社會科學〉〉，2007年第6期。
〔註35〕〔清〕顧祖禹：《讀史方輿紀要》，卷83，《江西一》，中華書局，2005年版，冊8，第3884頁。
〔註36〕〔清〕顧祖禹：《讀史方輿紀要》，卷83，《江西一》，中華書局，2005年版，冊8，第3885頁。

長江漕運線，掌握上下游的平衡。江州在六朝地理格局中的「棋位」如何及對漕運系統發生影響同樣也受統治者高度關注。東晉在江州發展的漕運系統不但負擔了上下游間轉輸的重任，還成為維持當地軍事力量的重要保障。

首先，豫章郡周邊糧食生產自三國以來一直有所發展，就地就可在周邊聚糧，這也是建立倉儲的客觀基礎。

「漢末戰亂，豫章是東吳立足三吳的後院，奪取長江中游的前進基地」，東吳在這裡興修水利，大搞屯田，東晉時豫章成為江州治所，「一躍成為長江中下游之間的新興經濟區」。〔註37〕豫章產糧可經贛江及其支流彙集入長江漕運。劉胤任江州刺史，「大殖財貨，商販百萬」。「自江陵至於建康三千餘里，流人萬計，佈在江州」。蘇峻之亂後，「是時朝廷空罄，百官無祿，惟資江州運漕。」〔註38〕江州如此重要，地域控制權包括江州漕運控制權自然為上下游所爭奪。

其次，江州本地漕糧不僅要轉運下游統治中心，也會因軍事需要而轉輸上游，成為中游的有力支持，也會因此為中游大族勢力操控，削弱中央權力。

東晉六州都督兼荊州刺史庾翼曾想自武昌移鎮樂鄉，王述便提出「又江州當溯流數千，供繼軍府，力役增倍，疲曳道路。」〔註39〕

前秦苻堅強盛起來後，襄陽不保，東晉大員桓沖把荊州治所南遷，每年漕運三十萬斛供軍需：

> 沖既到江陵，時苻堅強盛，沖欲移阻江南，……於是移鎮上明，使冠軍將軍劉波守江陵，諮議參軍楊亮守江夏。詔以荊州水旱饑荒，又沖新移草創，歲運米三十萬斛以供軍資，須年豐乃止。
>
> 〔註40〕

苻堅步步進逼，桓沖只得請求朝廷加強夏口守衛，加強江州，併兼領江州刺史以備沿江上援，原因是單憑上游的兵糧已經難以抵禦前秦：

> 沖既憚堅眾，又以疾疫，還鎮上明。表以「夏口江沔衛要，密邇強寇，兄子石民堪居此任，輒版督荊江十郡軍事、振武將軍、襄城太守。尋陽北接強蠻，西連荊郢，亦一任之要。今府州既分，請

〔註37〕 許輝，蔣福亞：《六朝經濟史》，第81頁，江蘇古籍出版社，1993年。
〔註38〕 《晉書》，卷81，《劉胤列傳》，中華書局，1973年版，第2114頁，第7冊。
〔註39〕 《晉書》，卷75，《王述列傳》，中華書局，1973年版，第1962頁，第7冊。
〔註40〕 《晉書》，卷99，《桓玄列傳》，中華書局，1974年版，第2589頁，冊8。

以王薈補江州刺史。」詔從之。時薈始遭兄劭喪，將葬，辭不欲出。
……求自領江州，帝許之。〔註41〕

第三，史書記載中江州當地有三個漕倉，均設在交通要衝，規模都是全國一流，其選址均含有深刻戰略考量，像釣磯倉的設置也有上下游間權力角逐的色彩。

江州的釣磯倉和豫章倉，按《隋書食貨志》的記載和京城太倉一樣「並是大貯備處」〔註42〕，是全國數一數二的重要倉儲，其戰略價值可以由所處軍事地理和交通地理位置觀察。豫章倉顧名思義設在豫章，晉成帝以前豫章郡是江州州治。秦朝的時候，郡縣已經普遍設倉，豫章倉也就是江州州倉。

釣磯倉又名釣圻邸閣，釣圻倉。《水經注》記載東晉南朝度支校尉也以鄱陽湖口的釣圻邸閣爲治府：〔註43〕「贛水又歷釣圻邸閣下。度支校尉治，太尉陶侃移置此也。舊夏月，邸閣前洲沒，去浦遠，景平元年，校尉豫章因運出之力，於渚次聚石爲洲，長六十餘丈。洲裏可容數十舫。」〔註44〕《水經注》流傳年代悠久，文本有錯訛遺誤。史料原文末句的「校尉豫章」一語略有不解之處。按豫章本爲郡名，抑或度支校尉名字與所治郡名巧合？又或本來記載是講豫章郡本地的都尉、郡尉或校尉，或言他事，因文本傳播年久字迹缺失？難以考證。漢末孫策割據江東，曾在豫章當地分原「豫章都尉」或「豫章西部都尉」六縣，設一建昌都尉，〔註45〕未知《水經注》原本所指是否爲此官職。邸閣前以石頭築成長六十丈的可容納幾十艘運糧大船的碼頭，也反

〔註41〕《晉書》，卷74，《桓彝列傳》，附《桓沖列傳》，中華書局，1974年版，第1951頁，冊6。

〔註42〕《隋書》，卷24，《食貨志》，第674頁，第3冊，中華書局，1973年版。

〔註43〕釣磯倉的「磯」和釣圻倉的「圻」同義。下文引用《宋書》《臧質傳》史料中又有釣圻倉，也是在江州，「鈎」字與「釣」字字形相似，字義相通，都與釣鈎有關，所以三個漕倉應是一個倉儲，史書對倉名記載有誤。「磯」按照《辭海》（《辭海》，第1634頁，上海辭書出版社，1980年）的解釋，是水邊突出的岩石。磯頭則是「保護河岸、堤防和灘地的靠岸短建築物。」如古代南方稱呼江邊的景觀，采石磯、燕子磯，孟浩然詩《經七里灘》云「釣磯平可作，苔磴滑難步。」「圻」義爲「方千里之地」，又「通『碕』」，意爲「曲岸」（第527頁）謝靈運詩《入彭蠡湖口》云：「洲島驟回合，圻岸屢崩奔」。我想無論「釣磯」還是「釣圻」，大概義同「釣魚臺」的意思。

〔註44〕〔北魏〕酈道元著，陳橋驛校證：《水經注校證》，卷39，《贛水注》，第922頁，中華書局，2007年版。

〔註45〕胡阿祥：《六朝疆域與政區研究》，第216頁，學苑出版社，2006年版。

映出倉儲規模之大和轉運能力之強。

　　爲何陶侃把邸閣移至此處，校尉又爲何要大事建設？陶侃在東晉時曾統領八州，總攬上游大權，威震南國，但其轄地多在西方，佔據上游，雖曾參加平亂，但也都是自西向東用兵。他在長江由上游向下游轉折的豫章設立度支校尉治所有他的獨特用心，是爲扼住這一軍事要衝服務。自秦漢修築跨南嶺南北的交運系統後，自嶺南北進有兩個主要方向，一是向湘江流域，即今天的湖南進軍，自湘江轉入長江，另一條路則是越大庾嶺向贛江流域，即今天的江西，都可以走水路或水陸並進。後一條路沿南康、廬陵走到豫章就可以自贛江入長江航行，直接進入江東地區的水上交通系統，是嶺南交廣地域和六朝統治中心聯繫的捷徑。因此嶺南叛軍直接進入政治中樞的快捷方式是奪取豫章，切斷來自上游的援軍，直搗建康，而對於中央政權則要守住豫章，阻撓叛軍北進，或順流越嶺南下平叛，保持好上下游的聯繫。如東晉末劉裕就曾與盧循叛軍圍繞豫章作過一番周旋。劉裕北伐，徐道覆勸盧循趁機北上：「……若劉公自率眾至豫章，遣銳師過嶺，雖復將軍神武，恐必不能當也。今日之機，萬不可失。既克都邑，傾其根本。」盧循越嶺寇南康、廬陵、豫章，諸郡守皆委任奔走，朝廷震動。「鎮南將軍何無忌與徐道覆戰於豫章，敗績，無忌被害，內外震駭。」劉裕卷甲兼行而回。〔註46〕另，侯景之亂後，梁大寶二年，陳霸先越嶺北上勤王，「陳霸先引兵發南康，灘石舊有二十四灘，會水暴漲數丈，三百里間，巨石皆沒，霸先進頓西昌。」〔註47〕胡三省考證東江發源於汀州新樂山，會於章水，西江導源於南安大庾縣之聶都山，與貢水合，會於贛水。「二水合而爲贛」，則陳霸先可溯水越嶺北上，符合當時水文地理的客觀情況。陳朝建立後，嶺南蕭勃北上爭衡，於太平元年走南康北取豫章：「自廣州渡嶺，頓南康，遣其將歐陽頠、傅泰及其子孜爲前軍，至於豫章，分屯要險，南江州刺史余孝頃起兵應勃，高祖命周文育、侯安都率眾討平之。」理解了豫章的地理重要性，也就可以瞭解在這裡設立大型漕倉的意義。

　　鈞磯倉的水運腹地至少包括整個贛江流域，據《通鑒》胡注：「鈞圻米，南江（即贛江）之運所積也。」〔註48〕直到明清此處仍是漕運要地。〔註49〕

〔註46〕　《宋書》卷1《武帝本紀上》，義熙六年條，冊1，中華書局，第17～18頁，1974年版。

〔註47〕　《資治通鑑》，卷164，第5069頁，冊11，中華書局，1956年版。

〔註48〕　《資治通鑑》，卷128，中華書局，1974年版，第4011頁，冊9。

〔註49〕　〔清〕顧祖禹：《讀史方輿紀要》，卷83，《江西一》，中華書局，2005年版，

　　盆口，又作湓口，可算是長江中真正的交通要衝，地屬江州治所尋陽郡境，即長江入彭蠡口，彭蠡即鄱陽湖，長江在此段北有雷澤，南貫彭蠡，彭蠡下接贛江，有盆城，又作湓城。江州治所本在豫章，晉成帝改為尋陽郡，庾翼為刺史則又改為豫章，很快又回到尋陽，州治在盆城。盆城倉也是州倉。讀史者如果細心檢索會發現在在東晉南朝的軍事史上這個地名出現的頻率很高，主是因為這裡是一個長江航運的「三岔路口」，向西溯流入荊州，向東順流入揚州，向南越彭蠡而可入贛江，在這裡置漕倉一是因漕運便利，便於積蓄，接近州城，二是為軍事活動而預備儲糧。我認為盆口與鈞圻如同江州當地漕運網的兩個「眼」，活了荊揚之間的一盤棋。湓口倉之戰略價值也可通過湓城體現，可試舉數例。

　　東晉時，後將軍郭默矯詔襲殺平南將軍劉胤，自領江州。荊州牧陶侃「遣將軍宋夏、陳修率兵據湓口，侃以大軍繼進。」〔註50〕這是以湓口為爭奪江州的必須。又如後梁太清二年韋粲伐侯景，獻計江州刺史蕭大心：「上游藩鎮，江州去京最近，殿下情計，實宜在前；但中流任重，當須應接，不可闕鎮。今直且張聲勢，移鎮湓城，遣偏將賜隨，於事便足。」蕭大心遣中兵柳昕帥兵二千人隨之。〔註51〕又如梁元帝遣王僧辯督眾軍討侯景，其部駐紮湓城，並依靠陳霸先借巴丘倉和湓城倉轉輸漕糧供軍：

> 　　僧辯軍次湓城，高祖率杜僧明等眾軍及南川豪帥合三萬人將會焉。時西軍乏食，高祖（陳霸先）先貯軍糧五十萬石，至是分三十萬以資之，仍頓巴丘。三年正月，高祖率甲士三萬人、強弩五千張、舟艦二千乘，發自豫章。二月，次桑落洲，遣中記室參軍江元禮以事表江陵，承制加高祖鼓吹一部。是時僧辯已發湓城，會高祖於白茅灣……〔註52〕

以上史料中巴丘、湓城、豫章三個軍事與漕運要地都出現了。自上游轉輸向下的漕糧進入江州先儲盆口倉是必然，胡三省認為「湓口米，荊、湘、郢三州之運所積也。」〔註53〕則盆口倉之水運腹地包括長江中游產糧區。

　　　冊8，第3889頁。

〔註50〕《晉書》，卷66，《陶侃列傳》，第1775頁，中華書局，1974年版。

〔註51〕《梁書》，卷37，《韋粲列傳》，第606頁，第3冊，中華書局，1973年版。

〔註52〕〔唐〕姚思廉：《陳書》，卷1，《高祖本紀上》，第5頁，中華書局，1972年版。

〔註53〕《資治通鑒》，卷128，中華書局，1974年版，第4011頁，冊9。

第四，鑒於江州漕運的重要性，在六朝時期，像釣磯倉這種漕倉的管理是非常嚴格的，特別是在皇權加強的驅使下。

劉宋時「時車騎將軍、江州刺史始興公臧質握彊兵，據衝要，輒散釣磯倉米，心慚不安，乃要豫州刺史魯爽、兗州刺史徐遺寶、司州刺史魯秀等說南郡王義宣」，按史文意，臧質怕朝廷追究，竟要擁戴劉義宣謀反。〔註54〕臧質不經朝廷允許而私散其米的還有盆口倉：「時世祖自攬威柄，而質以少主遇之，是事專行，多所求欲。及至尋陽，刑政慶賞，不復諮稟朝廷。盆口、鈎圻米，輒散用之，臺符屢加檢詰，質漸猜懼。自謂人才足爲一世英傑，始聞國禍，便有異圖」。〔註55〕

五、結　論

漕運本是加強大一統國家統治的工具，故漕運的發展與國家中央權力強弱密切相關。六朝皇權比較不穩定，左右地域內與地域間漕運活動，爭奪漕運活動所承載的經濟資源，成爲皇權與異己力量的鬥爭手段之一。交通運輸系統擁有腹地和吸引範圍，漕運系統也不例外，六朝地處南國，以舟楫爲車馬，漕運系統的腹地可以覆蓋幾乎全部疆土，漕運系統不僅成爲抽取各地菁華的「管道」，又可以根據軍事需要向各地運兵運糧。因此漕運系統的功能和地域控制也緊密聯繫。這樣的戰略價值不僅爲六朝中央政府所關注，也爲其他立足地方的勢力所覬覦。在六朝皇權相對軟弱的背景下，漕運系統建構的操控權有機可乘，當然成爲不同力量積極利用和爭奪的對象。歷代發展漕運，都有地理局限性，六朝也不例外。南北對峙，上下游經濟發展不平衡，都是影響六朝漕運活動供需地理的因素。一個政權建構漕運系統不是隨心所欲，要尊重經濟地理因素，才可能最大地降低漕運制度運行成本，提高漕運的效率，甚至要根據地理因素變化來調整。漕運活動的規模、範圍與國力的大小息息相關，魏晉南北朝時期南方經濟發展程度畢竟有限，六朝國策因此受到很大限制。漕運作爲維護國家統治的戰略工具，其變遷在六朝時期受到了國家權力鬥爭和地域格局的重大影響。

〔註54〕〔唐〕許嵩：《建康實錄》，卷13，《世祖孝武皇帝》，第473頁，下冊，中華書局，1986年版。

〔註55〕《宋書》，卷74，《臧質列傳》，冊7，第1914～1915頁，中華書局，1974年版。

第二節　水經注所載漕運與運河史資料及問題考述

(原文發表於《重慶社會科學》2007 年第 6 期，有一定的補充和刪改)

摘要：

　　《水經注》是北魏酈道元的地理學名著，記載了豐富的歷史地理資料，其中不少內容與漕運有關，本文按運河史、都城漕運交通、運河工程技術、漕倉、軍事化漕運活動等多個方面對《水經注》進行分類研究，以深入發掘這部典籍的史料價值。

關鍵詞：水經注；運河；漕運；倉儲

　　三國時桑欽的地理學名著《水經》，載水流一百三十七條，有晉郭璞、北魏酈道元爲之作注。酈注將河流擴充到一千二百五十二條，注文多於原《水經》二十餘倍，內容豐富，保存了大量歷史、地理、人物、風土等方面的資料，實爲注者獨創的一部著作，清人劉繼莊譽之爲「宇宙未有之奇書」。〔註 56〕古人對《水經注》的研究偏重版本、校勘、注疏等，今人始注重其在歷史學、地理學上的價值。楊守敬與熊會貞合著《水經注疏》，是從考據注疏的角度對《水經注》作深入研究的著作，陳橋驛的《水經注研究》一書則把《水經注》所提供的地理學數據按二十多個方面分別論述，頗爲精到。可惜的是，《水經注》所提供的漕運史與運河史資料未被給予系統整理。雖然這方面的數據在注文中確實相當分散，但還是非常有價值的，且有相當的軍事史研究利用價值，故我對此問題作一專題探索，盡可能地深入發掘這部名著的漕運史與運河史史料價值。

一、《水經注》所記運河史資料

　　《水經注》記載地理數據是以河水爲主線展開的，包含了不少運河史數據都非常寶貴。大致可以分爲三個方面，運河的開鑿與沿革，運河工程技術史的內容，河流航行狀況。

〔註 56〕　（清）劉獻廷：《廣陽雜集》，卷 4，中華書局，1957 年版。

　　第一，《水經注》中對先秦幾條運河的開鑿始末有著自有的明晰的記載。

　　鴻溝的起源是漕運史上存有較大分歧的重要問題。鄭肇經在《中國水利史》[註57]中提出鴻溝開闢時間是春秋時期的鄭國建立之後，周定王五年以前，但沒有明確所使用的史料，而楊寬則在《戰國史》中認爲鴻溝是由戰國早期的魏惠王修築的[註58]。楊寬的觀點成爲很多教科書的依據。史念海曾對《禹貢》作過考證，認爲是鴻溝形成以後的著作，是魏惠王開鑿鴻溝之後有人爲規劃魏國的霸業而作。[註59] 有趣的是，對於鴻溝起源，酈道元也提供了一條其它傳世文獻所無的稀有史料，「偃王治國，仁義著聞，欲舟行上國，乃通溝陳、蔡之間。得朱弓矢，以得天瑞，遂因名爲號，自稱徐偃王，江、淮諸侯服從者三十六國。」[註60] 這條史料引用的是劉成國《徐州地理志》，今已失傳，記載了徐偃王圖謀爭霸北方，向河南地區發展，以紅色的弓爲祥瑞，因此稱王。陳橋驛認爲徐偃王的故事太荒誕，不可信。[註61] 如果這一記載可以得到其它史料證實，則徐偃王就有可能成爲最早開鑿鴻溝系統的人。王育民在他的《中國歷史地理概論》引用此條史料證明鴻溝開鑿於西周時期，並作爲孤證來認識[註62]。但呂思勉在《先秦史》中引用《後漢書》的一條注文，是注者引用張華《博物志》，講「偃王溝通陳蔡之間」。[註63] 呂思勉對鴻溝起源的時間提出了自己的認識，認爲「則楚漢分界之鴻溝，或即肇端於此，又在邗溝前數百年矣」[註64]。看來徐偃王開鑿鴻溝之事並非虛妄。此外，漕運史和運河史研究一般認爲吳王夫差開鑿的邗溝是中國最早的運河，李治亭[註65]、吳琦[註66]、安作璋[註67] 都持此一看法，史念海《中國的運河》[註68] 則認爲是更早的楚靈王和孫叔敖開鑿的運渠，也有學

〔註57〕鄭肇經：《中國水利史》，第五章，第189頁，商務印書館，1939年版。

〔註58〕楊寬：《戰國史》，第60頁，上海人民出版社，1998年版。

〔註59〕史念海：《中國的運河》，重慶史學書局，1944年版。

〔註60〕〔北魏〕酈道元：《水經注》，殿本，陳橋驛點校，卷8，第176頁，上海古籍出版社，1990年版。

〔註61〕《〈水經注〉研究》，第238頁，天津古籍出版社，1985年版。

〔註62〕王育民：《先秦時期運河考略》，《上海師範學院學報》，1984年版。

〔註63〕《後漢書》，冊十，卷875，《東夷列傳》，第2809頁，中華書局，1965年版。

〔註64〕呂思勉：《先秦史》，上海古籍出版社，2005年版，第133頁。

〔註65〕李治亭：《中國漕運史》，文津出版社，1997年（民國八十六年）版。

〔註66〕吳琦：《漕運與中國社會》，華中師範大學出版社，1999年版。

〔註67〕安作璋：《中國運河文化史》，山東教育出版社，2001年版。

〔註68〕史念海：《中國的運河》，重慶史學書局，1944年版。

人據地方志和傳說記載認爲在吳王夫差之前伍子胥已經幫助吳國開鑿了胥瀆
等若干條運河。但據《水經注》和《漢書》注文所載徐偃王在西周時期開鑿
了鴻溝，則比鄭肇經認定的春秋開創鴻溝的時間點還要早，可能是中國古代
最早的人工運河。如果史料反映眞實的史實，可以因此改寫中國運河史與漕
運史。

　　酈道元還記錄了《韓非子》所記的子路開長溝的事迹，未知所據何典，
從文字推斷來看有可能也是一條運河：「《韓子》曰：魯以仲夏起長溝，子路
爲蒲宰，以私粟饋眾。孔子使子貢毀其器焉。余按《家語》，言仲由爲邱宰，
修溝瀆，與之簞食瓢飲，夫子令賜止之，無魯字。」〔註 69〕長溝、溝瀆等詞
語證明此河規模不小。東漢許愼《說文解字》〔註 70〕中對溝解釋爲「水瀆，
廣四尺、深四尺」，而對瀆解釋爲「溝也。一曰邑中溝」，而對渠的注釋爲「水
所居」。這些模糊的互釋都說明到漢代人們對古代溝渠用詞已經不能準確理
解。但從現存先秦文獻來看，人工灌漑河道用渠字稱呼，人工運河用溝字稱
呼實際上是明確的。西門豹開鑿的西門渠，鄭國開鑿的鄭國渠功能都是爲了
灌漑，而別稱大溝的鴻溝經過魏國的大力疏通作爲運河交通網使用，吳國開
鑿的邗溝是爲了北上爭霸戰爭運糧運兵，兩個用語之間的區別是毫無疑問
的，史料中稱「長溝」，故此我認爲可以推測爲運河的可能性大，我們的早期
運河研究內容將得以擴展。

　　《水經注》對邗溝的地理沿革有非常詳細的記載，線索非常明晰：「昔吳
將伐齊，北霸中國，自廣陵城東南築邗城，城下掘深溝，謂之韓江，亦曰邗
溟溝，自江東北通射陽湖。《地理志》所謂渠水也，西北至末口入淮。自永和
中，江都水斷，其水上承歐陽埭，引江入埭，六十里至廣陵城。楚、漢之間
爲東陽郡，高祖六年爲荊國，十一年爲吳城，即吳王濞所築也。景帝四年，
更名江都。武帝元狩三年，更曰廣陵。王莽更名郡曰江平，縣曰定安。城東
水上有梁，謂之洛橋。中瀆水自廣陵北出武廣湖東、陸陽湖西。二湖東西相
直五里；水出其間，不注樊梁湖。舊道東北出，至博芝、射陽二湖。西北出
夾邪，乃至山陽矣。至永和中，患湖道多風，陳敏因穿樊梁湖北口，下注津
湖徑渡，渡十二哩，方達北口，直至夾邪。興寧中，復以津湖多風，又自湖
之南口，沿東岸二十里，穿渠入北口，自後行者不復由湖。故蔣濟《三州論》

<hr>

〔註69〕《水經注》，卷8，第159頁。
〔註70〕許愼：《說文解字》，鳳凰出版社，2004年版，卷十一上，第323頁。

曰，淮湖紆遠，水陸異路，山陽不通，陳敏穿溝，更鑿馬瀨，百里渡湖者也。自廣陵出山陽白馬湖，徑山陽城西，即射陽縣之故城也。應劭曰：在射水之陽。」〔註71〕這段史料的重要性有兩點，一是詳細的描述了邗溝產生發展的簡史，構成了一段簡潔的「邗溝本末」，爲研究這條古代運河的工具性史料。二是《晉書》的《陳敏傳》、《食貨志》和本紀都沒有這些記載，因此酈注對研究陳敏擔任度支執掌西晉漕運大權的歷史不言而喻。《水經注》的這些記載說明當時身爲合肥都支和廣陵度支的陳敏掌握了大量人力物力對南方運河進行了大規模改造。這條史料的歷史背景值得注意，在秦漢時期江南漕糧並不北運，所以在漕運史上西晉陳敏出任度支調運南方漕糧是一件標誌性的大事。根據《晉書陳敏列傳》記載西晉剛剛統一的時候，陳敏建議「南方米穀皆積數十年，時將欲腐敗，而不漕運以濟中州，非所以救患周急也。」朝廷從之，以敏爲合肥度支，遷廣陵度支，後來在戰亂中以功爲廣陵相。時惠帝幸長安，四方交爭。陳敏遂有割據江東之志。雖然陳敏失敗了，可他執掌漕運大權的這段歷史很值得研究。三是陳敏的改造工程對後來東晉南朝利用漕運和隋煬帝開大運河都有很深刻的影響，到東晉南朝，這條運河更被利用作南北作戰的運輸線，「故下邳之宿留縣也，王莽更名之曰康義矣。晉元皇之爲安東也，督運軍儲而爲邸閣也。魏太和中，南徐州治，後省爲戍。梁將張惠紹北入，水軍所次，憑固斯城」。〔註72〕看過這些記載也就明白爲何《晉書》和《宋書》都記載劉裕在滅亡南燕後，準備第二次北伐姚秦的時候會暫時駐節運河口附近的下邳，把這裡作爲組織北伐的軍事集結地。

　　第二，《水經注》中還有不少運河工程技術史料，陳橋驛在著作的「《水經注》記載的水利工程」部分講到「另外一類是爲了航運需要的運河或運河整治」，「《水經注》記載的內河航行」部分也有涉及，並舉數例予以論述，此處不再重複討論，僅另據一條史料分析。《穀水注》中有一處文字生動詳細的記述魏晉水利工程千金堨的修築與維護，據《晉書》和其它正史記載此渠的功能是聯結許昌和洛陽，在魏晉歷史上也發揮過重大作用。《晉書》卷 5《孝懷帝紀》永嘉元年條記載「始修千金堨於許昌，以通運」，另外《晉書》卷 63《李矩傳》講「永嘉初，使矩與汝南太守袁孚率眾修洛陽千金堨」，都不夠詳細。但《水經注》記載詳細，可以看出千金堨工程浩大，經多年維護、改建

〔註71〕《水經注》，卷 30，第 589～590 頁。
〔註72〕《水經注》，卷 25，第 499 頁。

而成，兼有多種功效。這段文字多達六百餘。酈道元不僅印證了《河南十二縣境簿》《洛陽記》《語林》等多種文獻，還實地考察地引用了堨上石人肋下刻文，而且還有很具體的數字，包括動工所耗勞力以及具體的年月日。從注文可以看出千金堨工程集泄洪、灌溉、漕運功能於一身，從魏明帝始造堨，經西晉洪水破壞後重修，又不斷受侵害，經西晉泰始七年重修之後，增加了代龍渠泄口，以減輕水勢衝擊，並且增加了高度。泰始七年的工程經過在石人腋下文字中記載的十分詳細，並且解釋了採取施工策略的理由，對五龍渠出現新問題後的施工方法、方向做了預測。晉代張方破壞後，東晉地方官李矩、袁孚重修千金堨，經歷歲月磨蝕再由北魏太和年間重修，北魏人在石人西腋下又作銘文。解釋由於邊防緊張，無力搞大的改造工程，忠告後人可能的災患變化，預指了未來可能的疏通辦法。這些內容不免令人感歎這一水利工程確實經歷了不少滄桑。最令人驚奇的是，石人肋下刻文文字表明，雖然前人修堨由於人力不足，工程不能做到盡善盡美，卻還為後人留下技術上的預測性的建議，為可能出現的新患預設了解決方案，古人的運河工程技術智慧由此可見一斑，這也是研究運河沿革的好史料。〔註73〕

　　第三，《水經注》中還有運河航行的史料。如「王隱《晉書地道記》云，城北有故沙，名之為死沙。而今水流津通，漕運所由矣。」〔註74〕也都是可以與正史相補充的有意義的史料，這些也都有助於我們研究運河發展變遷的歷史和流域內發生的運河史與漕運史。

二、《水經注》中的都城漕運交通

　　酈道元在書中對運河沿線的行政區劃地理和都市地理都有詳細的記載，特別是後者的記載由於是圍繞河流展開的，故此可以幫助我們瞭解古代都市特別是首都的漕運交通條件。自秦漢發展漕運制度以來，首都成為漕運活動的重要目的地，統治者也下大力氣改造首都附近的水運交通線路。如《穀水注》「東南入於洛」條注文下記載洛陽附近及城中運渠多條甚詳，形成了一幅清晰的洛陽城內外水運路線圖，反映了洛陽作為東漢以來交通與漕運中心的事實：

　　　　穀水又東流徑乾祭門北，子朝之亂，晉所開也，東至千金堨。……

　　穀水徑洛陽小城北，因阿舊城，憑結金墉……穀水又東，枝分南入

　　　　　　　　　　　　　　　　　　　　　　

〔註73〕《水經注》，卷16，第321～322頁。
〔註74〕《水經注》卷22，第443頁。

華林園……又徑瑤華宮南，歷景陽山北，……穀水又東徑廣莫門北，
漢之谷門也……穀水又東屈南，徑建春門石橋下……橋之《右柱銘》
云，陽嘉四年乙酉壬申，詔書以城下漕渠，東通河、濟，南引江、
淮，方貢委輸，所由而至，……其水依柱，又自樂裏道屈而東出陽
渠……漢司空漁陽王梁之爲河南也，將引穀水以漑京都，渠成而水
不流，故以坐免。後張純堰洛以通漕，洛中公私穰贍。

穀水流經洛陽城北的幾處城門。刻在橋柱上的東漢陽嘉四年詔書更加證明了
當時運河對洛陽漕運的支持作用。即可以方便來自黃河下游和濟水流域和江
淮地區的漕運。東漢張純又改造洛水的流向，利用穀水，形成一條支流「九
曲瀆」，加強了洛陽的漕運供應：

「是渠今引穀水，蓋純之創也……亦謂之九曲瀆，《河南十二縣境簿》云：
九曲瀆在河南鞏縣西，西至洛陽。又按傅暢《晉書》云：都水使者陳狼鑿運
渠，從洛口入注九曲至東陽門……太和遷都，徙門南側。其水北乘高渠，枝
分上下，歷故石橋東入城，……渠水又東歷故金市南，直千秋門右，宮門也。
又枝流入石逗伏流，注靈芝九龍池……其一水自千秋門南流徑神虎門下，東
對雲龍門……渠左是魏、晉故廟地，今悉民居，無復遺塏也。渠水又公曆廟
社之間，南注南渠。……渠水歷司空府前，徑太倉南，出東陽門石橋下，注
陽渠。……穀水又南徑西明門，故廣陽門也。門左枝渠東派入城，徑太社前，
又東徑太廟南，又東於青陽門右下注陽渠。穀水又南，東屈徑津陽門南，故
津門也。……穀水於城東南隅枝分北注，徑青陽門東，故清明門也，亦曰稅
門，亦曰芒門。又北徑東陽門東，故中東門也。」

我們藉以想像當時的洛陽城完全是一幅水城模樣，水運漕運的交通條件
極其發達，再加上洛陽周邊洛水、汴渠、黃河等河流的運輸作用，就不難理
解洛陽的確是漢魏六朝的北方水運網的交通中心：

又北徑故太倉西，《洛陽地記》曰：大城東有太倉，倉下運船常
有千計。即是處也。又北入洛陽溝。穀水又東左邊爲池，又東右出
爲方湖，東西百九十步，南北七十步，故水衡署之所在也……凡是
數橋，皆累石爲之，亦高壯矣，製作甚佳，雖以時往損功，而不廢
行旅。朱超石《與兄書》云：橋去洛陽宮六七里，悉用大石，下圓
以通水，可受大舫過也。〔註75〕

〔註75〕《水經注》，卷16，第326～328頁。

從史料可以看出穀水、陽渠等運河曲折周回，從洛陽城多個不同城門進出，連接城外的洛水黃河等河流，城內的宮殿、太倉、水利管理部門水衡署官署等都與運河直接相連接，糧船駛到太倉以後上下貨物非常方便，各處橋梁被加高，也絲毫不妨礙船隻的通行。

《渭水注》、《灞水注》等河流注文對長安周邊的渭河、渭漕、灞水等水系的記載內容也生動而豐富，從中可窺見西漢時期長安及其周邊地區漕運發達的客觀條件。〔註76〕這些注文文字也很長，不再展開引證。

三、《水經注》中的軍事化漕倉

漕倉是指與漕運活動關係密切，甚至是直接爲漕運轉運活動服務的倉儲。王國維先生曾作《邸閣考》，認爲「古代儲蓄軍糧之所，謂之邸閣，其名始見於漢魏之間。」〔註77〕又列舉《水經注》中十條史料爲證，提出「以上邸閣其十分之八，皆臨水爲之，此因便於運輸之故。其邸閣大抵有城，其主邸閣事者，則三國時謂之督，晉時或以度支校尉主之，」陳橋驛的《〈水經注〉研究》第十七章「《水經注》記載的兵要地理」中最後指出「倉儲在古代戰爭中的意義」，認爲「在古代的戰爭之中，倉儲對於前方和後方都具有重要意義，大型倉儲所在的城邑，常常是兵家必爭之地。」〔註78〕對注文作了簡略列舉，並未展開論述。兩位先生均未從漕運史角度進行論述，而這些倉儲所反映的軍事地理史料價值也並沒有得到足夠的重視。故我從漕運史角度對這些倉儲作再做深入研究的必要。

《水經注》記載的漕倉記錄有對漕運制度的社會功能的反映。我國漕運制度究竟起源於何時，一向有不同的看法，有秦漢說，春秋說，西漢說。〔註79〕

〔註76〕《水經注》，卷18。
〔註77〕《王國維學術隨筆》，《東山雜記》卷1，第51頁，第54頁，社會科學文獻出版社，2000年版。
〔註78〕《〈水經注〉研究》，第188頁。
〔註79〕李治亭、吳琦、陳峰等學者都認爲漕運開創於秦漢見李治亭：《中國漕運史》，臺灣文津出版社，1997年（民國八十六年八月）版，第1頁。吳琦：《漕運與中國社會》，華中師範大學出版社，1999年版，第4頁，第8頁。陳峰，《漕運與古代社會》，陝西人民教育出版社，2000年版，第2頁，第6～7頁。持春秋說的是彭雲鶴。彭雲鶴：《明清漕運史》，首都師範大學出版社，1995年版，第15頁。安作璋主編的《中國運河文化史》認爲導致運河開鑿的原因是戰爭的需要和向京城運輸的需要，「西漢都城地理位置偏於西部，每年要從關東地區調運大批糧食，於是『漕運』作爲一種新的運輸手段登上歷史的舞臺」

《史記》記載紂王在巨橋倉庫積粟，許慎認爲是漕粟，史念海在《春秋以前的交通道路》一文中根據《史記集解》中許慎對商紂王鹿臺存有大量「漕粟」的說法，作出該「漕粟」可能是由黃河漕運所得的推測。〔註80〕則可能漕運活動或漕運制度已經起源於商末，《水經注》卷十也有一條相關注文，看出酈道元甚至作了實地考察。〔註81〕「昔武王伐紂，發巨橋之粟，以賑殷之饑民。服虔曰：巨橋，倉名。許慎曰：鉅鹿水之大橋也。今臨側水湄，左右方一二里中，狀若丘墟，蓋遺囷故窖處也。」如果這條史料所涉及的漕運制度起源可以定在商代，史念海先生的推測可以看作定論，則武王以漕糧賑恤饑民的行動可以視爲最早的漕運制度社會功能的體現。

此外，在重要的軍事倉庫築城的傳統從文獻來看至少在秦就已經出現，酈注也提供了幾條寶貴信息。秦在統一過程中建立敖倉，「敖山本在滎陽縣西北，山上有城，秦置倉其中，曰敖倉城。此城本在滎陽縣西北十五里，今縣治移，」〔註82〕酈注記載了很多有關倉儲的歷史資料，其中很多倉庫都與漕運活動密切相關，屬於「漕倉」分類，有很高的研究價值。這些倉儲，多屬魏晉南北朝，亦多以「邸閣」相稱。它們的特點是不僅與水運路線相聯繫，而且多爲有城牆保護的倉城，是軍事要塞化了的特殊聚落，其軍事地理意義突出，很反映魏晉南北朝的時代特點。

譬如東晉南朝的南蠻校尉一職軍事職責重大，一度由荊州刺史兼任，統兵甚多，從酈注記載看，其府屯便設在水運交通便利之地，並修築大型倉城，儲存漕糧，以備軍用。「吳以華容之南鄉爲南郡，晉太康元年改曰南平也。縣有油水，水東有景口，口即武陵郡界。景口東有淪口，淪水南與景水合。又東通澧水及諸陂湖，自此淵潭相接，悉是南蠻府屯也。故側江有大城，相承雲倉儲城，即邸閣也。江水左會高口，江浦也，右對黃州。江水又東得故市口，水與高水通也。江水又右徑陽岐山北，山枕大江，山東有城，故華容縣尉舊治也。大江又東，左合子夏口。」〔註83〕在這裡我們可以清楚的看到南

見安作璋主編《中國運河文化史》，山東教育出版社，2001年版，第一編「早期運河與運河文化」的第一章「早期運河的開鑿」。

〔註80〕史念海：《河山集（三集）》，人民出版社，1988年版。

〔註81〕《水經注》，卷10，第217頁。

〔註82〕王鳴盛：《十七史商榷》，第746頁，卷85，諸倉條，上海書店出版社，2005年版。

〔註83〕《水經注》，卷35，第656頁。

蠻校尉府屯所在是一塊很大的水運交通極其便利的地方。南郡本為東漢末荊州治所。「縣有油水」的縣應當指的是南郡華容縣。油水東的景口也就是油江口，是劉備在赤壁之戰後為奪取荊州地區而選擇的屯兵地點。文中講景口屬於荊州北四郡的南郡，但卻地接荊州南四郡的武陵郡，是荊州內部連接南北之交通要地，跨武陵、南郡、江夏三郡交通樞紐，而且江河交叉，湖泊縱橫，有水軍保護則易守難攻。孫吳政權在赤壁之戰後與劉備集團瓜分荊州，東漢的南郡被雙方瓜分。劉備得到荊州南部四郡，江夏郡，及南郡一部，吳國僅得南郡一部，後又侵佔江夏郡，襄陽、南陽都在曹操集團手中，則孫權所得南郡一部為其東部屏障及其向東北方向擴張之基地。孫吳政權擊破關羽之後，此處仍是東吳荊州的交通中心和軍事要地，所以建成為軍事基地作為東吳東北方向邊防要地三峽西陵的防禦二線，估計東吳就已經開始在此地建立軍事倉庫，並借助漕運大量積糧。西晉以後更是看中這一片「淵潭相接」的好地方，用來建立南蠻校尉的府屯，既是治所，又是兵營和港口、倉庫、要塞。在東晉南朝管理少數民族的校尉中，「惟南蠻校尉晉及宋多別以重人居之，至齊始以荊州刺史兼領。」〔註84〕南蠻校尉有僚屬官吏，又有「兵籍」，每年財政支出很大，「南蠻資費歲三百萬，布萬匹，綿千斤，絹三百匹，米千斛」〔註85〕當然要依靠漕運的供應並建立倉儲以備軍事活動的需要。

又如《湘水注》中提到的吳國設在軍事交通要地三江口的巴丘邸閣也是倉城，而三江口是當初周瑜在赤壁之戰中與曹操進行過軍事對峙的地方。巴丘「山在湘水右岸。山有巴陵故城，本吳之巴丘邸閣城也。晉太康元年，立巴陵縣於此，後置建昌郡。宋元嘉十六年，立巴陵郡，城跨岡嶺，濱阻三江。巴陵西對長洲，其洲南分湘浦，北屆大江，故曰三江也。三水所會，亦或謂之三江口矣。夾山列關」。〔註86〕這是一個在水運要地設立的倉庫發展成郡縣的例子。在建安十九年孫權第一次與劉備爭奪荊州的軍事鬥爭中「乃遣呂蒙督鮮于丹、徐忠、孫規等兵二萬取長沙、零陵、桂陽三郡；使魯肅以萬人屯巴丘以禦關羽。權住陸口，為諸軍節度。」〔註87〕則魯肅所部駐紮巴丘，阻擋關羽的荊州主力軍從北邊的荊州治所南郡通過長江入洞庭湖南下救援受呂

〔註84〕胡阿祥：《六朝疆域與政區研究》，學苑出版社，2005年版。
〔註85〕《南齊書》，卷22，《豫章文獻王傳》，冊2，第405頁，中華書局，1972年版。
〔註86〕《水經注》，卷38，第723頁。
〔註87〕《三國志》，卷47，《吳書》，《吳主傳第二》，第1119頁，中華書局。

蒙所部威脅的荊州南部。

　　無獨有偶，《贛水注》也記載了東晉南朝度支校尉也以贛水沿岸的釣圻邸閣爲治府，「贛水又歷釣圻邸閣下。度支校尉治，太尉陶侃移置此也。舊夏月，邸閣前洲沒，去浦遠，景平元年，校尉豫章因運出之力，於渚次聚石爲洲，長六十餘丈。洲裏可容數十舫。」〔註88〕邸閣前以石頭築成長六十丈的可容納幾十艘運糧大船的碼頭，也反映出倉儲規模之大和轉運能力之強。邸閣前以石頭築成長六十丈的可容納幾十艘運糧大船的碼頭，也反映出倉儲規模之大和轉運能力之強。此地位當長江下游的軍事要地豫章，也是集治所、倉庫、港口於一身的漕運中心。爲何這個邸閣要移至此處，度支校尉又爲何要大事建設？這當然要由豫章在水運體系中的戰略位置來決定。陶侃在東晉時曾做到八州刺史，總攬上游大權，威震南國，但其轄地多在東晉版圖的西方，雖然曾經參加平亂，但也都是向東用兵。他在長江由上游向下游轉折的豫章設立度支校尉治所有他的獨特用心，是爲了扼住這一東西南北的軍事要衝服務。豫章在東晉南朝特別是梁陳以後是長江下游的軍事交通中心。自秦漢修築改造靈渠系統之後，自嶺南北進有兩個方向，一是向今天的湖南進軍，另一條路則是向今天的江西，都可以走水路或是水陸並進，後一條路沿南康、廬陵走到豫章就可以沿長江航行，甚至直接進入江南地區的水上交通系統，所以梁陳時期的嶺南叛軍直接進入政治中樞的快捷方式是奪取豫章，切斷來自上游的援軍，直搗建康，而對於建康政權，要對付嶺南的叛軍則要在守住豫章，阻撓叛軍北進，順流越嶺南下。東晉末年劉裕就曾與盧循叛軍圍繞豫章作過一番周旋。劉裕北伐，屯兵下邳，徐道覆勸盧循北上豫章，說：「……若劉公自率眾至豫章，遣銳師過嶺，雖復將軍神武，恐必不能當也。今日之機，萬不可失。既克都邑，傾其根本。劉公雖還，無能爲也。」盧循寇南康、廬陵、豫章，諸郡守皆委任奔走，以至朝廷震動。劉裕剛剛平定南燕，本欲停鎮下邳，連忙班師。「鎮南將軍何無忌與徐道覆戰於豫章，敗績，無忌被害，內外震駭。」劉裕迅速奔回，卷甲兼行而回以挽救局面。〔註89〕陳朝時，蕭勃北上作亂，陳霸先與他也做了一番爭奪。南梁太平元年，蕭勃自嶺南叛亂，也是走南康北上奪取豫章：「二月庚午，蕭勃舉兵，自廣州渡嶺，頓南康，遣

〔註88〕《水經注》，卷39，第741頁。

〔註89〕《宋書》卷1《武帝本紀上》，義熙六年條，冊1，中華書局，第17～18頁，1974年版。

其將歐陽頠、傅泰及其子孜爲前軍，至於豫章，分屯要險，南江州刺史余孝頎起兵應勃，高祖命周文育、侯安都率眾討平之。」陳霸先與他也做了一番爭奪。理解了豫章的軍事地理重要性，也就可以瞭解在這裡設漕倉的理由，及這裡的倉庫與港口在漕運體系中的特殊意義。

又如下邳，在古運河與淮河交口附近，在漢魏以後成爲軍事交通要地，當然就成了漕運要地。西漢時楚王韓信以下邳爲都，就因爲此地是沂水、泗水匯合之處，南距雎水與泗水匯合處及泗水入淮河口不遠，是南北間水運要地，到漢末以後更成了漕運與軍事要地，是徐州「錢糧所在」，故此也在這裡設立了大型的軍儲轉運倉，成爲東晉南朝的北邊重鎮。「故下邳之宿留縣也，王莽更名之曰康義矣。晉元皇之爲安東也，督運軍儲而爲邸閣也。魏太和中，南徐州治，後省爲戍。梁將張惠紹北入，水軍所次，憑固斯城」。〔註90〕看過這些記載也就明白爲何《晉書》和《宋書》都記載劉裕在滅亡南燕後，準備第二次北伐姚秦的時候會暫時駐節下邳，把這裡作爲組織北伐的軍事集結地。梁朝抵禦北方政權，看來不僅依賴水鄉環境與水軍優勢，還要依託水運倉城進行防禦，把倉城做水寨使用。

根據《沔水注》記載，北魏在軍事交通要地漢中的敖頭設立倉儲和縣治。「漢水又東歷敖頭。舊立倉儲之所，傍山通道，水陸險湊。魏興安康縣治，有戍統領流雜。」〔註91〕此地就在漢水畔，所以糧運非常便捷，北魏政權雖係鮮卑游牧民族建立，但是學習漕倉軍用方法倒是蠻快的。而《洵水注》記載的另一處汶倉倉城，河水直接流入城中，更是便利。「洵水又東，入汶倉城內，俗以是水爲汶水，故有汶倉之名，非也，蓋洵水之邸閣耳。」〔註92〕可以斷定當初倉城的修築考慮了對水運條件的充分利用。這些倉儲與江河、運河的關係密切，轉運起來也就很有利。

以上關於魏晉南北朝倉城的史料不僅說明魏晉南北朝劇烈的軍事爭奪形勢下漕倉倉城本身的建置情況，還反映出轉運制度的廣泛存在，證明在魏晉南北朝時期爲軍事政治服務的轉運倉的普遍化及其與軍事地理戰略相配合的特徵。

〔註90〕 《水經注》，卷25，第499頁。
〔註91〕 《水經注》，卷27，第538頁。
〔註92〕 《水經注》，卷22，第426頁。

四、《水經注》中的軍事化漕運活動

酈道元的注文也提供了許多直接為軍事服務的漕運活動史料，按其內容的時序予以考論。

酈注還記載了黃河上游最遠的漕運活動，是東漢利用黃河為邊防軍事服務。「永元五年，貫友代聶尚為護羌校尉，攻迷唐，斬獲八百餘級，收其熟麥數萬斛，於逢留河上築城以盛麥，且作大船，於河峽作橋渡兵，迷唐遂遠依河曲。」〔註93〕儘管不知道漕運線路的長短範圍，但這裡的大船是用來運輸屯田所收穫的麥子，河上所修築的城堡也是一座軍漕倉城。

《渭水注》引證了一條東漢光武帝利用漕運西征隗囂的記載。〔註94〕「《東觀漢記》曰：隗囂圍來歙於略陽。世祖詔曰：桃花水出，船盤皆至鬱夷，陳倉分部而進者也。」

此外，針對西南河流的注文，有幾條文字反映東漢馬援南征中對漕運的利用，過於零星分散：

> 建武十九年，伏波將軍馬援上言，從賁泠出賁古，擊益州。臣所將駱越萬餘人，便習戰鬥者二千兵以上，弦毒矢利，以數發，矢注如雨，所中輒死。愚以行兵，此道最便。蓋承藉水利，用為神捷也。〔註95〕

> 故馬援言從泠水道出，進桑王國至益州賁古縣，轉輸通利，蓋兵車資運所由矣。自西隨至交趾，崇山接險，水路三千里。葉榆水又東南，絕溫水，而東南注於交趾。〔註96〕

> 鬱水南徑廣州南海郡西，浪水出焉。又南，右納西隨三水，又南徑四會浦水，上承日南郡盧容縣西古郎究浦，內漕口，馬援所漕。〔註97〕

這些對研究東漢的漕運、交通、軍事等問題都有補充價值。此外，注文也告訴我們東晉謝玄也曾在泗水流域疏通河道以改良漕運：

> 泗水冬春淺澀，常排沙通道，是以行者多從此溪，即陸機《行

〔註93〕《水經注》，卷2，第28頁。
〔註94〕《水經注》，卷17，第352頁。
〔註95〕《水經注》，卷37，第692頁。
〔註96〕《水經注》，卷37，第693頁。
〔註97〕《水經注》，卷36，第680頁。

思賦》所云：乘丁水之捷岸，排泗川之積沙者也。晉太元九年，左
將軍謝玄，於呂梁遣督護聞人奭，用工丸萬，擁水立七拖，以利運
漕者。〔註98〕

在酈道元之前不久的時代，東晉末桓溫劉裕等將領掀起了六朝北伐史上的高
潮，而在軍事上非常依賴漕運的他們對疏通和拓展漕運也作了很多的工作，
這些也被注文記載：

自西緣帶山隰，秦、漢以來，亦有通否。濟水與河渾濤東注，
晉太和中，桓溫北伐，將通之，不果而還。義熙十二年，劉公西征，
又命寧朔將軍劉遵考仍此渠而漕之，始有激湍東注，而終山崩壅塞，
劉公於北十里更鑿故渠通之。今則南瀆通津，川潤是導耳。〔註99〕

又如《晉書》記載桓溫北伐令袁眞開石門未成，致使北伐功敗垂城，發生了
枋頭之戰的慘敗。但《晉書》卻未交代袁眞不能開石門的具體原因，在的桓
溫和袁眞列傳中都沒有記載，酈道元卻做了一個回答，即爲鮮卑蠡臺戍兵所
阻。〔註100〕「然則蠡臺即是虎圈臺也，蓋宋世虎牢所在矣。晉太和中，大司
馬桓溫入河，命豫州刺史袁眞開石門。鮮卑堅戍此臺，眞頓甲堅城之下，不
果而還。」一個謎團迎刃而解。

另有一條注文反映劉裕北伐前對北方漕路進行軍事偵察，「洛水又東徑檀
山南，其山四絕孤峙，山上有塢聚，俗謂之檀山塢。義熙中，劉公西入長安，
舟師所屆，次於洛陽，命參軍戴延之與府舍人虞道元即舟溯流，窮覽洛川，
欲知水軍可至之處。延之屆此而返，竟不達其源也。」〔註101〕從正史的相關
記載來看劉裕北伐確實充分的利用了漕運，東晉水軍在他的帶領下由江淮流
域通過汴河進入黃河向西北的關中地區進軍，他的部將檀道濟率領水軍由黃
河入渭河直抵長安近郊登岸，取得北伐的重大勝利，這和他事前充分做好各
方面軍事準備分不開，也包括以上史料中所提到的軍事偵察活動。

五、結 論

《水經注》在學術上的寶貴價值一直被前人所肯定，當代學者也從地理
學、史地學角度寫了不少好文章，或是研究《水經注》本身，或是把它作爲

〔註98〕《水經注》，卷25，第498頁。
〔註99〕《水經注》，卷7，第147頁。
〔註100〕《水經注》，卷24，第463頁。
〔註101〕《水經注》，卷15，第298頁。

史料，在某些問題的研究中《水經注》已經得到很大利用，而在有關漕運問題的研究中還有繼續利用的餘地。《水經注》的著作主線是河流地理，因此很多運河、倉儲和漕運的史料都顯得非常支離破碎而不成系統，需要仔細的整理和闡發，才可以加以充分利用，即使已經用過的也可以在不同角度作新的利用，因此其書所能提供的最大學術信息尚未能完全體現出來。通過本文的分析，我們可以看到《水經注》中關於漕運的與運河的記載有的可以為正史作補充，有的可以為研究專題服務，有的甚至是正史所缺乏的稀有史料，仍將推動運河史和漕運史以及軍事史的研究。

第三節　孫吳時期長江中游的漕運與軍事

（原文發表於《史林》2012 年第 3 期）

摘要：

　　本文研究六朝初期東吳王朝時期長江中游的漕運與軍事研究。漢末孫吳集團建立巴丘邸閣作為戰略據點，參與軍事爭奪。孫吳從劉備集團手中奪取荊州大部後，建立了自己的軍事和漕運體系，運輸南部漕糧補充北部軍糧需求，巴丘也成為重要的要塞和轉運倉。曹魏政權也在所佔荊州部分實行屯田和有限的漕運。

關鍵詞：六朝；孫吳；長江中游；漕運；巴丘邸閣

　　以往對漕運史的宏觀認識認為在分裂戰亂時期，漕運的發展處於衰落狀態，而六朝乃至整個魏晉南北朝的漕運研究也長期處於薄弱狀態，但是實際上魏晉南北朝時期漕運和軍事關係密切，漕運活動和漕運系統承擔了重大的軍事服務功能，劇烈的軍事活動對漕運的發展也構成了強烈的刺激，當時很多漕倉和運河的出現就是專門為軍事服務的。南方的六朝政權處於水鄉澤國的環境，水上運輸的重要性更加突出，而長江中游在地緣上具有突出的重要地位，所謂「江左大鎮，莫過荊揚」〔註102〕，揚州「穀帛所資皆出焉」，荊州

〔註102〕《南齊書》，卷 15，《州郡志》，中華書局，1972 年版，第 274 頁，冊 1。

「甲兵所聚盡在焉」，〔註103〕但其實中游當地不僅也是經濟發達的地域，而且由於江河湖澤眾多，水利水運便利，這一地區的漕運活動和軍事活動更具有獨特的相互影響，至今無專門研究。〔註104〕當地最重要的漕倉是巴丘邸閣，自漢末紛爭中出現，在整個六朝時期一貫地發展，在當時長江中游具有戰略價值，不僅在六朝長江中游的軍事地理地位突出，還可以從軍事史、漕運史、城市史多角度闡發歷史意義，故立文深入對三國時期長江中游的漕運作一探索，以初步闡發六朝漕運的歷史發展意義。

一、漢末荊州地理形勢：江北交戰區和江南產糧區

漢末長江中游主要屬於荊州版圖，大部在江南，曾以南郡江陵城為「軍實所在」，地位大致相當於下邳之於徐州，主要依靠水運積聚軍需。荊州在赤壁之前不受北方戰亂影響，漢末荊州刺史劉表治下比較安定，劉表「勸耕務農」，致使「餘粟紅腐」〔註105〕，「財穀如山」，當時各地軍閥混戰，唯有荊州「境廣地盛」，「年穀獨登，兵人差全」在保證本地十幾萬兵馬的同時，還從物質上支持漢獻帝小朝廷：「遣兵詣洛陽助修宮室，軍資委輸，前後不絕。」〔註106〕委輸廣義包括漕運，但自荊州北進中原最直接的乾道是南陽道。

曹操南下平荊州也是以輕騎先行佔領江陵，以免劉備捷足先登：

> 操以江陵有軍實，恐劉備據之，乃釋輜重，輕軍到襄陽。聞備已過，操將精騎五千急追之，一日一夜行三百餘里，及於當陽之長阪。〔註107〕

江東孫氏政權立足在下游，軍事上向北必須防禦長江沿線，而上游要衝也勢在必奪，荊州地區位居江東上游，順流而下有高屋瓴水之勢，對江東孫

〔註103〕《資治通鑑》卷128，中華書局，1975年版，第4020頁，冊9。

〔註104〕李治亭：《中國漕運史》（文津出版社，1997年版）有關三國部分主要簡述了東吳開鑿運河的活動和造船業的發展，吳琦的《漕運與中國社會》（華中師範大學出版社，1999年版）縱論了漕運與中國古代社會的各個方面，但也可惜沒有對三國時期詳細論述，馬曉峰的論文《魏晉南北朝時期的漕運與管理》（《西北師大學報》，2003年第5期）研究了魏晉南北朝時期的漕運管理體制，我本人的《六朝的漕運、地域格局與國家權力》（《史林》2010年第3期）探討了六朝時期漕運和國家權力的宏觀關係。

〔註105〕《劉鎮南碑》，《全三國文》，卷56，商務印書館，1999年版，第572頁，冊下。

〔註106〕《後漢書》卷64《趙岐傳》。

〔註107〕《資治通鑑》，卷65，中華書局，1956年版，第2084頁，冊5。

氏威脅很大，故其確定奪取荊州的戰略計劃。魯肅初見孫權即云：

> 荊楚與國鄰接，水流順北，外帶江漢，內阻山陵，有金城之固，
> 沃野千里，庶民殷富，若據而有之，此帝王之資也。〔註108〕

在奠定三國鼎立格局的赤壁之戰中，孫吳集團開創了巴丘邸閣這一漕倉和軍事壁壘，作爲自己爭奪荊州地區的戰略據點。邸閣，王國維先生曾指出，「古代儲蓄軍糧之所，謂之邸閣，其名始見於漢魏之間。」〔註109〕它們的共同設置特點除了儲備大量糧食，與水運路線相聯繫，也多爲有城牆保護的倉城，是軍事要塞化了的特殊建築，其軍事意義突出，很反映魏晉南北朝的時代特點和當時漕運的軍事政治功能。東吳的主要兵種爲水軍和船載步兵，軍糧當然主要隨船運輸，交通和軍事的要衝也以水路要衝爲主，軍用倉儲也主要以水運，包括後來東吳王朝組織的漕運活動來建立。巴丘邸閣的創始人是東吳政權的統治集團，是在漢末長江流域崛起的，所開展的軍事活動充分尊重了地理的特點。巴丘邸閣在赤壁之戰前就已形成爲孫吳面向上游的軍事要塞和囤糧地，依傍洞庭湖與長江中游水系，守禦與漕運形勢確實有有利之處。巴丘原址在今天的湖南省岳陽市，濱巴丘湖，即今天洞庭湖的一部分，東吳在此修築大型倉城，儲存漕糧，以備軍用，依山傍水，地勢險要：

> 吳以華容之南鄉爲南郡，晉太康元年改曰南平也。縣有油水，
> 水東有景口，口即武陵郡界。景口東有淪口，淪水南與景水合。又
> 東通澧水及諸陂湖，自此淵潭相接……故側江有大城，相承雲倉儲
> 城，即邸閣也。江水左會高口，江浦也，右對黃州。江水又東得故
> 市口，水與高水通也。江水又右徑陽岐山北，山枕大江，山東有城，
> 故華容縣尉舊治也。大江又東，左合於夏口。〔註110〕

巴丘城所依傍之巴丘湖，即今洞庭湖，承接長江，連接東西上下，周邊有蠻、越等急待治理的群落，當然這些族群也是寶貴的人口資源，自然受到統治集團的戰略重視：

> 沅湘之會，表裏山川，實爲險固，荊蠻之所恃也。〔註111〕

〔註108〕《三國志》卷54《魯肅傳》，中華書局，1959年版，第1269頁。

〔註109〕王國維：《東山雜記》，《王國維學術隨筆》，社會科學文獻出版社，2000年版，卷1。

〔註110〕酈道元著，陳橋驛校證：《水經注校證》，卷35，中華書局，2007年版，第802頁。

〔註111〕《晉書》，卷34，《杜預列傳》，中華書局，1974年版，第1031頁，冊4。

上文史料中南郡江陵本爲東漢末荊州治所,「縣有油水」的縣應當指的是南郡華容縣。油水東的景口也就是油江口,油水入江口,是劉備在赤壁之戰後爲奪取荊州地區而選擇的屯兵地點----公安。景口屬於荊州北四郡的南郡地界,但卻地接荊州南四郡的武陵郡,是荊州內部連接南北之交通要地,跨武陵、南郡、江夏三郡交通樞紐,而且江河交叉,湖泊縱橫,有水軍保護則易守難攻。孫吳政權在赤壁之戰後與劉備集團瓜分荊州,東漢的南郡被雙方瓜分。劉備得到荊州南部四郡,江夏郡,及南郡一部,吳國僅得南郡一部,後又侵佔江夏郡,襄陽、南陽都在曹操集團手中。則孫權所得南郡一部爲其東部屏障及其向東北方向擴張之基地。

　　從荊州各郡全局看巴丘是交通的中樞。東漢末年的荊州在地理上大體分爲南北兩部分,南四郡爲零陵、桂陽、長沙、武陵,而北諸郡爲南陽、江夏、南郡諸郡,大體也可以洞庭湖粗略劃分,即洞庭湖以北和以東爲北荊州,跨江或在江北,洞庭湖以南諸郡,大部分皆屬湘江流域,盡在長江南。洞庭湖畔的巴丘「淵潭相接」,水路便利,適合建立漕倉聯結四方之間沿江漕運,並在南北間充當轉運倉。早在赤壁之戰前後東吳即在巴丘駐軍儲糧,以備在荊州地區立足,好與敵手爭奪,赤壁之戰發生的時候,周瑜即以三江口爲用兵基地,也就是巴丘邸閣所在:

> 山有巴陵故城,本吳之巴丘邸閣城也。……巴陵西對長洲,其洲南分湘浦,北屆大江,故曰三江也。三水所會,亦或謂之三江口矣。夾山列關。〔註112〕

赤壁之戰中周瑜在前線作戰,孫權則在戰前承諾在後方組織兵員和後勤漕運:

> 孤當續發人眾,多載資糧,爲卿後援。〔註113〕

孫權的大將周瑜、魯肅先後在此治軍,相傳周瑜死在巴丘,而魯肅甚至埋葬此地,實際這裡也就是邊關重地,孫吳以此爲基點屯兵,對中游始終虎視眈眈。建安十九年孫權與劉備第一次爭奪荊州,巴丘基地就再次發揮了戰略大本營功能:

> 權以備已得益州,令諸葛瑾從求荊州諸郡。備不許,……乃遣

〔註112〕酈道元著,陳橋驛校證:《水經注校證》,卷 38,中華書局,2007 年版,第 898 頁。

〔註113〕《三國志》,卷 54,《周瑜傳》,注引《江表傳》,中華書局,1959 年版,第 1262 頁,冊 5。

　　呂蒙督鮮于丹、徐忠、孫規等兵二萬取長沙、零陵、桂陽三郡；使
　　魯肅以萬人屯巴丘以禦關羽。權住陸口，爲諸軍節度。〔註114〕

呂蒙督諸將爲前鋒，魯肅統中軍駐巴丘，是仍把巴丘作爭奪中游的大本營無疑。孫吳政權擊破關羽之後，此處仍是東吳荊州的交通中心和軍事要地，所以建成爲軍事基地作爲東吳東北方向邊防要地三峽西陵的防禦二線，估計東吳就已經開始在此地建立軍事倉庫，並借助漕運大量積糧。

　　此外，必須指出的是荊州稻米產量最多的不在江北襄陽或是江陵周邊，而是在南邊的湘江流域，「江表唯長沙有名好米」，南梁有人說「味重新城」，〔註115〕即說其質量超過新城稻米，整個六朝時期長江中游的糧食貿易存在較大發展，這說明當地有大量剩餘糧食，市場上的商品糧數量也很大。〔註116〕這是因爲漢末荊州地域的北部是南北方政權間邊疆和戰場，受戰亂影響相對較大，而南部幾個郡相對較少受戰火的不利影響，直到魏晉南北朝長江中游都是呈現此一態勢，因此南部經濟發展基礎相對較好。漢末與三國時期荊州南部幾乎未受戰火摧殘，赤壁之戰前曹操大軍南下，隨同劉備南逃的人口有十餘萬之多，戰後劉備得荊州南部四郡，南下人口不少都留居此地，劉備與東吳聯姻，借南郡佔據荊州大部，期間就使諸葛亮「督零陵、桂陽、長沙三郡，調其賦稅，以充軍實」，〔註117〕即以荊州江南地產糧向北運供應軍隊，孫吳得荊州地後這一形勢依舊，荊州南部諸郡錢糧依然是長江中游的吳軍重大經濟依靠。

二、孫吳建國後長江中游的漕運舉措與軍事形勢

　　後來東吳襲取關羽，盡得荊州江南地及江北一部後，以西陵爲西北國門，以長江爲濠，江夏、夏口爲前線重鎮，東吳還曾數度遷都江夏武昌，以巴丘、樂鄉爲二線重鎮，儲糧駐軍，支持防線。樂鄉城以上四十餘里即「北枕大江，西接三峽」〔註118〕。孫吳政權在荊州建平郡至江夏一線建立了很多軍事據點，

〔註114〕《三國志》，卷47，《吳主傳第二》，中華書局，1959年版，第1119頁，冊5。
〔註115〕《藝文類聚》卷85《百穀部》，上海古籍出版社，1999年版，第1449頁，冊下。
〔註116〕王玲：《漢魏六朝荊州地區的經濟與社會變遷》，中國社會科學出版社，2010年版，第125～127頁。
〔註117〕《三國志》卷35《諸葛亮傳》，中華書局，1959年版，第915頁，冊4。
〔註118〕《晉書》，卷74，《桓彝列傳》，附《桓沖列傳》，中華書局，1974年版，第1951頁，冊6。

駐軍防守，兵力八萬多人。誠如陸凱疏文所云：「西陵、建平，國之蕃表，既處下流，受敵二境。若敵泛舟順流，舳艫千里，星奔電邁，俄然行至，非可恃援他部以救倒懸也。此乃社稷安危之機，非徒封疆侵陵小害也。臣父遜昔在西垂陳言，以爲西陵國之西門，雖云易守，亦復易失。若有不守，非但失一郡，則荊州非吳有也。如其有虞，當傾國爭之。」〔註 119〕除了巴丘邸閣，東吳在江北和沿江防區還修築其他漕倉儲備軍糧，如雄父邸閣。漢末荊州最終被曹魏和孫吳分割江南北，曹魏荊州刺史王基曾奪取東吳雄父邸閣，儲米不下三十萬斛：「基別襲步協於夷陵，協閉門自守。基示以攻形，而實分兵取雄父邸閣，收米三十餘萬斛，虜安北將軍譚正，納降數千口。」〔註 120〕六朝時期軍糧消耗數量可以以鄧艾所論曹魏淮南糧耗率爲例：「六七年間，可積三千萬斛於淮上，此則十萬之眾五年食也。」〔註 121〕以此消耗率看，每人每月用糧爲五斛，則雄父邸閣儲糧夠一萬部隊食用半年。東吳在沿江防區實行屯田，這可以提供大量軍糧，大大減輕了南邊後方的漕運負擔。

這些沿江和江北的關塞固然重要，可巴丘邸閣在東吳荊州地區的軍事地理地位實際並不亞於西陵和樂鄉，實際也沒有比漢末下降。這是因爲雖然巴丘並不接近最前線，卻是被作爲二線重鎮使用的，邊關前線有事，立刻屯兵輸糧，以備接應，這是由巴丘在長江中游江南地的交通樞紐地位決定的。如蜀相諸葛亮死後，「吳慮魏或承衰取蜀，增巴丘守兵萬人，一欲以爲救援，二欲以事分割也。」蜀國當局聞之，也加強永安的守備，以防非常。蜀國使臣宗預出使吳國。孫權質問：「東之與西，譬猶一家，而聞西更增白帝之守，何也？」宗預機警的應對說：『臣以爲東益巴丘之戍，西增白帝之守，皆事勢宜然，俱不足以相問也。」〔註 122〕宗預的說辭拿蜀國的東面扼江重鎮白帝和吳國巴丘做同等比較。

爲何東吳沒有增兵更臨近蜀國的西陵呢？白帝城永安宮當然是是蜀國兩大重鎮之一，也是蜀漢防範下游孫吳的邊關重鎮，曾由蜀國第二號託孤權臣李嚴鎮守，可是東吳的東吳上游國門雖爲西陵，當地也有軍事屯田，但恐其兵糧有限，不能擔當長期大戰，故要依靠樂鄉、巴丘的二線支持。展觀《中

〔註 119〕《三國志》卷 58，《陸遜傳》，附《陸抗傳》，中華書局，1959 年版，第 1359 頁，冊 5。

〔註 120〕《三國志》，卷 27，《王基傳》，中華書局，1959 年版，第 752 頁，冊 3。

〔註 121〕《三國志》卷 28《鄧艾傳》，中華書局，1959 年版，第 775 頁，冊 3。

〔註 122〕《三國志》，卷 45，《宗預傳》，中華書局，1959 年版，第 1076 頁，冊 4。

國歷史地圖集》，西陵臨近魏吳邊界和吳蜀邊界，武昌也遠在巴丘以北，似乎
都比巴丘吃緊，但是巴丘所在依傍長江蓄水池巴丘湖，向東北沿江順流至武
昌，向西北沿江溯流到西陵，向南迎北來入洞庭湖的湘江和沅江，沅江發源
益州，穿越整個武陵郡，於洞庭湖北入長江，湘江支流資水自零陵郡發源，
流經衡陽郡入長沙郡湘江，湘江發源自零陵郡，穿越零陵郡，充當衡陽、湘
東二郡界水，入長沙郡後在巴丘山前入江，湘江上源接秦漢靈渠運河，水路
可通嶺南交州，湘江還有支流也來自臨賀、桂陽二郡，江漢還有眾多支流，
因此，從整體地緣看，漢魏荊州江河密佈，主要的城市都可以水路相通，巴
丘是江南荊州水路匯合的中心，可以集中湘江沅江及其支流流域的水運，也
是武昌和西陵間江路的中樞，漕運的物資和從荊州江南調集的人力物力必須
先在這裡集中然後才會轉運往西陵或武昌，以及在兩地間調配分流或是分別
送往沿江和江北各處關塞。湘江流域諸郡水運線路又可通過秦漢靈渠運河系
統連接嶺南，這樣從嶺南到江漢就連成了一片。此外，東漢曾經通過海上漕
運聯結嶺南交趾諸郡，因海運成本高而放棄，東漢末，嶺南諸郡在士燮兄弟
割據下自立，孫權費了不少力氣才平定當地。而嶺南當地民族問題和豪強問
題突出，經東吳多次出兵平定，頗為用力，最後成為東吳交州，人力物力或
可資利用，借靈渠湘江北上巴丘長江。諸葛亮死後，三國各方人心都有所震
動，形勢存在不確定性，東吳增兵巴丘的機動靈活性遠比增兵武昌或是西陵
為高，既可以隨時增援武昌，抵禦曹魏偷襲，又可以隨時增援西陵向上游用
兵。

當然以往研究表明東吳在荊州有大量軍事屯田，可以供應一定的軍糧，
東吳在長江中游北有荊州屯、夷陵屯、江津屯、黃軍浦屯、巴山屯、厭里口
屯、陽新屯，南有漚口、陸口、蒲圻屯，似北部軍屯多於南部，但這與北部
缺乏民力而兵力集中有關，屯田糧究竟自給程度如何不得而知，但漕運糧必
是有益補充，特別是當大戰發生影響生產的情況下。

三國末年，當軍事形勢有所緊張時，吳主孫皓也曾命右丞相萬彧帶兵坐
鎮巴丘，泰始六年（270）局勢稍有鬆緩，萬彧又回京覆命：「吳萬彧自巴丘
還建業。」〔註123〕因此，西晉伐吳，也以巴丘為重要戰略目標之一，有針對
性的制定攻擊計劃。夏口、武昌為東吳上游重鎮，巴丘沿流則為夏口、武昌
上游防禦重點。太康元年二月，晉將「（唐）彬屯據衝要，為眾軍前驅。每設

〔註123〕《資治通鑒》，卷79，中華書局，1956年版，第2512頁，冊6。

疑兵，應機制勝，陷西陵、樂鄉，多所擒獲。自巴陵、沔口以東，諸賊所聚，莫不震懼，倒戈肉袒。」〔註124〕可見巴丘即平，則荊州北境已定，荊州江南境與東吳下游都城的交通聯繫基本切斷，自可「傳檄而定」。

三、荊州南北對峙與魏晉政權的漕運

曹魏也佔據了原漢末荊州地區的南陽和襄陽等江北地帶，是僅次於淮南的對吳防區，與東吳政權沿江對峙，曹魏在當地把屯田和漕運也結合起來利用，如襄陽周邊一帶「田土肥良，桑梓野澤，處處而有」，〔註125〕極利於屯田開墾。正始年間王昶在襄陽郡新野一帶屯田：

> 假節都督荊、豫諸軍事。昶以爲國有常衆，戰無常勝；地有常險，守無常勢。今屯宛，去襄陽三百餘里，諸軍散屯，船在宣池，有急不足相赴，乃表徙治新野，習水軍於二州，廣農墾殖，倉穀盈積。〔註126〕

但因爲這裡並不是曹魏和孫吳爭奪的最重點，地理環境也大不像淮河流域，曹魏不能控制長江航線，屯田和漕運的規模都相對有限，不可與淮南軍區相比。另，司馬氏當政期間，朝廷議欲伐吳，詔荊州刺史王基量進趣之宜，王基也主張發展屯田，積聚軍糧，做好水戰準備，不僅利用沮水和漳水灌溉屯田，還用來漕運軍糧：

> 夫兵動而無功，則威名折於外，財用窮於内，故必全而後用也。若不資通川聚糧水戰之備，則雖積兵江内，無必渡之勢矣。今江陵有沮、漳二水，漑灌膏腴之田以千數。安陵左右，陂池沃衍。若水陸並農，以實軍資，然後引兵詣江陵、夷陵，公據夏口，順沮、漳，資水浮穀而下。賊知官兵有經久之勢，則拒天誅者意沮而向王化者益固。然若率合蠻夷以攻其内，精辛勁兵以討其外，則夏口以上必拔，而江外之郡不守。如此，吳、蜀之交絕，交絕而吳禽矣。〔註127〕

王基的主張實際也成爲後來西晉滅吳方略的一部分。西晉初年羊祜出掌荊州時期也曾有限的利用水運運輸軍糧：

> 初，江陵平衍，道路通利，（東吳都督陸）抗敕江陵督張咸作大

〔註124〕《晉書》，卷42，《唐彬列傳》，中華書局，1974年版，第1218頁，冊4。
〔註125〕《南齊書》卷15，《州郡志下》，中華書局，1972年版，第281頁，冊1。
〔註126〕《三國志》，卷27，《王昶傳》，中華書局，1959年版，第748頁，冊3。
〔註127〕《三國志》，卷27，《王基傳》，中華書局，1959年版，第752頁，冊3。

堰過水，漸漬平中，以絕寇叛。祐欲因所過水，浮船運糧，揚聲將
破堰以通步車。抗聞，使咸亟破之。諸將皆惑，屢諫不聽。祐至當
陽，聞堰敗，乃改船以車運，大費損功力。〔註128〕

由上史料可見在江陵和襄陽之間主要是平原陸路車運運糧，這種狀況直到西
晉統一後杜預開通陽夏運河加強兩地間水陸交通才有新的大改觀。

四、結　論

首先，以孫吳時期的漕運與軍事歷史來看，六朝漕運初期的發展雖然受
分裂限制，規模或不能與統一時期相比，但是卻受到分裂時期軍事活動的有
效刺激，仍然充滿了發展的活力，並以不同於統一時期的新形式發展。

其次，東吳長江流域中游地區北部沿江地帶是戰火相對激烈的地方，如
果不實行軍事屯田，當地糧食產量很難提供強力的軍事後勤保證，而南部江
南地區受戰火波及相對較少，糧食產量相反倒有發展，可資提供北上漕運，
如巴丘這樣的漕運樞紐就是轉運南部的米供應北邊的軍。

第三，六朝時期長江中游甚至全國湧現了不少軍事性新城，如夷道縣城、
上明城、石城、呂蒙城、夏口城等等，巴丘城是孫吳政權建造的典型軍事城
市。隨著軍事與漕運地位的不斷上升，估計還有移民逐漸遷入以及屯田持續
開發，巴丘城城市地位在六朝史上呈直線上升狀態，到了東晉南朝設立郡縣，
甚至成為中游州級刺史治所，演化成為後來的巴陵。由軍事壁壘和漕運倉儲
轉化正常郡縣城市，是隋唐以前城市史發展的局部，巴丘是典型之一。東吳
政權開啟了巴丘城發展進程，這也是軍事和漕運發展促成的結果，其歷史意
義有待進一步研討。

第四節　六朝的軍事、漕運與新興城市：以巴陵城為中心的考察

（2014 年 10 月曾於魏晉南北朝史學會年會會議上宣讀）

提要：

六朝時期軍事發展推動了漕運的發展，而兩者的合力促進了一些漕倉和

〔註128〕《三國志》卷 58《陸抗傳》，中華書局，1959 年版，第 1356 頁，冊 5。

新興城市的出現。東吳統治者在漢末荊州建立巴丘邸閣城，在六朝呈持續發展，於東晉設立巴陵縣，於劉宋設立巴陵郡，使之逐步由軍事漕運城市發展成爲郡縣城市和漕運樞紐城市。六朝時期長江中游經濟與交通取得快速發展，特別是湘江流域農業生產進步，都是巴陵軍事漕運城市復合體發展的有利條件。

關鍵詞：巴陵；漕運；軍事；城市

以往的觀點認爲中國古代早期城市的重要特徵是軍事政治中心，有學者指出「農業時代的中國城市主要是以政治、軍事功能爲主，是區域性的政治、軍事中心，」〔註 129〕但是其在不同階段和地域的城市發展有著具體的變化。如在六朝時期，軍事活動頻繁，促進了一些軍事城市的出現，特別在戰略地位突出的長江中游也湧現了不少新興軍事城市，包括夷道縣城、上明城、石城、呂蒙城、夏口城等，〔註 130〕而自戰國秦漢以來軍事活動多依靠漕運活動的支持，軍政需求拉動的軍事化漕運活動和倉儲建設一直是很多新軍事城市興起的重要推力。〔註 131〕儘管以往不少學者認爲在分裂戰亂時期漕運處於衰落狀態，但我認爲六朝激烈的軍事活動實際對漕運的發展構成了強烈的刺激，像六朝長江中游最重要的漕倉和新興軍事城市是巴陵城，是當時中游具有地緣戰略價值的新興漕運城市，是古代軍事化漕運活動推動下所興起城市的重要案例。六朝的巴陵既是軍事城市，也是漕運城市。漕運城市的內涵是依託過境和中轉的漕運活動興起和發展的城市，但與運河城市存在一定差異。因爲漕運活動不僅在運河上也可在江河上進行，而漕運城市是指起源於漕運活動，和漕運關係密切的城市，與運河城市有同有異。運河城市一定是存在於運河沿岸，而漕運城市一定是存在於漕運線路沿岸，但漕運線路也包括人工運河之外的天然河流。故立文對六朝軍事化漕運活動與新興軍政中心城市的關係作一個案探索，至今尚未見相關研究。〔註 132〕

〔註 129〕何一民：《中國城市史》，武漢大學出版社，2012 年版，第 29 頁。
〔註 130〕見拙作：《孫吳時期長江中游的漕運與軍事》，《史林》2012 年第 3 期，第 42 頁。
〔註 131〕見拙作：《秦漢漕運的軍事功能研究——以秦漢時期的漕倉爲中心》，《社會科學》2009 年第 9 期。
〔註 132〕何一民《中國城市史》，（武漢大學出版社 2012 年版），傅崇蘭等著《中國城

一、孫吳政權營建的巴丘邸閣城：大型倉城與地緣要衝

漢末到六朝的長江中游軍事地位非常突出，「江左大鎮，莫過荊揚」〔註133〕，揚州「穀帛所資皆出焉」，荊州「甲兵所聚盡在焉」。〔註134〕具有良好交通區位的巴陵具備了成為中游乃至整個南方的軍事要地的潛力。六朝長江中游地區的糧食貿易存在較大發展，當地有大量餘糧。〔註135〕六朝南方造船航運有所發展，也是當地漕運發展的良好基礎。

三國時期軍事漕運樞紐巴陵城的出現首先是軍事和漕運發展的結果，而軍事需求也是漕運發展的動力，長江中游經濟和交通的發展則是漕運得以開展的基礎條件。巴丘邸閣最初是江東孫氏爭奪長江上游的軍事基地，在奪取荊州地區後又成為了邊疆政權的二線重鎮。

漢末荊州在刺史劉表的治下，保持相對安定的局面，「勸稼務農」。〔註136〕各地軍閥混戰，唯有荊州「年穀獨登，兵人差全」，在保證本地兵馬供應同時還能從物質上支持朝廷：「遣兵詣洛陽助修宮室，軍資委輸，前後不絕。」〔註137〕

在赤壁之戰中，孫吳政權開創了巴丘邸閣這一漕倉和軍事壁壘，形成爭控荊州的戰略據點。孫吳主要兵種為水軍和船載步兵，因此軍事要衝以水路為主，軍用倉儲也主要依靠水運來建立。巴丘邸閣在今天的岳陽市，依傍洞庭湖與長江中游水系，依山傍水，地勢險要，守禦與漕運形勢有利：

> 吳以華容之南鄉為南郡，晉太康元年改曰南平也。縣有油水，水東有景口，口即武陵郡界。景口東有淪口，淪水南與景水合。又東通澧水及諸陂湖，自此淵潭相接……故側江有大城，相承雲倉儲城，即邸閣也。〔註138〕

市發展史》（社會科學文獻出版社，2009 年版），張馭寰《中國城池史》（中國友誼出版公司，2009 年版）等著作對魏晉南北朝城市史論述較簡略。傅崇蘭的《中國運河城市發展史》（四川人民出版社，1985 年版）主要是對明清大運河沿線主要城市進行了系統論述，使用「運河城市」這一概念。但是漕運活動不僅在運河上也可在江河上進行，本文中的漕運城市是指起源於漕運活動，和漕運關係密切的城市，與運河城市有同有異。

〔註133〕《南齊書》，卷15，《州郡志》，中華書局，1972 年，第 274 頁，冊1。
〔註134〕《資治通鑒》卷 128，中華書局，1956 年版，第 4020 頁，冊9。
〔註135〕王玲：《漢魏六朝荊州地區的經濟與社會變遷》，中國社會科學出版社，2010 年版，第 125～127 頁。
〔註136〕《劉鎮南碑》，《全三國文》，卷 56，商務印書館，1999 年版，第 572 頁。
〔註137〕《後漢書》卷 64《趙岐傳》，中華書局，1965 年版，第 2124 頁，冊8。
〔註138〕酈道元著，陳橋驛校證：《水經注校證》，卷 35，中華書局，2007 年版，第

赤壁之戰時，周瑜即以在邸閣周邊的三江口為用兵基地：

> 山有巴陵故城，本吳之巴丘邸閣城也。……巴陵西對長洲，其
> 洲南分湘浦，北屆大江，故曰三江也。三水所會，亦或謂之三江口
> 矣。夾山列關。〔註139〕

周瑜在前線作戰，孫權則在後方組織兵員和後勤漕運，自稱曰：

> 孤當續發人眾，多載資糧，為卿後援。〔註140〕

曹操的兵鋒挫敗於巴丘城下，結束了赤壁之戰：「於巴丘遇疾疫，燒船」。
〔註141〕

漢末荊州在地理上大體分南北兩部，南四郡為零陵、桂陽、長沙、武陵，
而北為南陽、江夏、南郡諸郡，大體以洞庭湖劃分，洞庭湖以南諸郡，大部分
皆屬湘江流域。稻米生產最盛的是南四郡，「江表唯長沙有名好米」，「味重新
城」。〔註142〕北部受戰亂影響較大，南部少受戰火。赤壁之戰前隨劉備南逃的
人口有十餘萬，戰後劉備得南四郡，江夏郡，及南郡一部，南下人口不少都留
居其地，諸葛亮「督零陵、桂陽、長沙三郡，調其賦稅，以充軍實」〔註143〕。
上引史料中油水東的景口也就是油江口，油水入江口，接近劉備在赤壁戰後選
擇的屯兵地公安。劉備以公安為治所，吳國僅得南郡一部，後又侵佔江夏郡，
襄陽、南陽都在曹操手中。則孫權所得南郡一部為其東部屏障及其向東北方擴
張之基地。巴陵屬於北四郡江夏郡地界，但地接南郡和南四郡的武陵郡，跨三
郡交通樞紐，是連接南北之交通要地，且江湖縱橫，有水軍保護則易守難攻，
適合建立漕倉聯結四方漕運。大將周瑜、魯肅先後在此治軍，相傳周瑜死在巴
丘，魯肅埋葬此地。孫吳以此為基點屯兵，對中游虎視眈眈。建安十九年孫權
與劉備第一次爭奪荊州，仍把巴丘再次作為爭奪中游的戰略大本營，呂蒙督諸
將為前鋒，魯肅統中軍駐巴丘：

> 權以備已得益州，令諸葛瑾從求荊州諸郡。備不許，……乃遣

---

802 頁。

〔註139〕酈道元著，陳橋驛校證：《水經注校證》，卷 38，中華書局，2007 年版，第
898 頁。

〔註140〕《三國志》，卷 54，《周瑜傳》，注引《江表傳》，中華書局，1959 年，第 1262
頁，冊 5。

〔註141〕《三國志》，卷 14，《郭嘉傳》，中華書局，1959 年，第 435 頁，冊 2。

〔註142〕《藝文類聚》卷 85《百穀部》，上海古籍出版社，1999 年版，第 1449 頁，冊
下。

〔註143〕《三國志》卷 35《諸葛亮傳》，中華書局，1959 年版，第 915 頁，冊 4。

　　呂蒙督鮮于丹、徐忠、孫規等兵二萬取長沙、零陵、桂陽三郡；使
魯肅以萬人屯巴丘以禦關羽。權住陸口，爲諸軍節度。〔註144〕

　　孫吳擊破關羽之後，此處仍是東吳荊州的交通中心和軍事要地，作爲東
吳西北方邊防要地西陵的防禦二線。長江中游沿江屯田產糧和經巴丘來自轉
運的南方漕糧形成了補充。東吳以西陵爲西北國門，以長江爲濠，江夏、夏
口爲前線重鎮，樂鄉城以上四十餘里即「北枕大江，西接三峽」，〔註145〕曾數
度遷都江夏武昌，在建平至江夏一線建立了很多軍事據點，駐軍八萬多人。「西
陵、建平，國之蕃表，既處下流，受敵二境。……若有不守，非但失一郡，
則荊州非吳有也。如其有虞，當傾國爭之。」〔註146〕巴丘邸閣的軍事地理重
要性實際並不亞於西陵和樂鄉，因爲雖然巴丘並不接近最前線，但邊關前線
有事，可立刻屯兵輸糧，以備接應。如諸葛亮死後，東吳增巴丘守兵萬人，「一
欲以爲救援，二欲以事分割也。」蜀國也加強白帝城守備。孫權質問蜀國使
臣宗預爲何增兵，宗預應對：「臣以爲東益巴丘之戍，西增白帝之守，皆事勢
宜然，俱不足以相問也。」〔註147〕宗預說辭拿蜀國東面扼江重鎮白帝和吳國
巴丘做同等比較。

　　西陵當地有屯田，但產量有限，不能擔當長期消耗，依靠樂鄉、巴丘的
二線支持。西陵臨近邊界，吳國都城武昌遠在巴丘北，但巴丘向東北沿江至
武昌，向西北沿江到西陵，向南迎北來入湖的湘江沅江，沅江穿武陵郡北入
長江，湘江發源自零陵郡，穿零陵郡，充當衡陽、湘東二郡界水，入長沙郡
後在巴丘山前入江。湘江上源接靈渠運河，水路可通嶺南，還有支流也來自
臨賀、桂陽二郡，江漢還有眾多支流。因此，漢魏荊州主要的城市都可以水
路相通，巴丘是荊州江南水路匯合的中心，可以集中湘江沅江及其支流的水
運，也是武昌和西陵間江路中樞，從江南調集的資源先在這裡集中然後才會
轉運往西陵或武昌，以及在兩地間調配分流或送往各處邊關。湘江水運又可
通過靈渠運河連接嶺南，這樣從嶺南到江漢就連成了一片。漢末嶺南民族問
題和豪強問題突出，經東吳多次出兵平定，設交州，人力物力可借靈渠湘江

〔註144〕《三國志》，卷47，《吳主傳第二》，中華書局，1959年版，第1119頁，冊5。

〔註145〕《晉書》，卷74，《桓彝列傳》，附《桓沖列傳》，中華書局，1974年，第1951
　　　　頁，冊6。

〔註146〕《三國志》卷58，《陸遜傳》，附《陸抗傳》，中華書局，1959年，第1359
　　　　頁，冊5。

〔註147〕《三國志》，卷45，《宗預傳》，中華書局，1959年，第1076頁，冊4。

北上巴丘長江。諸葛亮死後，三國形勢震動，東吳增兵巴丘的靈活性遠比增兵武昌或西陵為高，既可增援武昌，抵禦曹魏偷襲，又可增援西陵用兵上游。

二、晉宋巴陵：郡縣城市的初創與長江中游糧儲中心的形成

從東晉到南朝，南方出現了所謂「上下游之爭」的政治矛盾，「上游（長江中游）的荊州具有僅次於下游揚州江東地區的經濟實力，因此成為第二個重要漕糧來源。」〔註148〕而作為漕運交通樞紐的巴陵則成為長江中游的糧儲中心和新興郡縣城市。

公元 280 年，西晉滅吳，太康元年巴陵縣（屬長沙郡）設立是巴陵作為郡縣城市的開始，是當地正式設立行政區劃的開始，後置建昌郡。〔註149〕西晉永嘉元年（307）一度分荊州七郡及江州桂陽郡設湘州，東晉咸和三年（328）廢，這說明湘江流域社會經濟發展粗具規模。西晉末益州糧食匱乏，求救於荊州，「遂以零陵米三萬斛給之」。〔註150〕東晉軍事形勢波動，刺史治所不穩定，一度遷到巴陵，說明巴陵戰略地位提高。東晉治所「移鎮」主要在巴陵、南郡江陵、襄陽、江夏武昌各地，可按軍事形勢分三時期考察，立國初王敦陶侃主掌中游兵權為初期，383 年淝水之戰前主要由庾氏桓氏主持軍事活動為中期，戰後為後期。劉宋時長江中游政區變化，荊州一分為三，到劉宋元嘉十六年，「立巴陵郡，城跨岡嶺，濱阻三江」，〔註151〕經濟地位繼續有所上升。

兩晉設南蠻校尉、寧蠻校尉及鎮蠻護軍等軍職治蠻兼安定地方，「荊州置南蠻，雍州置寧蠻」，〔註152〕職責重大。南蠻校尉軍一度是東晉荊州軍主力。東晉南蠻校尉自襄陽遷置江陵，〔註153〕校尉府一度設方城，「自油口以東，屯營相接，悉是南蠻府屯兵。」〔註154〕巴丘城所依傍洞庭湖承接長江，周邊有蠻、越等急待治理的族群，當然這些族群也是寶貴的人口資源，受到戰略重

〔註148〕見拙作：《六朝的漕運、地域格局與國家權力》，《史林》，2010 年第 3 期，第 52 頁。

〔註149〕酈道元著，陳橋驛校證：《水經注校證》，卷38，上海古籍出版社，2007 年版，第 898 頁。

〔註150〕《晉書》卷66《劉弘傳》，中華書局，1974 年版，第 1766 頁，冊 6。

〔註151〕酈道元著，陳橋驛校證：《水經注校證》，卷38，上海古籍出版社，2007 年版，第 898 頁。

〔註152〕《宋書》卷97《夷蠻傳》，中華書局，1974 年版，第 2396 頁，冊 8。

〔註153〕《資治通鑒》卷128，中華書局，1956 年版，第 4021 頁，冊 9。

〔註154〕《資治通鑒》卷128，中華書局，1956 年版，第 4021 頁，冊 9。

視，因此府屯也必然延伸至巴丘：

　　　　又巴丘湖，沅湘之會，表裏山川，實爲險固，荊蠻之所恃也。

〔註155〕

荊州主要城市都可以水路相通，巴陵是江南水路匯合的中心，可以集中湘江沅江及其支流流域的水運，也是武昌和西陵間江路的中樞，漕資和從江南調集的資源必須先在這裡集中然後才會轉運往沿江。陶侃說「荊州接胡蜀二虜，倉廩當備不虞」，而南蠻校尉有僚屬官吏，又有「兵籍」，軍糧漕運需求很大。〔註156〕由於形勢不穩定，荊州治所在東晉初王敦主政期間就多次變更：

　　　敦然之，即表拜（陶）侃爲使持節、寧遠將軍、南蠻校尉、荊

　　州刺史，領西陽、江夏、武昌，鎮於沌口，又移入沔江。〔註157〕

　　王敦稱兵作亂時，鄧騫勸鎮襄陽的荊州刺史甘卓：「使大將軍平劉隗，還武昌，增石城之守，絕荊湘之粟，將軍安歸乎？」〔註158〕可見襄陽軍糧多來自湘江漕運，則必經巴丘一帶。之後陶侃掌控中游，平定蘇峻之亂後，「加都督交、廣、寧七州軍事。以江陵偏遠，移鎮巴陵。」〔註159〕

　　陶侃是從東晉內部格局考慮，而非北伐需要。當時北方威脅較小，而內部鬥爭激烈。一旦北伐發動，襄陽靠近北方戰地，而巴丘僅是二線轉運地，而從長江中下游看巴丘是一個可供中游南下的樞紐。東晉內部有激烈的「上下游之爭」，而陶侃主政期間北方沒有大的威脅，陶侃官高至都督八州軍事，數次發兵下流平亂，最關注的是長江流域地緣。

　　到了中期，庾氏桓氏執掌中游軍政大權，以荊州爲基地北伐，軍糧恐仍以巴陵轉運和集中。

　　到晚期，大量漕糧貯備巴陵，而淝水之戰後東晉所受北方威脅減輕，內部矛盾再度嚴重起來。桓玄乘水災造成「倉廩空竭」，襲取荊州刺史殷仲堪，先行奪取巴陵，「收其兵而館其穀」，因爲殷仲堪治所在江陵，而糧儲依賴巴陵供應：「又諸將皆敗，江陵駭震，城內大饑，皆以胡麻爲廩。」殷仲堪急召江北雍州刺史揚佺期來援，佺期曰：『江陵無食，何以待敵？』」〔註160〕殷仲

〔註155〕《晉書》，卷34，《杜預列傳》，中華書局，1974年版，第1031頁，冊4。

〔註156〕《晉書》，卷67，《溫嶠列傳》，中華書局，1974年版，第1793頁，冊6。

〔註157〕《晉書》，卷66，《陶侃列傳》，第1770頁，冊6，中華書局，1974年。

〔註158〕《晉書》卷70《甘卓傳》，中華書局，1974年版，第1863頁，冊6。

〔註159〕《晉書》，卷66，《陶侃列傳》，中華書局，1974年版，第1775頁，冊6。

〔註160〕《魏書》，卷97，《島夷桓玄列傳》，中華書局，1974年版，第2118頁，冊6。

堪欺詐佺期說：「可有數萬人百日糧。」佺期率兵來救，然而無糧，竟敗於桓玄。〔註161〕

自秦漢以來歷代要依靠漕運供應建立倉儲以備軍需。巴陵既是東晉向北經略的後方基地，也是東晉穩定中游的軍事交通樞紐和儲備所在，故地理位置使其在內爭中比北伐中更加突出。北伐軍一過漢水就會面臨水運改陸運的問題，因為漢水自西北向東南流，並不利於向中原漕運，漢水流域城市如襄陽、夏口、武昌的交通價值更加彰顯，而當荊州內部發生鬥爭或中游勢力取得自主性並虎視下游時，雄踞三江口的巴丘就出現了當仁不讓的樞紐地位。

劉宋時巴陵升格為郡，發生了新的城市地位變化。劉宋分荊州為荊、郢、湘三州，元嘉十六年（439）二月「割長沙、江陵、江夏四縣為巴陵郡」，屬郢州，而郢州治江夏郡。〔註162〕從此巴陵完成正常郡縣城市化，具備了漕運樞紐城市的地位，戰略地位日益突出。元徽元年朝廷下詔：

> 國賦氓稅，蓋有恒品，往屬戎難，務先軍實，徵課之宜，或乖
> 昔準。湘江二州，糧運偏積，調役既繁，庶徒彌擾。〔註163〕

湘江流域農業實力日益雄厚，而造船業發達，提供了強大的漕運能力：「湘州七郡，大艑所出，皆受萬斛」，〔註164〕這也給予了巴丘進一步發展的條件。此外，按照晉書地理志記載長沙郡有戶33000，按照《宋書州郡志》記載昇明三年（479）劉宋巴陵郡有戶5187，人口25316，已經具備小城市規模。

三、南朝齊梁陳的巴陵郡城：長江流域漕運樞紐城市與邊州治所

到了這一時期，長江在東西間交通幹線地位更加凸現，南齊湘州經濟發展使之可向巴陵漕運更多資糧以供軍國之需。梁陳之際，侯景爭奪巴陵失敗導致其全面敗亡，巴陵漕糧更成為梁朝末期軍閥陳霸先崛起時，自中游籌集軍糧，所依靠的重要資本。江陵之變後，北朝勢力深入長江中游，巴丘成為一線邊境城市，而湘江流域的經濟和漕運地位繼續有所發展。梁陳對中游政區調整，增設數州，分封多王，南陳設巴州，以巴陵郡為首郡，巴陵首次因此成為穩定的州治所級別的重要城市。

〔註161〕《魏書》，卷97，《島夷桓玄列傳》，中華書局，1974年版，第2119頁，冊6。
〔註162〕〔唐〕許嵩：《建康實錄》，卷12，《太祖文皇帝》，中華書局，1986年版，第432頁，下冊。
〔註163〕《宋書》卷9《後廢帝紀》，中華書局，1974年版，第180頁，冊1。
〔註164〕《太平御覽》卷770引《荊州土地記》，中華書局，1960年版，第3415頁。

　　湘江流域漕運的新發展是可以提供更多的軍資支持。建元元年南齊內部軍事形勢緊張，齊武帝下詔令荊州刺史豫章王兼湘州刺史、南蠻校尉，加大荊州資費供應：

> 復以爲都督荊、湘、雍、益、梁、寧、南、北秦八州諸軍事，南蠻校尉，荊、湘二州刺史，持節、侍中、將軍、開府如故。晉宋之際，刺史多不領南蠻，別以重人居之，至是有二府二州。荊州資費歲錢三千萬，布萬匹，米六萬斛，又以江、湘二州米十萬斛給鎮府；湘州資費歲七百萬，布三千匹，米五萬斛；南蠻資費歲三百萬，布萬匹，綿千斤，絹三百匹，米千斛，近代莫比也。〔註165〕

蠻民人口多歸南蠻校尉管轄，徵繳「資費」與漢民分開，數目不小。郢州漕運錢糧多要經巴陵集中，湘州漕糧一旦因戰事北運或是運往長江下游都必須先運抵巴陵。經巴丘的湘江漕運發達，南齊末蕭衍起兵襄陽，徵糧湘州，「運租米三十萬斛」。〔註166〕南梁末年侯景包圍都城，親王蕭譽鎮湘州，荊州刺史蕭繹將要下兵援助建業，「遣諮議周弘直至譽所，督其糧眾」，〔註167〕調運湘州漕糧轉巴陵南下。

　　梁武帝時期侯景之亂爆發。侯景敗亡與巴陵爭奪戰存在很大的直接關係。南朝下游國都爲政治中樞，以三吳爲菁華之區，而荊湘居建康上游，雖在下游立國不得上游也是枉然。侯景攻陷建康後，用兵三吳，取得勝利，然後再來逆流而上。大寶二年四月，湘東王蕭繹以王僧辯爲都督東擊侯景。僧辯至巴陵，聞郢州已陷，因留戍之。蕭繹寄書王僧辯云：「賊既乘勝，必將西下，不勞遠擊；但守巴丘，以逸待勞，無慮不克。」又對自己的僚佐說：「景若水步兩道，直指江陵，此上策也；據夏首，積兵糧，中策也；悉力攻巴陵，下策也。巴陵城小而固，僧辯足可委任。景攻城不拔，野無所掠，暑疫時起，食盡兵疲，破之必矣。」可見巴陵城小而固。蕭繹擔心侯景繞過巴陵，是因爲自己在江陵。其實不從政治考慮，純粹從軍事考慮，侯景不敢放過巴陵，否則即使到了江陵，後路和糧道也有被切斷的危險，甚至可能受困江陵。蕭繹乃調江南羅州武州兵助守巴陵。侯景發兵一萬攻巴陵，自帥大兵隨後，至

〔註165〕《南齊書》，卷22，《豫章文獻王傳》，中華書局，1972年版，第405頁，冊2。

〔註166〕《梁書》卷19《劉坦傳》，中華書局，1973年版，第301頁。

〔註167〕《梁書》卷55《河東王譽傳》，中華書局，1973年版，第829頁。

城下問：「何不早降？」王僧辯調侃對方：「大軍但向荊州，此城自當非礙。」〔註168〕侯景不敢繞城而過，晝夜攻城，損失很大。六月胡僧祐、沈法和率救兵至，侯景全軍潰退：「及景自巴陵敗歸，猛將多死，自恐不能久存」，〔註169〕從此開始走下坡路。

後來軍閥陳霸先自嶺南北上，進駐巴丘轉運漕糧供應「乏食」的王僧辯軍，使之順利攻克江州軍事漕運要地湓城，打到下流：「高祖（陳霸先）先貯軍糧五十萬石，至是分三十萬以資之，仍頓巴丘。」〔註170〕陳霸先任胡穎爲巴丘縣令專司漕運：「鎮大皋，督糧運。」〔註171〕在後來頒封陳霸先的詔書中這成爲重要功勳，如九月梁帝下詔封公加九錫，稱頌之：

> 公回麾蠡澤，積穀巴丘，億庾之詠斯豐，壺漿之迎是眾，軍民轉漕，曾無砥柱之難，艫舳相望，如運敖倉之府，……承此兵糧，遂殄凶逆。〔註172〕

西魏攻陷江陵後控制了江北要地。南陳疆域達到南朝最低點，巴陵成爲中游國門，一旦失守，中游和下游的交通聯繫即被切斷。中游南北征戰仍以奪取巴陵爲重。南朝在軍事地理格局中陷入了被動。陳朝湘州地區經濟地位持續上昇，湘江流域是長江中游僅存精華，在都督湘、巴等四州諸軍事、湘州刺史華皎治下經濟交通繼續發展，湘州漕運貢賦物資豐富：

> 湘川地多所出，所得併入朝廷，糧運竹木，委輸甚眾；至於油蜜脯菜之屬，莫不營辦。又征伐川洞，多致銅鼓、生口，並送於京師。……文帝以湘州出杉木舟，使皎營造大艦金翅等二百餘艘，並諸水戰之具，欲以入漢及峽。〔註173〕

當隋朝統一天下後，地方人口和經濟得到恢復和發展，按《隋書地理志》

〔註168〕〔宋〕司馬光等：《資治通鑑》，卷164，中華書局，1956年版，第5065頁，冊11。

〔註169〕〔宋〕司馬光等：《資治通鑑》，卷164，中華書局，1956年版，第5070頁，冊11。

〔註170〕〔唐〕姚思廉：《陳書》，卷1，《高祖本紀上》，中華書局，1972年版，第5頁。

〔註171〕〔唐〕姚思廉：《陳書》，卷12，《胡穎列傳》，中華書局，1972年版，第187頁。

〔註172〕〔唐〕姚思廉：《陳書》，卷1，《高祖本紀上》，中華書局，1972年版，第16頁。

〔註173〕〔唐〕姚思廉：《陳書》，卷20，《華皎列傳》，中華書局，1972年版，第271頁。

記載，到大業五年（609），巴陵郡有戶6934，在今湖南境內九郡中位居第三，僅次於長沙郡和熙平郡。〔註174〕

五、餘　論

首先，巴陵是隋唐以前軍事——漕運復合體城市的一個典型，屬於古代漕運城市的典型，即早期漕運城市最初是漕運倉，甚至是軍用轉運倉和倉城，因此帶有軍事城市性質，是軍事漕運復合體城市聚落，因為選址交通便利和政權戰略扶持的原因發展，地位不斷提升，成為軍政中心郡縣城市。秦漢時期已經出現很多這樣的漕倉城，「秦漢時期的漕倉不僅儲備大量糧食，還多有高大的城堡設施衛護。漕倉的經營活動如選址、築城、聚糧、駐軍等，既要考慮國家經濟需要，也為了滿足戰略需求，甚至有根本為軍事服務而建具有軍倉城堡性質者。」〔註175〕這種建造傳統在六朝時期戰亂動蕩的刺激下得到深刻發展，巴陵就是典型，根據記載還有很多類似的倉城。

第二，巴陵城選址依傍的是條件優越的天然水路而非人工運河，因此其區位選擇在交通地理方面具有高度合理性，結果使其城市腹地延展性在日後得到良好拓展，這和唐宋以後大運河沿線運河城市隨運河漕運興廢而興衰有很大不同，反映了不靠運河的漕運城市與運河城市的不同。唐宋以後在大運河沿線興起的運河城市，如開封、臨清、德州、淮陰等依靠人工運河獲得了發展經濟的良好條件，可是一旦國家漕運政策變化或是運河衰落，這些城市立刻失去了優越條件，城市發展衰落很快。巴陵這類不依靠人工運河的漕運城市，興起的時候固然依靠地理條件和政策傾向，但其交通經濟地位來自天然江河，因此樞紐地位較鞏固，交通條件不會變化，經濟可以持續進步。

第五節　小　結

魏晉南北朝是一個特殊的時代，其特徵是動蕩與戰亂，軍事活動頻繁而激烈。因此，以往研究者往往忽視對這一時期漕運的研究，忽視魏晉南北朝漕運對軍事後勤所發揮的作用。有學者認為既然大一統的局面不存在，漕運必然失去相當的價值。但是，實際上，統一的局面雖然被打破了，可是各個

〔註174〕《隋書》，卷31《地理志下》，中華書局，1973年版，第895頁。
〔註175〕見拙作：《秦漢漕運的軍事功能研究——以秦漢時期的漕倉為中心》，《社會科學》2009年第9期，第144頁。

政權、各個軍事集團在其管控地域內仍然是奉行君主專制和大一統的集權體制模式，激烈的軍事活動仍然需要漕運的手段來支持，也因此刺激漕運的發展。一批新的漕倉城在魏晉南北朝時期湧現出來，分佈在南北方的大地上，其軍事用途比秦漢統一時期更加突出。無論在六朝政權對外的戰爭活動中還是在內部不同政治勢力的地域爭奪中，不斷發展的漕倉城和有計劃的軍事化後勤漕運活動都呈現出活躍的面貌。交織在國家與地域之間的是複雜的政治博弈，時而表現爲激烈的軍事鬥爭。

第三章　隋唐五代的國家軍事權力 與漕運

第一節　隋朝的漕倉與政治經濟格局

（原文發表於《中國社會經濟史研究》，2013 年第 2 期，有相當修訂）

提要：

　　本文通過以隋朝漕倉選址布局爲中心，對隋朝漕運系統建構所反映地理格局與國家政策的關係進行研究，發現隋朝漕運系統建構不僅和經濟地理，也和軍事與政治地理存在密切聯繫。隋朝政府不僅把漕運作爲經濟統治工具，也利用漕運對南北地域進行戰略控制，以運河加強地域間經濟和政治聯繫，借漕倉完成戰略預置。

關鍵詞：漕運系統；漕倉；隋朝；地理格局

一、引　題

　　在中國古代大一統體制下，漕運系統是國家政策實現正常甚至高效運轉運作的有力工具，在地緣控制等多個方面發揮著重要作用。古代中國對漕運

系統的建構與利用主要通過其交通、運輸、儲備三種功能完成的，而漕運活動本身也包括了這三種行為。漕倉，顧名思義是主要依託漕運的方式建立的倉儲，如太倉，轉運倉以及水運條件便利的州郡倉都可納入漕倉的範圍，是漕運系統中重要的組成元素。漕倉早在先秦已經出現。史言武王伐紂，「發巨橋之粟」〔註1〕，這是傳世文獻中關於倉儲的最早記載。到戰國時期借助水運建立倉儲以備軍國之用的行為已經比較普遍。《戰國策》記載魏國在鑿通鴻溝運河後有「粟糧漕庾，不下十萬。」鮑彪注文釋為：「漕，水運。庾，水漕倉。」〔註2〕之後，漢唐漕倉出現了大型化現象，且多有城牆設施衛護。國家對漕倉的經營活動不僅考慮財政需要，也要為滿足軍政體系的需求。漕倉的戰略價值，不僅是由倉儲糧和倉城設施決定的，也和選址布局時的戰略設計有關，而設計的根據主要是交通地理。這些歷史現象都很值得研究。本文分析能從史料中找到的隋朝主要漕倉，判定標準是這些倉儲和漕運關係密切，主要是依靠漕運建立積儲，並且是全國和地方漕運系統的組成部分。對於隋朝漕倉的歷史地位，過去的研究都對其規模予以肯定，但對其地理特性所反映的問題缺乏研究，至今未見從漕倉地理角度進行研究，〔註3〕故以隋漕倉選址布局為中心對隋朝漕運系統建構和國家戰略的關係作一探索，求正於方家。

二、隋朝漕倉的名稱、數量、地址和建立時間

　　隋朝是中國漕運和倉儲發展的最高峰。隋文帝禪代之後不到三年，公元583年隋朝初步組建了隋唐的漕運系統和隋朝主要的四大漕倉，沿黃渭漕運線呈線狀排列，形成以黃河流域為吸引範圍的交運系統：

> 開皇三年，朝廷以京師倉廩尚虛，議為水旱之備，於是詔於蒲、陝、虢、熊、伊、洛、鄭、懷、邵、衛、汴、許、汝等水次十三州，置募運米丁。又於衛州置黎陽倉，洛州置河陽倉，陝州置常平倉，華州置廣通倉，轉相灌注。漕關東及汾、晉之粟，以

〔註1〕《史記》，卷3，《殷本紀》，中華書局，1959年版，第106頁，冊1。

〔註2〕〔西漢〕劉向：《戰國策》，卷22，上海古籍出版社，1985年版，第792頁，冊中。

〔註3〕李治亭《中國漕運史》（臺灣文津出版社，1997年版）隋代部分缺乏對漕倉的論述，潘鏞的《隋唐時期的運河和漕運》（三秦出版社，1987年版）隋代部分，即該書的第二章集中論述隋朝運河而不是漕倉，又如張弓的《唐朝倉廩制度初探》（中華書局，1985年版）未對唐以前轉運倉展開論述，此外至今未見論文對漕倉進行專門系統研究。

給京師。〔註4〕

此事在公元 589 年隋文帝滅陳完成統一之前六年。解決京城糧儲單薄問題是首要目標，重建北魏分裂後破碎的北朝漕運系統，加強統一趨勢。黎陽倉置衛州，依靠河北運河吸收倉糧，以河北地區為吸引範圍。河陽則為軍事要衝，位當出潼關與三門峽後沿黃河第一重鎮。常平倉設陝州，即漢以來之弘農，地勢險要，當三門峽出口處，北齊曾在此設倉儲糧〔註5〕。隋朝廣通渠引渭水，循兩漢渭漕漕渠故道，廣通倉設華陰，類似漢朝華陰京師倉，是漕運過三門峽入關中第一轉運站，常平倉隔峽以水陸運相傳遞。另從史料看河東地區的太原倉也是二等的大倉。統一后倉儲漕糧豐富起來：「開皇十七年，戶口滋盛，中外倉庫，無不盈積。」〔註6〕

隋煬帝對漕運建設投入更大力度，相繼建立幾個大倉，一等的包括洛陽太倉以及興洛倉、回洛倉，二等的包括在通濟渠、黃河、洛水交匯處所置虎牢倉，及含嘉倉，集中在汴水河口和洛水之間，自通濟渠與黃河匯合處板渚至洛陽諸倉排列成線。煬帝為用兵高句麗，又在涿郡設倉和遼東修築了幾個邊倉，為遼東古城倉、懷遠鎮倉、瀘河鎮倉望海頓倉。隋煬帝後期駕幸江都，在丹陽宮還有國家級倉儲接收南方漕糧供應朝廷需要。另有弘農行宮倉，但未知何年代建，可能屬次一級轉運倉。如《通典》稱道隋漕倉盛況：

> 隋氏資儲遍於天下，人俗康阜，……隋氏西京太倉，東京含嘉倉、洛口倉，華州永豐倉，陝州太原倉，儲米粟多者千萬石，少者不減數百萬石。天下義倉又皆充滿。京都及并州庫布帛各數千萬，而錫賚勳庸，並出豐厚，亦魏晉以降之未有。〔註7〕

隋朝設計漕運系統和漕倉布局，是國家戰略行為，不僅考慮了經濟地理和交通地理，也包含了對軍事問題的關注。漕運系統地理結構的不平衡特徵與政治、軍事、經濟諸方面地理格局都有暗合之處。漕倉分佈有幾個特點，一是漕倉集中在北方，二是北方的漕倉集中於洛陽周邊的不平衡現象，三是在東北部地區形成一個支持遼東邊事的漕運分支系統，四是北方漕倉多為大型倉城，依據具體的戰略考量，或駐軍，佔據交通要衝，具有要塞的特徵。

〔註4〕《隋書》，卷24，《食貨志》，中華書局，1973 年版，第 683 頁，冊3。
〔註5〕見拙作《漢唐漕運與軍事》，上海書店出版社，2010 年版，第 382 頁。
〔註6〕《隋書》，卷24，《食貨志》，中華書局，1973 年版，第 672 頁，冊3。
〔註7〕〔唐〕杜佑：《通典》，卷 7，《食貨志七》，《人丁》，中華書局，1984 年版，第 157 頁。

三、隋朝漕倉分佈南北不平衡與南北間區域關係

隋朝的漕倉集中於北方，這和南北方間區域關係的表現，在經濟上，經濟重心已經開始南移，而在政治軍事上卻是北方地域集團佔據統治地位，有意識地控制和弱化南方。

在隋煬帝遊幸的江都有丹陽宮倉集中南方漕糧供應行在，現存文獻僅記載此南方一倉。武德元年，煬帝無心北歸，而丹陽「內奉萬乘，外給三軍，民不堪命」，其運輸腹地應包括長江流域，而南方也有兵亂，結果「江都糧盡」。〔註8〕這種狀況與上述北方存在眾多漕倉形成鮮明對比。經濟地理因素方面，有如經濟重心南移導致北方政治軍事中心與南方經濟重心日益分離對漕運發生影響等問題，對南方漕糧因經濟重心南移主要北運統治中心與邊境等歷史現象，已有相當研究，此處僅就軍事與政治地理格局對漕運系統之影響發表個人淺見。

對於隋唐歷史大勢，陳寅恪先生曾下宏觀高明論斷：

> 隋唐二代長安、洛陽東西兩京俱為政治文化之中心，而長安為西魏、北周以來關中本位之根據地，當國家積極進行西北開拓政策之時，尤能得形勢近便之利，然其地之經濟運輸則遠不及洛陽之優勝，在北周以前軍政範圍限於關隴巴蜀，規模狹小，其經濟尚能自給，自周滅北齊後不久，即營建洛陽為東京，隋唐承之，故長安、洛陽天子往來行幸，誠如李林甫所謂東西兩宮也。〔註9〕

以此，進一步地我認為隋唐軍事政治地理格局中的區域關係，是中央政府所在關隴地區和其他地域之間向心或離心的關係。軍事重心在西北使隋唐長期定都長安，關隴中心格局也對隋唐區域關係發生重大影響。隋朝重建漕運系統，其規劃也反映了區域關係，即統治者利用漕運加強統一，防範原北齊與南陳統治區的離心。按照何德章的研究，隋文帝沒有很好的針對江南地區歷史特點，反從各方面加強控制，削弱地方豪族，「關隴人士還視江南為蠻夷之邦，對其士人加以鄙視」〔註10〕，而煬帝則早與江淮人士發展良好的關係，吸納江淮人士，信重江淮軍人，但是江淮人士與關隴人士之間的矛盾沒有得

〔註 8〕《資治通鑒》，卷 185，中華書局，1956 年版，第 5776 頁，冊 13。

〔註 9〕陳寅恪：《隋唐制度淵源略論稿》，三聯書店，2001 年版，第 161 頁。

〔註10〕何德章：《隋文帝對江南的控制及其失策》，見《魏晉南北朝史叢稿》，商務印書館，2010 年版，第 84 頁。

到解決〔註11〕。我從漕運規劃來看，隋文帝結合對江南的控制做了一些開關運河的工作，隋煬帝時期則並沒有給予江南與北方同等的地位。

雖然史料中缺乏南方有大型漕倉存在的證明，然而運河工程與漕運活動仍然進行，且體現著地域控制的戰略觀念。隋文帝滅陳前，就曾開鑿過邗溝，修正航道。隋煬帝在大業元年鑿通永濟渠，改直邗溝，從洛陽到江淮的漕路便因此恢復暢通。大業六年（610）隋煬帝又繼續向南聯通江南運河，北起今天的鎮江，南達今天的杭州，目的以漕糧幫助供應京師毋庸置疑，東征高麗與漕運的關係，也很確定，但我認為由於經濟重心南移的趨勢仍然在緩慢進行中，產糧重心仍然在北方，把運河遠修到浙江以南對洛陽漕糧供應的實際幫助畢竟有限，成本很大，不宜過高評價。至於利用運河加強地域控制的原因，蔣福亞有很好的研究結論可供借鑒，作為討論的基礎。〔註12〕

三吳地區在六朝是南方的菁華之區。六朝運河主要是集中在建康和三吳之間。故蔣福亞認為「建業所以能成為形勝之地，關鍵由於它能『東集吳會之粟』」〔註13〕。隋煬帝本人是滅陳的統帥，曾目睹次年反隋暴動，平叛的重點是三吳。此外，江南河動工同時隋煬帝廢止了丹陽與三吳之間的原有水道，目的是「就是要切斷這個在將近四百年中南方政治和軍事中心與三吳地區的聯繫，加強對三吳地區的控制」，運河開鑿的軍事與經濟作用並舉。〔註14〕如果僅僅是為了運輸需要，把原水道疏通一下就可，且成本會更低，永濟渠、通濟渠和隋朝邗溝都是在原有的運河基礎下進行疏通開鑿的，而且，加強對南方的控制不僅可以從經濟剝奪和軍事削弱去理解。開鑿江南河，作用肯定是綜合的，利用運河在軍事上加強對江左的控制是毫無疑問的，使北方的府兵在南方變亂時可以順利南下平叛。

過去的研究表明運河對水利和農業生產的促進是明顯的，糧食生產雖然

〔註11〕 何德章：《江淮政治地域與隋煬帝的政治生命》，見《魏晉南北朝史叢稿》，商務印書館，2010年版。

〔註12〕 除了下述引用的蔣福亞的研究，還可以參考鄧文寬的《隋對陳朝舊域的經營——兼論江南河的開鑿》，見唐宋運河考察隊編：《運河訪古》，上海人民出版社，1986年。鄧文寬也認為隋煬帝開鑿江南運河和加強對江南的控制有關。其他關於水利史的研究也有涉及運河與生產的關係的，不再一一列舉。

〔註13〕 蔣福亞：《三吳地區經濟的發展和江南河的開鑿》，見唐宋運河考察隊編：《運河訪古》，上海人民出版社，1986年版，第244頁。

〔註14〕 蔣福亞：《三吳地區經濟的發展和江南河的開鑿》，見唐宋運河考察隊編：《運河訪古》，上海人民出版社，1986年版，第255頁。

增加了，南方卻沒有值得一提的漕倉，這也是防範政策明證。開皇六年隋文帝誅殺梁士彥、劉昉等人的詔書中指出其罪行之一為「捉黎陽之關，塞河陽之路，劫調布以為車甲，慕盜賊而為戰士，就食之人，亦云易集」〔註15〕。對作亂者可以通過奪取倉儲漕糧以為資本這一點，隋朝統治者應該早就有所瞭解。北魏時期曾經在黃淮之間發展了一個由八處邸閣組成的系統，以保障洛陽用糧以及對南朝用兵的需要，「乃於小平、右門、白馬津、漳涯、黑水、濟州、陳郡、大梁凡八所，各立邸閣」。〔註16〕而在隋朝歷史上那些倉儲再也沒有出現過，考慮到隋朝重整運河航路與加強地域控制，有理由懷疑它們被荒棄和改變建築用途，否則難以解釋。

隋朝對南方的控制和削弱是全方位進行的。隋文帝下令夷平建康，而把江北揚州城發展為控馭南方的戰略中心，駐紮重兵，設立揚州大總管一職，是全國四大總管之一，而隋煬帝所修運河也在揚州附近發端。六朝時期都城及其周邊有太倉和多個倉儲，且有高於州郡倉的「大貯備之處」，「其倉，京都有龍首倉，即石頭津倉也，臺城內倉，南塘倉，常平倉，東、西太倉，東宮倉，所貯總不過五十餘萬。在外有豫章倉、釣磯倉、錢塘倉，並是大貯備之處。自餘諸州郡臺傳，亦各有倉。」〔註17〕「大貯備之處」和京都諸倉的糧草貯備總數估計至少在百萬以上，而這些倉儲不僅在隋朝甚至在唐朝歷史記錄上都無影無蹤，相信至少建康的眾多倉儲包括倉城都被和宏偉的都城一起毀掉了。隋文帝還曾下詔禁止民間私有武器，關中和邊地除外，而江南地區更是不許造大船，沒收已有大船，〔註18〕這樣一來，運河乃至南方的航運優勢和軍事優勢將被中央而不會被地方力量掌握。即使到唐代建立江南地區也只有兩個折衝府而已〔註19〕。由此可見。即使隋煬帝想讓南方享受與關隴地區平等的地位，也仍然包含深刻的戒心，或是受到現實形勢的嚴重阻撓。

總之，隋朝漕運活動方向不僅要從南方向北方周邊輸送物資，也包含了削弱與控制北齊南陳故地，加強關隴核心區的用意，通過漕運建設和其他措施多管齊下，使南方地區被從經濟上剝奪了錢糧，而在交通方面被運河線深入到錢塘江流域，在軍事上被解除武裝，其人力與物力還要被調北上參加對

〔註15〕《全隋文》卷1，商務印書館，1999年版，第11頁。
〔註16〕《魏書》，卷110，《食貨志》，中華書局，1984年版，第2858頁，冊8。
〔註17〕《隋書》，卷24，《食貨志》，中華書局，1973年版，第674頁，冊3。
〔註18〕《隋書》，卷2，《高祖紀》，中華書局，1973年版，第43頁，冊1。
〔註19〕王仲犖：《隋唐五代史》，上海人民出版社，2003年版，第51頁，上冊。

高麗的戰爭，南方地理板塊在政治經濟全局中處於附屬地位。

四、北方漕倉分佈格局與關隴核心區地位

隋朝國都偏在西北一隅，政治上實行「關中本位」政策，軍事上實行「重首輕足」戰略，北方的區域關係實際是關隴地區享有核心區的特殊地位，這也反映在北方漕倉分佈的格局中。

隋朝北方漕倉分佈也呈現出不均衡的特點，文帝時漕倉沿黃渭轉運線排列的格局，到煬帝時發生大變，大部分轉運倉集中於洛陽周邊以及洛陽到三門峽的黃河沿線地域，形成中原漕倉密集群，在三門峽以西有永豐倉和長安太倉，在東方則有黎陽倉和涿郡倉分居河北永濟渠首尾，而自涿郡倉向東北則有遼東西邊區的幾處漕倉構成東北邊倉群，但東北邊倉比中原漕倉少，另在河東地區的晉陽有行宮倉。總體看，呈中央密集，東西北三面稀疏散佈的結構，顯然也與當時軍事和政治地理有關，與「關中本位政策」具有一定聯繫，且受交通條件制約。

「關中本位政策」是陳寅恪先生提出的理論問題，認為西魏宇文泰開始實施，北周和隋朝、唐前期繼續施行，這一政策的起源色彩很重，其中也包含了「關隴地域為本位」的意思。隋朝統治集團脫胎於西魏北周，與原北齊南陳上層人士存在矛盾，地域間矛盾需要很長時間化解。因此關隴核心區和其他地區必然長期存在著政治離心力和向心力之間的較量。府兵地理分佈也是反映當時軍事與政治地理格局，可做輔證。建德六年（572）北周滅北齊，增加府兵，加強中央軍，[註20]「府兵在西魏之初，不滿五萬。北周武帝滅北齊時，有兵十七八萬人，其中府兵占半數以上」，[註21]且「移并州軍人四萬戶於關中」。[註22]應是過去北齊禁軍中央軍精銳力量，移入關中也還是為了「重首輕足」，這時府兵數不會超過二十萬。[註23]相州總管尉遲迥按周武帝的安排治理北齊故地。大象二年（580），尉遲迥與北周山東諸州地方長官聯合武裝反抗楊堅。楊堅鎮壓了反抗，並於次年稱帝，兵變提醒他鞏固統一成果，鄴城也因此夷為平地。隋文帝伐南陳，出兵五十一萬八千，說明隋朝

〔註20〕谷霽光：《府兵制度考釋》，上海人民出版社，1962年版，第72頁。

〔註21〕王仲犖：《隋唐五代史》，上海人民出版社，2003年版，第21頁，上冊。

〔註22〕〔唐〕令狐德棻等：《周書》，《武帝紀》，卷6，中華書局，1971年版，第105頁，冊1。

〔註23〕王仲犖：《隋唐五代史》，上海人民出版社，2003年版，第22頁，上冊。

軍府在華北數量的擴展。公元 590 年，陳朝舊境變亂，次年隋下詔把除原北齊六坊兵之外新置軍府廢除裁撤，「罷山東、河南及北方緣邊之地新置軍府」。〔註 24〕岑仲勉認為此措施原因有三，一是開皇七年突厥可汗稱臣，二是隋文帝要增加賦稅開支，三是遠處府兵入京宿衛不便。〔註 25〕谷霽光則認為這是「重首輕足」的措施。〔註 26〕此處，我認為多種原因或兼而有之，而谷霽光所論「重首輕足」為主要原因，且為軍事與政治地理格局變化方面之主要後果。隋文帝下詔禁止民間私有武器，關中和邊地除外，〔註 27〕意在弱化統治中心關隴地區以外的地區，鞏固西北軍事重心的特殊地位。

　　文帝時期府兵集中在關隴，漕運也以轉運關中為建構模式。583 年隋朝沿黃河建立了四大漕倉，於開皇四年（584）開鑿廣通渠，在開皇九年之前在齊周故土上發展漕運和倉儲，加強了對山東的控制，為滅陳打下基礎。可是，鑿砥柱漕運工程並沒有使三門峽阻礙漕運的狀況有何實質改變，公元 594 年關中鬧饑荒，文帝率軍民赴洛陽就食。鑿砥柱工程持續到煬帝大業七年（611年），工程失敗，可隋文帝終生不肯把都城東遷，不肯迴避漕運的困難，這也是因為北周北齊敵對造成的地域對立關係並未消失，此外還要開拓西北，反擊突厥，也就說由於關中本位政策和西北軍事重心使隋文帝發展了由山東向關中轉運的漕運活動和漕運系統。故王仲犖認為「立足在這均田、府兵基礎上的隋和唐前期的關隴貴族地主統治集團，也必然把大本營安置在關中，無論隋王朝或以後繼隋而起的唐王朝，都不可能放棄它們的根據地而遷都。」〔註 28〕隋朝刻意保持關隴在府兵上的優勢，滅陳戰役一結束就急著廢止關隴以外的軍府。〔註 29〕既然軍事政治重心在西北，自然要向關隴漕運，兵集中於關中，糧也集中到關中和黃河流域中游沿線的大倉才有效，而且山東和南方地區的反抗力量就會大打折扣，這也是隋文帝的如意算盤。

　　隋煬帝試圖打破關中本位，包括將都城東遷也可視為一種表現，使漕運系統的結構有所擴大和改變，但其政策有內在矛盾。煬帝都洛，不僅可以降

〔註 24〕《隋書》，卷 2，《高祖紀》，中華書局，1973 年版，第 35 頁，第 1 冊。
〔註 25〕岑仲勉：《府兵制度研究》，上海人民出版社，1957 年版，第 40 頁。
〔註 26〕谷霽光：《西魏北周和隋唐間的府兵》，《中國社會經濟史集刊》，第五卷一期，第 113～114 頁。
〔註 27〕《隋書》，卷 2，《高祖紀》，中華書局，1973 年版，第 43 頁，冊 1。
〔註 28〕王仲犖：《隋唐五代史》，上海人民出版社，2003 年版，第 52 頁，上冊。
〔註 29〕王仲犖：《隋唐五代史》，上海人民出版社，2003 年版，第 51 頁，上冊。

低漕運成本，還可以加強中央和山東地區的聯繫，與西北突厥威脅減輕存在關係，但絕不能視爲對關中本位政策的完全放棄。洛陽距離關中很近，在秦漢大一統力量較強而關中又能保持一定經濟水平的時候，洛陽地區是關隴地區的軍事依附，甚至是軍事屏障。營建東都的同時，隋煬帝「發丁男數十萬掘塹，自龍門東接長平、汲郡，抵臨清關，度河，至濬儀、襄城，達於上洛，以置關防」〔註30〕。這一措施可謂空前絕後，其目的明顯仍是著眼防範山東地區，這說明隋煬帝還是從關隴中心的視角來看全國，把關中作爲洛陽的背後依靠，塹內洛陽周邊只是關隴地區向東的延伸。大業元年（605）隋煬帝開掘通濟渠，繼續開通連接南北的運河，以洛陽周邊大倉儲存全國的菁華，可謂「煞費苦心」。

隋煬帝興建東都洛陽，糧食消耗上昇，除太倉又建了幾個大漕倉，「新置興洛及回洛倉」，〔註31〕另外在通濟渠、黃河、洛水交匯處置虎牢倉〔註32〕，在洛陽城還修築了含嘉倉、子羅倉，〔註33〕集中在汴水河口和洛水之間。自通濟渠與黃河匯合處至洛陽諸倉排列成線。虎牢倉的位置近似於過去的敖倉，在黃河與通濟渠匯合處，沿黃河向關中方向西爲河陽倉，沿洛水向洛陽方向西溯爲興洛倉，興洛倉西沿流爲回洛倉，回洛倉西爲洛陽城，含嘉倉爲洛陽城附屬倉城，洛陽城中自有太倉，含嘉倉只供轉運，本身儲備功能有限。這是一個非常密集的線狀排列。興洛倉倉城周圍二十餘里，有三千個大窖，每窖儲穀八千石，回洛倉倉城周圍超過十里，有三百個大窖，兩倉城共儲穀二千六百萬石。看過地圖上的諸倉分佈，〔註34〕就會明白單純從轉運的角度沒有必要在一段由黃河洛口經洛水通往洛陽的短途漕運線上設立這麼多漕倉，且倉儲量遠超文帝時期的總和，這樣的用意絕非僅僅是爲了轉運洛陽和關中，而是盡可能的把糧食集中，在洛陽都畿周邊建立戰略儲備。這與入關中漕路經三門峽再轉黃入渭不同，轉運路線上沒有高難度節點。建立這麼大的儲備的用意絕非僅僅是救災或是供應首都。可是，「隋代荒年甚多，儘管官

〔註30〕　《隋書》，卷3，《煬帝紀》，中華書局，1973年版，第60頁，冊1。
〔註31〕　《隋書》，卷24，《食貨志》，中華書局，1973年版，第672頁，冊3。
〔註32〕　當然，通濟渠與洛水與黃河分別交匯，虎牢倉在汜水，當黃河入洛水處，但兩運口相距不是太遠。
〔註33〕　《洛陽隋唐東都皇城內的倉窖遺址》，《考古》，1981年版4期。
〔註34〕　可以參見范文瀾：《中國通史》，《隋運河圖》，人民出版社，1986年版，第27頁，第3冊。另可參照張弓：《唐朝倉廩制度初探》，《唐朝轉運倉（場）和唐前期常平倉（部分）示意圖》，中華書局，1985年版，第29頁。

倉裏的糧積如山，但隋政府往往不肯發粒粟救濟，這種情形，尤以煬帝爲甚」。〔註35〕這只能說隋煬帝的用意在於把漕糧用於他的遊玩享受的花費，用於他建設都城的花費，用於他經略四方「外國」的戰略，用於防範地方和民眾的反抗。前兩者的花費比起後兩者是小巫見大巫。洛陽周邊中原地區與關中相比與山東和南方的交通更加便利，無論根據何種需要把漕糧運進運出都相對便捷。

倉城的特性加強了自身與洛陽周邊的戰略潛力。如洛口倉倉城，不但規模驚人，並被軍隊保護起來：「周回二十餘里，穿三千窖，窖容八千石以還，置監官並鎮兵千人。十二月，置回洛倉於洛陽北七里，倉城周回十里，穿三百窖。」〔註36〕洛口倉位於黃河和洛水交匯處，東南漕米大都儲藏於此，向西可以運往關中和洛陽，有需要也可以向東北運到河北地區。滎陽是戰略要地，也是自秦漢以來漕運要地，向東是平原，向西是虎牢關，依託豫西山區。早在戰國，秦人即在洛陽周邊以滎陽爲中心，依託黃河、洛水、鴻溝交匯處的敖倉建立三川郡，成爲向東方擴張的基地，西漢也同樣高度重視洛陽周邊。〔註37〕隋朝地理格局有所回歸，山東糧食經由此運往洛陽和關中。隋大業元年就在營建東都的同時建造了含嘉城，此城在洛陽東城北門含嘉門北。可能是將回洛倉的糧食運進洛陽城，先儲存在這裡。〔註38〕回洛倉和興洛倉逼近東都，戰略威懾性強，且洛陽城本身缺乏大型倉儲。因此，一旦有人奪取了洛口倉、回洛倉，洛陽就會陷於飢餓，易於攻取，反之洛口倉和回洛倉是洛陽周邊不可分割的戰略附屬。

五、遼東漕倉群與東北邊疆形勢

隋煬帝在東北力行開拓政策，多次東征高句麗，在黃河以北到遼河流域沿著永濟渠和渤海內運輸線，建立了幾個重要的邊倉，形成支持邊事的強大漕運系統。這些倉儲包括涿郡倉、望海頓倉、遼東倉、瀘河鎮倉、懷遠鎮倉，黎陽倉也負擔了類似功能，形成了僅次於中原洛陽地區的漕倉集中數量。這個系統當時主要爲隋朝最大軍事行動服務，而又可負擔鞏固邊疆和輔助河北

〔註35〕 梁方仲：《論隋代經濟高漲的原因》，見《梁方仲經濟史論文集補編》，中州古籍出版社，1984年版，第7頁。

〔註36〕 《資治通鑒》，卷180，中華書局，1956年版，第5626頁，冊12。

〔註37〕 見拙作：《漢唐漕運與軍事》，上海書店出版社，2010年版，第268～273頁。

〔註38〕 鄒逸麟：《椿廬史地論稿》，天津古籍出版社，2005年版，第115頁。

統治的功能。這是一個純粹的轉運系統，缺乏中心城市，因爲魏晉以來河北中心都市古都鄴城被隋文帝夷平了。

隋文帝修築黎陽倉，利用運河把漕糧運出河北，腹地以河北爲主。隋煬帝整頓運河，黎陽倉當黃河轉入河北永濟渠的運口，功能多樣化，特別是高句麗之戰發動後，包括來自南方和中原的漕糧都要儲備於此，然後北運，吸引範圍之大不亞於洛陽太倉，而在永濟渠盡頭附近還有涿郡倉。大業八年（612），隋煬帝進攻高句麗。〔註39〕「發江、淮以南民夫及船運黎陽及洛口諸倉米至涿郡，舳艫相次千餘里，載兵甲及攻取之具」。〔註40〕次年「詔徵天下兵集涿郡」。〔註41〕

從涿郡向遼東前線運輸有兩種方式，一是陸運進入遼東，二是海運穿越渤海，從遼河口上岸。三國司馬懿平定遼東，自遼口把船調進遼河，〔註42〕且從山東半島古大人城起運。隋煬帝兩路出兵，海上自然兵糧同船，而陸軍運糧沒有借助海運的記載，自涿郡以北應該是依靠陸運。在遼河沿岸隋朝一共有三個漕倉，遼東古城、懷遠鎮、瀘河鎮。

遼東古城倉大量儲備從涿郡轉運過來的漕糧，隋煬帝二次出征，詔徵天下兵集涿郡，修遼東古城積糧。〔註43〕遼東古城是指魏晉南北朝時期的遼東城，依大梁水，大梁水入遼河，遼河入海。懷遠鎮在燕郡境內遼河畔，與高麗隔河相望，瀘河鎮在燕郡以東。隋煬帝第一次東征後未及退兵即開始積聚下次作戰的漕糧：「是敕運黎陽、洛陽、太原等倉穀向望海頓，使民部尙書樊子蓋留守涿郡。」〔註44〕望海頓是一個大型沿海邊倉，但我沒有找到關於此倉儲糧向遼東海運的史料，或許也是轉入陸運前往遼東。涿郡倉和遼東諸倉都糧積如山：「器械資儲，皆積於涿郡；涿郡人物殷阜，屯兵數萬。」〔註45〕

涿郡倉與黎陽倉分據永濟渠南北，而永濟渠貫穿河北地區，黎陽具有河北地區南大門的獨特位置。隋末起兵的羅藝本是留守將領，煽惑士卒起事：「城中倉庫山積，制在留守之官，而無心濟貧，此豈存恤之意也！」發庫物以賜

〔註39〕《資治通鑒》，卷181，中華書局，1956年版，第5660頁，冊12。
〔註40〕《資治通鑒》，卷181，中華書局，1956年版，第5654頁，冊12。
〔註41〕《資治通鑒》，卷182，中華書局，1956年版，第5668頁，冊12。
〔註42〕《三國志》卷8《公孫淵傳》，中華書局。1959年版，第254頁，冊1。
〔註43〕《三國史記》，卷20，《高句麗本紀八》，《嬰陽王》，轉引自《東北古史資料從編》，遼瀋書社，1989年版，第455頁，冊2。
〔註44〕《資治通鑒》，卷181，中華書局，1956年版，第5666頁，冊12。
〔註45〕《資治通鑒》，卷183，中華書局，1956年版，第5716頁，冊12。

戰士，開倉以賑窮乏。〔註46〕遼東與河北永濟渠流域諸倉構成的轉運系統具有在隋朝東北地區集中錢糧，為邊事服務的功能。隋末竇建德起兵河北，永濟渠北端有打唐朝旗號的羅藝，南端是佔據黎陽倉稱臣於唐朝的李世勣。竇建德長期與羅藝作戰，阻止羅藝接近永濟渠沿線。武德二年，竇建德強攻黎陽，〔註47〕克之，河北滑州等地望風而降。〔註48〕竇建德見河北形勢大定，便安心稱帝。李唐對黎陽倉也很重視。李密降唐後，徐世勣據黎陽倉降唐。唐朝將其作為收取東方，特別是隔離洛陽王世充和河北竇建德兩集團的據點：「（夏侯）端固請往招諭之，乃加大將軍，持節為河南道招慰使。至黎陽，李勣發兵送之，自澶水濟河，傳檄郡縣，東至於海，南至於淮，二十餘州，並遣使送款」。〔註49〕劉黑闥起兵河北，李世民往鎮壓，也是以黎陽為基地：「上復遣之詣黎陽，會大軍趨濟陰。」〔註50〕

六、大型漕倉城的軍事地理價值

隋朝漕倉在全局中的位置選擇經過精心設計的，不僅考慮其在全國轉運系統中的作用，且在地域板塊內也要佔據衝要，發揮戰略預置的作用。因此隋朝也期望通過大量儲糧和建築大型倉城把漕倉作為實施地域控制的有效手段，且在隋末戰亂中這樣的漕倉也就成為群雄爭奪的目標和取勝的資本，兩者可互為輔證。除了上文已經討論過的，還有較典型的例證，如永豐倉、太原倉等。

首先觀察廣通倉，又稱永豐倉，實為長安太倉之外關中第一大漕倉，廣通渠流域轉運倉之最重。永豐倉在潼關以西，受潼關保護，很像西漢京師倉。京師倉依傍渭漕，在函谷關以西，受函谷關保護，兩倉都在渭水運河和黃河的交匯處，京師倉在華陰，永豐倉在華州，兩者都具備駐紮大軍的條件。永豐倉向東經砥柱以西的陝縣弘農宮倉、太原倉和砥柱以東之河陽倉，漕物會自諸倉沿黃河轉運而來。永豐倉的交通地理和軍事地理條件無疑都是優越的，而其大量儲糧也使之在關中經濟地理中具有獨特的位置。

隋文帝時都城在長安，永豐倉首先是為轉運關中京城服務，其航運腹地

〔註46〕《舊唐書》，卷56，《羅藝列傳》，中華書局，1975年版，第2278頁，冊7。
〔註47〕《資治通鑑》，卷187，中華書局，1956年版，第5860頁，冊13。
〔註48〕《資治通鑑》，卷187，中華書局，1956年版，第5868頁，冊13。
〔註49〕《舊唐書》，卷187上，《忠義列傳上》，《夏侯端列傳》，中華書局，1975年版，第4864頁，冊15。
〔註50〕《資治通鑑》，卷190，中華書局，1956年版，第5950頁，冊13。

包括全國。隋煬帝營建東都洛陽，巡行江都，永豐倉功能必有所變化，改以轉運西北地區服務。無論關中本位政策在煬帝時變動到何種程度，關中仍然是一個戰略攸關的地區，這是由經濟水平、山河形勝、府兵密度和特殊政治地位決定的。儘管煬帝東遷，關中府兵仍然在數量上凌駕其他地區之上，煬帝也派皇子留守。永豐倉與潼關僅相距四里。〔註51〕在關中，同時存在三個戰略要害，政治中心在長安，軍事屏障是潼關和黃河，經濟要害卻是永豐倉。要奪取關中，長安是必須奪取的政治都會，而潼關則是軍事門戶，佔有永豐倉則可以有維持軍事力量和招攬人心的經濟資源，三者必須都得到有效地控制。因此隋末群雄有志取關中以定天下者無不看重永豐倉。先後有楊玄感、李密、李淵、劉武周把永豐倉作爲戰略目標。如李子雄建議楊玄感：「不如直入關中，開永豐倉以賑貧乏，三輔可指麾而定。據有府庫，東面而爭天下，此亦霸王之業。」〔註52〕

李淵晉陽起兵，自河東渡黃河入關中，避開潼關堅守的阻撓，比李密等人自河南入關中必須打破潼關要便利一些，因此奪取永豐倉對李淵集團更關鍵。李淵認爲「據蒲津而屯永豐，阻崤函而臨伊、洛，吾大事濟矣。」〔註53〕史書記載李世民與多人先後獻策取永豐倉，將其作爲佔據關中不可或缺的重要步驟。「太宗請進師入關，取永豐倉以賑窮乏，收群盜以圖京師」。〔註54〕任瑰、薛大鼎也皆曾獻此計，且可能在李世民之前。總之，永豐倉受到李淵集團的廣泛關注。大業十三年（617）李淵大軍入關後，「遣隴西公建成、司馬劉文靜屯兵永豐倉，兼守潼關，以備他盜。」〔註55〕李淵派長子李建成守禦永豐倉與潼關，也可反映對此倉的重視。「自臨晉濟渭，至永豐倉勞軍，開倉賑饑民。……世民所至，吏民及群盜歸之如流。」〔註56〕李淵得倉糧供應軍食，且有賑濟饑民的義舉，難民必廣爲散佈，唐軍的政治形象有了保證。代北劉武周企圖乘李淵用兵各地之際，南下自河東入襲關中，也是計劃勾結山賊襲奪永豐倉。〔註57〕

〔註51〕　《元和郡縣圖志》，卷2，中華書局，1983年版，第35頁，冊上。
〔註52〕　《資治通鑒》，卷186，中華書局，1956年版，第5820頁，冊12。
〔註53〕　《舊唐書》，卷53，《李密列傳》，中華書局，1975年版，2220頁，冊7。
〔註54〕　《舊唐書》，卷2，《太宗本紀》，中華書局，1975年版，第23頁，冊1。
〔註55〕　《舊唐書》，卷1，《高祖本紀》，中華書局，1975年版，第4頁，冊1。
〔註56〕　《資治通鑒》，卷184，中華書局，1956年版，第5758頁，冊12。
〔註57〕　《舊唐書》，卷183，《獨孤懷恩列傳》，第4723頁，冊14，中華書局，1975年版。

其次可以觀察太原倉，史言隋煬帝為攻打高句麗而積聚漕糧：「敕運黎陽、洛陽、太原等倉穀向望海頓」。〔註 58〕所指「太原」位置難以考證，因隋朝的太原倉有二，一為河東太原倉城，二為隋朝弘農郡陝州陝縣太原倉。〔註 59〕後者「隋開皇二年置，以其北臨焦水，西俯大河，地勢高平，故謂之太原」，〔註 60〕在全國轉運系統中的位置更關鍵一些，是黃河沿線東西向漕運特別是入關中的必經。前者則是相對封閉的河東地區的中心倉儲，以河東地區為吸引範圍，特作一分析。

經歷了三百多年漫長分裂，為了鞏固一統，文帝用極端方式把鄴和建康兩座古都夷為平地，而洛陽太原卻僥倖得以保存。太原位於河東腹地，以晉陽為中心向周邊輻射的交通網覆蓋了河東地區，但其對外交通有不利的一面。河東東有太行山，西、南有黃河，黃河壺口瀑布南北不能通航，自成相對封閉的地區。河東對外最便利之交通為汾河與黃河水運。汾河今天已沒有航運價值，而當時卻是重要的水路交通線。沿汾河入黃河再轉入渭河，入關中，是聯結河東與關中的水路幹線。漢宣帝五鳳年間，耿壽昌上奏「宜糴三輔、弘農、河東、太原郡穀，足供京師，可以省關東漕卒過半」〔註 61〕。兩漢時太原盆地農業經濟一直呈向上發展勢頭，東魏北齊甚至把太原作為兩都之一。隋初大興屯田，「漕關東及汾、晉之粟，以給京師」。開皇四年開晉水南脈〔註 62〕，「溉晉祠東西之田畝」，「周迴四十一里」。開皇十年（590）隋朝汾河東岸新置太原縣。十六年（596），新築倉城，「高四丈，周回八里」，即為太原倉。〔註 63〕《隋書食貨志》中隋文帝頒發開鑿廣通渠的詔書，講通往長安的漕運，「控引汾、晉，舟車來去」，說明河東地區的漕糧自開皇四年就已經向外部運輸，目的地首為關中。大業三年（607）煬帝建晉陽宮，把太原地位又有所提升。史言隋末李淵河東起兵後「開倉庫以賑窮乏，遠近響應，」〔註 64〕李淵父子利用太原倉倉

〔註 58〕《資治通鑒》，卷 181，中華書局，1956 年版，第 5666 頁，冊 12。

〔註 59〕利用兩者運糧遼東都有可能，咋看地圖，可能陝州太原倉與漕運主幹線關係更緊密，但是連儲備在京城洛陽的糧食都要以回流方式運往邊疆，可見用糧的程度，則從河東太原運出糧食也並不奇怪，唐朝時期太原一度是北方邊疆的運糧中心，轉運漕糧支持西北邊軍。

〔註 60〕《元和郡縣圖志》，卷 6，中華書局，1983 年版，第 157 頁，冊上。

〔註 61〕《漢書》，卷 24 上，《食貨志上》，中華書局，1962 年版，第 1141 頁，冊 4。

〔註 62〕《元和郡縣圖志》，卷 13，中華書局，1983 年版，第 364 頁，冊上。

〔註 63〕《元和郡縣圖志》，卷 13，中華書局，1983 年版，第 365 頁，冊上。

〔註 64〕《舊唐書》，卷 1，《高祖本紀》，中華書局，1975 年版，第 3 頁，冊 1。

糧做起事的資本，倉糧應爲數不少。太原倉顯然是以河東爲腹地的轉運中心，其功能包括集中儲備特定區域錢糧，並資外運。

第三，黎陽倉與涿郡倉分別位於永濟渠南北，分占河北地區之首尾，也是軍事地理布局中的關鍵。

黎陽倉最初是隋文帝轉運山東糧食入關中，也有輔助經略河北的作用。隋煬帝東征高麗，開闢永濟渠，河北漕糧不再轉運京師，且江淮漕糧大量運進黎陽，再向遼東轉運。黎陽倉的選址、建築、布局都有軍事預設的色彩。黎陽在魏晉南北朝已經是黃河南北間交通要衝，成爲河北地區之南大門。北周忠臣尉遲迥在楊堅稱帝後於鄴叛亂失敗，隋文帝爲加強統一平毀古都鄴城，河北地區離心力大大下降。此倉位於衛州黎陽縣西南黎陽山（大伾山），並不附屬於黎陽城，西靠永濟渠，東臨黃河，水運便利，有高大的倉城，易守難攻，扼永濟渠入河口要地。王仲犖認爲「瓦崗軍力量之所以能夠這樣強大，是和奪得洛口、回洛、黎陽等糧倉有關係的」。〔註65〕隋末義軍首領李密軍事上主要的依託即爲洛口倉、黎陽倉。宇文化及因爲無根據地，糧食沒有保證，故此渴望奪取大倉就食。李密派徐世勣退守倉城而不是縣城，這也說明群雄對黎陽的爭奪看重的是黎陽倉和交通要衝，並非是黎陽城本身。

七、結　論

從隋朝漕倉的地理特徵看，與根據區域關係制定的國家戰略設計存在密切關係，也反映經濟地理和軍事政治地理格局的變化。漕倉分佈呈南北不平衡現象，集中於北方中原洛陽周邊。不同漕倉根據功能差異具有各自的吸引範圍。從漕運系統內物流運作看，需要轉運都畿就沿運河不斷運出山東、江南、河東運進關中和洛陽，需要出兵遼東就反向運出往河北遼東，各倉儲糧巨量，建大型倉城保護，可見調撥功能之靈活強大。可做如下總結：

第一，隋朝的漕運系統經過了國家有目的的系統規劃，是推行國家戰略，進行地域控制和資源調運的有力工具，這也是秦漢以來國家治策的繼續發展。地理是制定戰略的重要依據。

漕運系統的建構受自然地理和人文地理兩方面客觀因素制約，主觀設計上要重點依據地理因素，但也有一定反作用。自然地理限制著人們對交運路線的設計，也很難在短期內由落後的技術條件克服，但人文地理狀況變化相

〔註65〕王仲犖：《隋唐五代史》，上海人民出版社，1990年版，第93頁，上冊。

對較快，具有一定的可塑性。從地理學角度說，運河屬於交通系統景觀，改變自然景觀原有結構和其中的能量物質分配，使交通地理和軍事地理條件發生變化。漕倉佔據要衝，充當要塞，變化了原有地理面貌，因此，漕運系統和大型漕倉的出現本身就是對地理格局的嵌入和重塑，反映統治者掌控局勢的戰略意圖。

第二，隋朝漕運系統的建構自文帝時期到煬帝時期有一定變化，是隋煬帝實行拓展「關中本位」和對外開拓的後果。

經過魏晉南北朝三百多年的動盪分裂，各政權原統治集團的地緣影響不是那麼快消失，地域格局的歷史痕迹在長時期內持續保留，這是隋朝鞏固一統，實行漕運規劃的時空依據。如六朝漕運系統建設體現爲與在地域集團與國家集權之間的政治博弈發生關係，〔註66〕而隋代則主要體現爲配合鞏固核心區、加強新附地域的控制和對外開拓。隋朝歷史較短，文帝時期相對節儉，對外軍事活動規模相對有限，固守關中本位，漕運需求和壓力還不是太大，到了煬帝時期國力上昇，經濟發展，煬帝窮兵黷武，力行拓展，對財富的集中和調配、利用都有新的需求，漕運系統的建設因之被大大深化。

第二節　唐末五代戰術與漕運

（原文摘自本人碩士論文《五代十國時期的漕運與軍事》第二章，2002 年上海師範大學碩士畢業論文，有所修訂）

隋唐王朝一直利用漕運系統獲取江南資財，維護統一。即使在唐朝末年鎮壓黃巢起義的時候朝廷仍可得到一些來自南方漕運的支持。唐朝中後期，作亂的藩鎮與朝廷圍繞運河進行過有意識的爭奪，但基本圍繞運河帶沿岸城、地的得失展開。到了唐末五代，藩鎮軍閥多割據地方一隅，溝通全國的漕運系統既是維護統一的產物就對他們失去了價值，相反還要阻塞對方的糧運補給線，損傷對方的戰爭經濟基礎，甚至對運河漕路進行大規模的破壞，來爲割據戰爭服務。這主要表現爲兩個方面，一是不同的軍事集團以破壞河道作爲取得戰役勝利的手段，二是夾河爲梁的戰術被充分重視。

〔註66〕見拙作《六朝的漕運、地域格局與國家權力》，《史林》，2010 年版，第 3 期。

一、唐末五代的決河戰術與漕運

　　讓我們先來考察五代時期各主要軍閥集團對運河與黃河的破壞，這種破壞自唐代最後的十幾年裏就開始了。

　　汴河曾經是中央政權的生命線，也是大運河中段的骨幹，連接著南北方河道，溝通黃河與淮河流域，由於朱溫、楊行密等集團發動的戰爭而遭受巨大破壞。大順二年（891），「八月己丑，帝（朱溫）遣丁會急攻宿州，刺史張筠堅守其壁，會乃率眾於州東築堰，壅汴水以浸其城。」〔註67〕宿州的埇橋是唐以來漕運的要地，唐代的李泌早就說過：「江淮漕運自淮入汴以甬（埇）橋為咽喉」〔註68〕。這樣的戰略要地自然勢在必奪，朱溫集團因此而破壞汴河，其惡劣結果首先是漕運渠道損傷，此外還造成大規模水災，再加上長期以來的兵禍，汴河下游附近地區可謂天災人禍並行於道：「自光啓至大順，六七年間，汴軍四集，徐、泗三郡，民無耕稼，頻歲水災，人喪十六七。」〔註69〕

　　另一次更大破壞是在乾寧四年（897），淮南藩鎮楊行密壅淮河以大水灌朱溫部，造成泛濫區。當時朱溫部將龐師古率兵進攻淮南，紮營於清口污下之地。楊行密部將朱瑾在上流，「欲灌之。或以告師古，師古以為惑眾，斬之。十一月，癸酉，（朱）瑾與淮南將侯瓚將五千騎潛渡淮，用汴人旗幟，自北來趣其中軍，張訓逾柵而入。士卒蒼黃拒戰，淮水大至，汴軍駭亂。行密引大軍濟淮，與瑾等夾攻之，汴軍大敗。斬師古及將士首萬餘級，餘眾皆潰。……行密由是遂保據江、淮之間，全忠不能與之爭。」〔註70〕此一戰的意義在於奠定楊吳立國基礎。經過兩次決河，江淮漕路與汴河漕路的連接不再通暢，淮南地區可借淮河與河南地區對峙。汴河交通起碼癱瘓了近三分之一，而「汴水自唐末潰決，自埇橋東南悉為污澤」，與淮河共同形成泛濫區，成為淮南政權的自然屏障。

　　汴河漕路衰敗直到後周才有所解決，此前難以被南北雙方作為統一戰爭的交通手段。天復二年（902）楊行密與朱溫交戰，欲以巨艦運糧，「都知兵馬使徐溫曰：『運路久不行，葭葦堙塞，請用小艇，庶幾易通。』軍至宿州，會久雨，重載不能進，士有饑色，而小艇先至，行密由是奇溫，始與議軍事。行密攻宿州，久不克，竟以糧運不繼引還。」〔註71〕楊行密決河對汴河的破

〔註67〕　《舊五代史》，卷1，《梁太祖本紀一》，大順元年條。
〔註68〕　《困學紀聞》，卷16，《歷代漕運考》。
〔註69〕　《舊五代史》，卷13，《時溥列傳》。
〔註70〕　《資治通鑒》，卷261，乾寧四年條。
〔註71〕　《資治通鑒》，卷263，天復二年條。

壞使之大段廢弛，減低了其使用功效，竟只容小艇通行。雖然軍需品水運運輸效率仍比陸路運輸要高，但是漕路不暢和「糧運不繼」的狀況也對南北統一進程產生了阻撓，朱溫與楊行密沿淮為界，南北各自立國成為必然。

朱溫集團和後梁統治集團把破壞河流的戰術也應用於黃河。黃河不同於運河，可利用作運路的河段有限，但隋唐運河仍用三門峽附近的水路聯結汴河與渭漕，永濟渠入河口以東的黃河下游也有一定的漕運功能。依附朱溫的河北藩鎮魏博鎮位於河朔戰略要衝，又是永濟渠入黃的南端，是河北漕運與黃河漕運之要衝，為後梁借漕運供軍的行動提供了很大幫助。節度使羅「紹威嘗以臨淄、海岱罷兵歲久，儲庾山積，惟京師軍民多而食益寡，願於太行伐木，下安陽、淇門，斫船三百艘，置水運自大河入洛口，歲漕百萬石，以給宿衛，太祖深然之」〔註72〕。於是今天的山東與河南、河北所積聚的大批錢糧可借黃河漕運支持朱溫的兼併戰爭，供應軍糧。可是目光短淺的朱溫集團為了在和其他割據勢力的鬥爭中迅速取勝的眼前利益，採取惡劣手段來破壞黃河，借河水來淹沒、阻礙敵人。

乾寧三年（896）朱溫攻打滑州（今河南滑臺），「四月辛酉，河東泛漲，將壞滑城。帝朱溫令決堤岸以分其勢為二河，夾滑城而東，為害滋甚。」〔註73〕《新唐書》講決河後「散漫千餘里」。〔註74〕黃河所可利用河段有限，朱溫集團所破壞的後果不僅是對當時和後世造成巨大災害，還對漕運線路造成損傷。〔註75〕後梁貞明四年（918）二月，梁將謝彥章攻楊劉，築壘自固，決河水彌漫數里。〔註76〕又如，後唐同光三年（925年）青州地方官修繕酸棗堯堤，就是因為當初梁唐交戰於河北時，「唐已下鄆州，（梁將段）凝乃自酸棗決河東注鄆，以隔絕唐軍，號「護駕水」。〔註77〕這次決河規模很大，發生於後唐同光元年（923）八月，梁主命於滑州決河，東注曹、濮、鄆以限唐兵。〔註78〕史言「（梁末帝）偽廷決此堤，引河水東注，至於鄆濮，

〔註72〕《舊五代史》，卷14，《羅紹威列傳》，臨淄、海岱指今天的山東、淮北一帶。另《新五代史》卷39，《羅紹威列傳》，又云「紹威自以魏久不用兵，願伐木安陽淇門為船，自河入洛，歲漕穀百萬石，以供京師」。

〔註73〕《舊五代史》，卷1，《梁太祖列傳一》乾寧三年條。

〔註74〕《新唐書》，卷36，《五行志三》，水不潤下乾寧三年條。

〔註75〕滑州在黃河南岸，北岸的衛州是永濟渠入黃地。

〔註76〕《資治通鑒》，卷270，貞明四年條。

〔註77〕《新五代史》，卷45，《段凝列傳》。

〔註78〕《資治通鑒》，卷272，同光元年條。

以限我（唐）軍。自是民罹水患」。〔註79〕酸棗以東與以西很難可以利用黃河通航，上文所述臨淄、海岱的錢糧也很難順暢地運到汴洛。直到後唐明宗朝天成四年（929），滑州一帶的河患問題才有所緩解。〔註80〕可從整個五代時期來看，黃河不斷改道、生災，黃、永漕路很不安全，其中人為軍事因素很大。這都是後梁統治集團採取的惡劣戰術，加劇了黃河下游的不穩定，給敵人造成困難的同時也使黃河下游的運輸受到消極影響。

可以講破壞漕運、河道曾經成為割據政權間進行鬥爭的的一種軍事戰術，這顯然是短視的行為，其惡果在後來也危及了割據勢力自身。因為河南地區的漕運以汴河為主，如上所述其相當部分的運行狀況已是一塌糊塗。到了梁晉爭奪戰的後期，特別是漕運條件相對良好的河北地區落入晉一方之手後，後梁失去河北漕糧，而黃河漕路因此陷於後唐威脅下，於是雙方沿河而戰，爭奪浮橋，而河南道諸河如汴河、蔡河日益衰敗，後梁的軍事供應越發捉襟見肘，卻要繼續破壞黃河下游河道。乾化三年（915）正月梁末帝賜劉鄩詔，說及「倉儲已竭，飛挽不充，與役之人，每遭擒擄」，〔註81〕筆者戲言一句，這也算是是朱溫集團破壞漕運所得報應。

決河使隋唐以來的漕運系統殘破，也就對五代分裂局面的形成也有一定的助力，因為大運河本是溝通全國各個不同基本經濟區的交通手段，一旦被切斷自然有利於軍事割據。但是自古以來對軍事交通線路的維護與爭奪一直是軍事鬥爭的焦點之一。為了取勝，新興統治者最終還是要重視對供軍極其重要的漕運線路的暢通，於是在五代時期又出現了夾河為梁的戰術和隨之而來的對浮橋的爭奪。

二、圍繞浮橋的戰術爭奪

古人很早發明了浮梁，其優點是便於聯接被河流分割的兩岸陸地交通，工程量相對搭建固定橋梁為小，搭建速度快，尤適合軍事行動，缺點是影響

〔註79〕　《冊府元龜》，卷497，《邦計部・河渠二》，同光三年條。

〔註80〕　《舊五代史》，卷59，天成四年條：張敬詢「授滑州節度使。以河水連年溢堤，乃自酸棗縣界至濮州，廣堤防一丈五尺，東西二百里，民甚賴之。」

〔註81〕　《舊五代史》卷23，《劉鄩列傳》，貞明元年條：梁末帝詔：「河朔諸州，一旦淪沒，勞師弊旅，患難日滋，退保河壖，久無鬥志。昨東面諸侯，奏章來上，皆言倉儲已竭，飛挽不充，與役之人，每遭擒擄」，末帝又遣使問鄩決勝之策，鄩曰：「臣無奇術，但人給糧十斛，盡則破敵。」末帝大怒，讓鄩曰：「將軍蓄米，將療饑耶？將破賊耶？」

上下游的水上交通。唐末五代時期是有大運河系統後中國第一次嚴重分裂，不同軍事力量在戰爭中對漕運水路要道和漕運軍事中心要地進行了激烈的爭奪。由於戰爭雙方的勝負往往繫於軍糧供應是否順暢，因此能否保護好自己一方的漕路或能否破壞對方的漕路至關重要，於是對浮橋的破壞與維護成爲軍事爭奪焦點之一。這一時期最早的浮橋爭奪戰追溯到唐末光啓三年二月（886），朱全忠與秦宗權交戰，「庚午，賊將盧瑭領萬餘人於圍田北萬勝戍，夾汴水爲營，跨河爲梁，以扼運路。帝擇精銳以襲之。是日昏霧四合，兵及賊壘方覺，遂突入掩殺，赴水死者甚眾，盧瑭自投於河。河南諸賊連敗」。秦宗權部在東，朱溫部在西，浮橋隔斷汴河東西交通。秦宗權部將盧瑭所採用的「夾河爲梁，以扼運路」的戰術在後來的整個五代乃至宋初的戰爭中得到廣泛應用和發展，特別是重大戰役中，這一戰術的特點是以浮橋截斷敵方漕路，夾水爲營，保證自己一方借助跨河陸運，同時可用浮橋掩護後面己方的漕路進行供軍，順暢地調兵運糧，同時阻撓或切斷敵人的水運，戰爭中控制浮橋的一方擁有制水權和水陸兩各個戰場的的主動權。這一戰術的應用，導致了在戰役中雙方圍繞浮橋進行激烈爭奪，對很多戰役戰局發生了很大影響。

　　五代初年，梁晉曾在黃河沿岸的爭奪戰中充分利用了「夾河爲梁」的戰術。上文已經說過，河北南部的魏博鎮先是歸屬梁方，使今天的山東與河南、河北所積聚的大批錢糧可借黃河漕運支持朱溫的兼併戰爭，供應軍糧。天祐十六年，魏博鎮倒戈於晉，河北易手，軍事局面爲之大變。晉軍搭建浮橋，跨河而戰，可以襲擊和截斷當年羅紹威助朱溫開闢的漕路，給與梁軍嚴重的供應困難，因此造成激烈的漕路及浮橋爭奪戰。晉軍全力爭奪河北岸的德勝〔註82〕、黎陽，在德勝夾河築城，以浮橋相通，一方面爲渡河南進，一方面爲截斷敵軍供應線，使敵人無法借助黃河漕路航行。〔註83〕後梁爲保證山東糧帛對軍隊和洛陽、汴京的供應，力圖保守黎陽〔註84〕等河北沿岸要地與黎陽浮橋，一方面爲了重新進取魏博，以利收復河北，另一方面爲了在至少保證黎陽浮橋以西漕路的暢通

〔註82〕今天的河南濮陽，在黃河北岸，黎陽以東。

〔註83〕《新五代史》，卷32，《王彥章列傳》：「自梁失魏、博，與晉夾河而軍，（王）彥章常爲先鋒。遷汝鄭二州防禦使、匡國軍節度使、北面行營副招討使，又徙宣義軍節度使。是時，晉已盡有河北，以鐵鎖斷德勝口，築河南、北爲兩城，號『夾寨』。」《新五代史》卷36：「是時，晉軍德勝，爲南北寨，每以舟兵來往，頗以爲勞，而河北無竹石，存進乃以葦笮維大艦爲浮梁。莊宗大喜，解衣以賜之。」。

〔註84〕屬魏博鎮衛州，在黃河北岸。

的同時重新打通這條寶貴的黃河漕運生命線。梁軍黎陽搭橋，截黃河爲東西兩段，而黎陽以東的黃河漕路被晉軍德勝浮橋又截爲兩段，則黃河下游黎陽以東漕路不再爲梁軍所通。

　　梁軍不能坐視晉軍的威脅，結果雙方圍繞德勝與黎陽的夾城與浮梁進行了長年累月的苦戰。貞明五年（919），梁將王瓚「代賀瑰統軍駐於河上。時李存審築壘於德勝渡。秋八月，瓚率汴軍五萬，自黎陽渡河，將掩擊魏州，（唐）明宗出師拒之。瓚至頓丘而旋，於楊村夾河築壘，架浮航，自滑饋運相繼。……十一月，瓚率其眾觀兵於戚城，（唐）明宗以前鋒擊之，獲其將李立。十二月，邏騎報汴之饋糧千計，沿河而下，可掩而取之。（唐）莊宗遣徒兵五千，設伏以待之，使騎軍循河南岸西上，俘獲饋役數千。」〔註85〕從史料中可見，梁軍在黎陽東的楊村採取了築夾城、浮梁的相同方法，以浮橋向河北運送兵糧，並掩護浮橋後面黎陽以西的一段漕運，雙方浮橋相距十八里，〔註86〕於是黃河漕路由西向東被楊村、德勝被截成三段，而晉（唐）軍還要從德勝南渡，向西包抄阻截附近的梁軍水路饋運。在天祐十六年（919）的一次戰役中後唐以德勝浮橋爲基地輕而易舉地南渡，包抄後梁浮橋的南端，也破壞了後梁的陸路饋運。〔註87〕黃河德勝一帶由於晉軍浮橋的插入使德勝與黎陽之間成爲雙方爭奪浮橋的水戰戰場的中心。梁晉兩軍爲了爭奪生命線，在黃河漕路上針鋒相對地進行了大規模的水戰，作戰都很頑強，而且用盡了甚至包括方術的軍事手段。貞明五年（921）「夏四月，梁將賀瑰圍德勝南城，百道攻擊，復以艨艟扼斷津渡。帝（唐莊宗）馳而往，陣於北岸。南城守將氏延賞告急，且言矢石將盡。帝以重賄召募能破賊艦者，於是獻技者數十，或言能吐火焚舟，或言能禁咒兵刃，悉命試之，無驗。帝憂形於色，親從都將王建及進曰：『臣請效命。』乃以巨索連舟十艘，選效節勇士三百人，持斧被鎧，鼓枻而進，至中流。梁樓船三層，蒙以牛革，懸板爲楯。建及率持斧者入艨艟間，斬其竹笮，破其懸楯；又於上流取甕數百，用竹笮維之，積薪於上，灌以脂膏，火發亙空；又以巨艦載甲士，令乘煙鼓譟。梁之樓船斷絯而下，沉溺者

〔註85〕《舊五代史》卷59，《王瓚列傳》，貞明五年條。

〔註86〕陶楙炳，《五代史略》，第64頁。

〔註87〕《舊五代史》，卷29，《唐莊宗本紀三》，天祐十六年條：「十二月戊戌，帝軍於河南，夜伏步兵於潘張村梁軍寨下，以騎軍掠其餉運，擒其斥候。梁王瓚結陣以待，帝軍以鐵騎突之，諸軍繼進，梁軍大奔，赴水死者甚眾，瓚走保北城。」

殆半。軍既得渡，梁軍乃退。」〔註88〕

　　龍德三年（923）五月後梁軍隊在王彥章的指揮下取得重大勝利。「辛酉，王彥章率舟師自楊村寨浮河而下，斷德勝之浮梁。攻南城，下之，殺數十人。唐帝棄德勝之北城，並軍保楊劉。」〔註89〕唐軍的由河北取得的漕運物資陷入危險之中。〔註90〕「是時，德勝軍食芻茭薪炭數十萬計，至是令人輦負入澶州，事既倉卒，耗失殆半。朱守殷以所毀屋木編筏，置步軍於其上。王彥章以舟師沿流而下，各行一岸，每遇轉灘水彙，即中流交鬥，流矢雨集，或全舟覆沒，一彼一此，終日百戰，比及楊劉，殆亡其半。」〔註91〕至此為止，梁軍由黎陽向東艱難而緩慢地推進到楊劉，還切斷了晉軍的浮橋，可是晉軍人在楊劉一帶的黃河兩岸都存在兵力，仍有可能搭建浮橋和截斷漕運，所以王彥章想要重新打通黃河漕路的話仍要繼續向東打擊敵人，並將其全部驅趕過河，以消除敵軍重建浮橋的可能性，但可惜的是由於後梁內部矛盾王彥章被段凝取代，作戰方略因而改變。同光元年（923），「九月，壬寅朔，帝（唐莊宗）在朝城，（段）凝兵至臨河南，與帝之騎軍接戰。是時澤潞叛，衛州、黎陽為梁人所據，州以西、相以南，寇鈔日至，編戶流亡，計其軍賦，不支半年。」看來梁軍也繼續在黃河沿岸戰線的局部借黎陽浮橋向北反攻，襲擊後唐的糧道，但後梁一方同樣也已經「飛挽不充」，「于役之人，每遭擒擄」，後勤補給難以為繼，這說明雙方都到了殊死一搏的境地。但是段凝竟下令在滑州掘開黃河大堤，東注曹、濮、鄆州，企圖阻撓唐兵，〔註92〕仍用舊的決河戰術，結果不但破壞了梁軍長期爭奪黃河下游漕路的有效方略與作戰成果，還向唐軍示了弱。

　　對黃河漕路的爭奪引發的長期爭奪戰，最終以晉勝梁負結束。後梁失河北後，仍佔有關隴、河南地區，由青徐而蔓延至河西，仍是地廣人多，對晉之河東、河北形成包圍之勢，然而卻不能聯合契丹構成四面夾擊之勢，一個重要原因就是貫穿東西的漕運生命線被截斷，主力被牽制於浮梁附近苦戰多

〔註88〕　《舊五代史》，卷29，《唐莊宗本紀三》，貞明五年條。

〔註89〕　《舊五代史》，卷10，《梁末帝本紀下》，龍德三年條。

〔註90〕　如上下文所述，魏博鎮的永濟渠漕路在後梁控制期間一直被朱溫利用作為南
　　　　　征北戰的供軍路線，後唐既得魏博鎮之物力財力，沒有理由不對漕運加以利
　　　　　用。

〔註91〕　《舊五代史》，卷29，《唐莊宗本紀三》，同光元年條，楊劉係今天的山東東阿，
　　　　　當時在黃河以南。

〔註92〕　《資治通鑑》，卷263，天復二年條。

年，連汴、洛間水運都難以暢通，〔註93〕毋論利用地理優勢多方出擊。

後來北方的後周、北宋對南方用兵時，也曾採用了「夾河爲梁」的戰術，並引起南北雙方的浮橋爭奪戰。

長江淮河橫貫東西，爲南方政權之天然屏障，且爲南方軍事漕運所依賴。後周南征，即以浮橋在正陽截斷淮河，以利南北交通。後唐則屢攻浮橋，力圖恢復己方制水權。顯德三年（956）正月，周世宗親臨淮南。一開始周軍利用騎兵優勢取勝，但攻城頗爲艱難，長期頓兵壽州堅城之下，原因是缺乏水軍，甚至放棄已經攻下的揚、滁、廣陵諸州，集中兵力圍攻壽州。誠如攻打壽州主將李谷所云：「賊軍舟棹將及正陽，我師無水戰之備，萬一橋梁不守，則大軍隔絕矣，不如全師退守正陽浮橋，以俟鑾輅。」〔註94〕後周把寶也壓在浮梁上，撤兵之「時淮賊乘李谷退軍之勢，發戰棹數百艘沿淮而上，且張斷橋之勢，劉彥貞以大軍列陣而進。」來自北方的周軍在江淮水鄉澤國作戰明顯處於劣勢，因缺乏水師，水上沒有優勢，僅僅借助浮梁可以連接陸路交通，避免水上與唐軍接觸。唐軍卻用水師屢屢騷擾周軍的浮梁，雙方重複著梁晉夾河而戰的故事但周軍十分被動。到了五月，周世宗御駕被迫北歸，雙方拉鋸戰卻繼續到次年正月。顯德三年（956）六月周軍形勢相當危急，「壽州賊軍攻（浮橋夾寨）南寨，王師不利」。〔註95〕八月「先是，江南李景以王師猶在壽州，遣其將林仁肇、郭廷謂率水陸軍至下蔡，欲奪浮梁，以舟實薪芻，乘風縱火，永德禦之。有頃，風勢倒指，賊眾稍卻，因爲官軍所敗。」〔註96〕周軍被動地守衛浮橋，有喪失戰果的可能。但是顯德四年（958年）二月，周世宗在汴京新建了一支水師，再次御駕親征，由運河入淮，終於迫使壽州投降，改變了戰略被動。後周水軍由恢復的汴河水路入淮河，「縱橫出沒，殆勝唐兵」。同年三月「馳二百餘里，至鎮淮軍，殺獲數千人，奪戰艦糧船數百艘，錢帛器仗不可勝數。甲午，詔發近縣丁夫城鎮淮軍，仍構浮梁於淮上。」兩軍的戰略僵持開始發生變化。制水權轉爲後周牢牢掌握，爲後周在整個淮南戰場上的最後勝利提供了更大的幫助。

北宋南征，也在長江上搭起浮橋，〔註97〕把陸軍送過長江，並截斷南唐

〔註93〕德勝、黎陽恰在汴河與洛水入黃河口之間一帶，溝通著梁軍東西交通。

〔註94〕《舊五代史》，卷116，《周世宗本紀三》，顯德三年條。

〔註95〕《舊五代史》，卷116，《周世宗本紀三》，顯德三年條。

〔註96〕《舊五代史》，卷116，《周世宗本紀三》，顯德三年條。

〔註97〕陳振，《宋史》，第73頁。：「樊若水謀造荊湖舟以爲浮橋，自荊南東下，連

長江交通，阻撓其勤王軍，唐人欲攻之而未能成功。歷史事實說明，在戰爭中，浮橋一旦搭成，則搭橋方獲得制水權，而另一方無法利用江河阻斷陸運的「天險」功能，更難以利用漕運，所以說夾河爲梁的戰術體現了當時爭奪交通線的戰爭焦點。

第三節　五代時期的漕運與地域控制戰略

（原文摘自本人碩士論文《五代十國時期的漕運與軍事》，2002 年上海師範大學碩士畢業論文，有所修訂）

漕運軍事要地是指在漕運交通和軍事兩方面都具有戰略意義的地方，既可以是一條漕運幹線，又可以是交通意義重要的區域或城市。一方面，很多漕運要地因其優越的交通條件而具有戰略價值，另一方面，很多軍事要地之所以具有戰略價值也是因爲其便利的交通條件。五代時期統治者爲了消滅敵人，完成自己的戰略布局，必須對漕運軍事要地進行爭奪和控制，這本身也構成了統治者地域控制戰略，甚至是立國戰略的一個方面。

一、爭奪漕運軍事要地

在戰爭中五代十國統治者都極度重視對漕運軍事要地的爭奪，而漕運要地的得失也關係軍事對立的雙方的勝負。

最典型的例子是河北魏博鎮。唐代自安史之亂以後，已經出現藩鎮軍閥與中央爭奪漕運要地的現象。到五代時期由於爭奪漕運要地的行動與全國性統一戰爭關係極其密切，朱溫集團得以成功建立後梁政權與其爭奪漕運要地魏博鎮之戰略是分不開的。河北重鎮魏博鎮位於河朔戰略要衝，又是永濟渠入黃的南端，還被黃河漕路所環繞，魏州、貝州、衛州都是永濟渠過境的要地，此地農業商業又很發達，故魏博鎮得失關係河北漕運之得失，反映雙方力量消長。

毛漢光認爲朱溫能夠順利建立後梁王朝，和他有力的控制了魏博鎮是分不開的。〔註98〕朱溫借用了魏博節度使羅紹威與牙兵的矛盾，魏博鎮與河東等其

克池州、蕪湖、當塗，屯采石磯，搭橋」。

〔註98〕毛漢光，《魏博二百年史論》，見《中國中古政治史論》。

他藩鎮的矛盾，把魏博鎮變成了忠實的同盟甚至是附庸。朱溫還與羅紹威結成了親家，凡軍政大事必與之交流。朱溫與羅紹威聯合殺盡魏博牙兵之後，魏博鎮更是被朱溫牢牢控制。魏博鎮在梁晉之戰中先是歸屬梁方，爲後梁的軍事行動提供了很大的幫助。魏博鎮節度使羅「紹威嘗以臨淄、海岱罷兵歲久，儲庾山積，惟京師軍民多而食益寡，願於太行伐木，下安陽、淇門，斫船三百艘，置水運自大河入洛口，歲漕百萬石，以給宿衛，太祖深然之」〔註99〕。於是今天的山東與河南、河北所積聚的大批錢糧可借黃河漕運進入洛陽，支持朱溫的兼併戰爭，供應宿衛的軍糧。朱溫以魏博鎮爲出發點爭奪河北地區時，羅紹威還沿永濟渠爲梁軍輸送河北地區供軍物資，李治亭先生也已注意到此事：「不數月，復有浮陽之役，紹威飛挽餽運，自鄴至長蘆五百里，疊迹重軌，不絕於路。又於魏州建元帥府署，沿道置亭候，供牲牢、酒備、軍幕、什器，上下數十萬人，一無闕者」〔註100〕。羅紹威還借漕運爲朱溫提供了其它形式的支持：「太祖即位，將都洛陽，紹威取魏良材爲五鳳樓、朝元前殿，浮河而上，立之京師」〔註101〕。這也說明從魏博鎮出發由黃河進入洛水，到達洛陽的漕運路線是暢通的，並被朱溫集團佔有並利用。朱溫集團因爲佔有魏博鎮，可以利用河北的錢糧與漕運，長期在河北戰場佔有優勢。「開平元年正月丁亥，帝回自長蘆，次於魏州。節度使羅紹威以帝回軍，慮有不測之患，由是供億甚至，因密以天人之望切陳之。帝雖拒而不納，然心德之。」〔註102〕朱溫稱帝也是在魏博鎮的鼎力支持下實現的。

〔註99〕《舊五代史》，卷14，《羅紹威列傳》，臨淄、海岱指今天的山東、淮北一帶，而《新五代史》卷39，《羅紹威列傳》又云「紹威自以魏久不用兵，願伐木安陽淇門爲船，自河入洛，歲漕穀百萬石，以供京師」。

〔註100〕《舊五代史》，卷14，《羅紹威列傳》，天祐三年條，會有人對「疊迹重軌」提出是陸運而非漕運的見解，但是這裡的「飛挽」顯然包括漕運，因爲長蘆屬滄州，而永濟渠自魏州流至長蘆，既然水運的成本低於陸運，羅紹威又伐木造船以濟梁軍漕運，則梁軍不會不利用永濟渠漕運。另有旁證，《舊五代史》，卷2，《梁太祖本紀》，天祐三年條，記載當朱溫圍攻幽州時，「聞潞州陷故也。以寨內糗糧山積，帝命焚之。滄帥劉守文以城中絕食，因致書於帝，乞留餘糧以救饑民，帝爲留十餘囤以與之。」注文引《容齋續筆》：「滄州還師，悉焚諸營資糧，在舟中者鑿而沈之。守文遺全忠書曰：『城中數萬口，不食數月矣，與其焚之爲煙，沈之爲泥，願乞其所餘以救之。』全忠爲之留數囤，滄人賴以濟。」山積的糗糧看來多數是水運所得。

〔註101〕《新五代史》，卷39，《羅紹威列傳》。

〔註102〕《舊五代史》，卷3，《梁太祖紀三》，開平元年條。

後梁之敗與後唐之興也是以漕運要地之易手爲標誌的。晉國一方的根據地河東本甚貧乏，難以長期維持爭奪中原的戰爭。〔註103〕後來唐「莊宗與劉鄩相拒於莘，召存矩會兵擊鄩。存矩募山後勁兵數千人，課民出馬，民以十牛易一馬，山後之人皆怨」〔註104〕，可見物資十分匱乏。李克用生前基本上被朱溫屏蔽在永濟渠以西很遠的地方，龜縮河東一隅。可是後梁政權多次圖謀消滅魏博鎮牙兵，終於導致魏博鎮在天祐十六年倒戈於晉，河北魏博鎮易手使雙方的軍事與財政局面爲之大變。上文講過，朱溫和秦宗權、楊行密等人都對汴河與黃河、淮河的漕運造成嚴重破壞。失去了河北，後梁僅依靠不善的河南漕運與黃河漕運運糧。唐代河南地區的漕運以汴河爲主，到五代初已是一塌糊塗。後梁最初的根據地是河南，本來朱溫集團「內闢汙萊，屬以耕桑，薄以租賦」〔註105〕，張全義之妻說他爲朱溫「守河南三十年，開荒斫土，捃拾財賦，助陛下創業」，使河南有一定的經濟基礎，但是在長年供軍支持戰爭後也開始凋零〔註106〕。後梁的根據地河南本來有良好的經濟基礎與交通條件，可是汴河漕運被破壞以後沒有進行任何修繕工作，到了漕運中心魏博鎮落入晉方之手後，後梁失河北漕糧與漕路。晉軍沿黃河而戰，跨河爲梁，襲擊和截斷當年羅紹威助朱溫開闢的梁軍黃河漕路，後梁的軍事供應越發捉襟見肘。這使得河南道財賦的運送很大程度上依靠零碎的水陸運輸線路，成本和風險加大。晉（和後唐）一方卻借助永濟渠、黃河、汾河及河北其它諸河減輕漕運成本，且少受後梁軍事威脅，故此使勝負的天平向晉（和後唐）傾斜。

唐莊宗奪得魏博鎮後，在河北地區取得完全的主動權。天祐十二年（915）六月，唐莊宗得魏博鎮，完全打通永濟渠並加以控制。「是時，以貝州張源德據壘拒命；南通劉鄩，又與滄州首尾相應，聞德州無備，遣別將襲之，遂拔其城。命遼州牙將馬通爲德州刺史，以扼滄、貝之路。」〔註107〕滄州是永濟渠北段要鎮，貝州是永濟渠南端要鎮，不奪下來是後唐是難以打通河北漕運

〔註103〕《舊五代史》，卷 26，《唐武皇本紀下》，天復三年條，李克用評價自己的部屬說「此輩膽略過人，數十年從吾征伐，比年以來，國藏空竭，諸軍之家賚馬自給。今四方諸侯皆懸重賞以募勇士，吾束之以法，急則棄吾，吾安能獨保此乎！」糧餉籌措之難可見一斑。

〔註104〕《新五代史》，卷 48，《盧文進列傳》。

〔註105〕《舊五代史》，卷 146，《食貨志八》。

〔註106〕《新五代史》，卷 45，《張全義列傳》。

〔註107〕《舊五代史》，卷 28，《唐庄宗本紀二》，天祐十二年條。

的。打通魏博鎮以後，唐莊宗還重用了魏州吏人孔謙來幫他聚斂河北財富以資軍用。〔註108〕於是，晉軍可以像朱溫那樣利用河北漕運所輸送的錢糧供應自己。天祐十七年（920）六月，李嗣昭自前線德勝歸藩，莊宗酒酣，泣而言曰：「河朔生靈，十年饋挽，引領鶴望，俟破汴軍。今兵賦不充，寇孽猶在，坐食軍賦，有愧蒸民。」嗣昭曰：「臣忝急難之地，每一念此，寢不安席。大王且持重謹守，惠養士民。臣歸本藩，簡料兵賦，歲末春首，即舉眾復來。」〔註109〕可見十年苦戰，後唐所憑藉的是河北漕運饋挽輸送的五鎮錢糧。晉戰勝後梁，於河北魏博鎮之得失有關，是以往學者所注意到的，然而晉（後唐）的最大的收穫不僅是河北的人力與財力，還包括以魏博鎮為龍頭的一條完整的永濟渠漕運幹線。可以講晉（後唐）的勝利依靠了代北（河東）集團的悍將與河北五鎮漕輸的錢糧。

在南方發生的軍事鬥爭中，情況與北方類似。吳國曾與後梁爭奪長江中游的交通要地。開平二年（907）六月，「是月壬戌，岳州為淮賊所據。帝（朱溫）以此郡五嶺、三湘水陸會合之地，委輸商賈，靡不由斯，遂令荊湘湖南北舉舟師同力致討。王師既集，淮夷毀壁焚郭而遁。」〔註110〕南方的政權也沿著漕路開展戰爭，爭奪水運樞紐，因為地處水鄉，水運軍糧對他們意義更加重大。〔註111〕中國南方特別是長江以南有大量的天然水體，發生戰爭要借用水路進行水運和水戰，是十分普遍和自然的事情，比如吳越國和吳國南唐發生戰爭的記載中絕大部分是水戰，當然要依靠水運供應，既然沿水路進行戰爭，對城、地的爭奪自然不遺餘力地圍繞對樞紐的爭奪展開。

三、選擇軍政中樞要地時的漕運考量

在相對穩定的年頭裏，五代王朝重視對漕運要地的控制，並選擇交通便

〔註108〕《舊五代史》，卷73，《孔謙列傳》，「謙本州之幹吏，上自天祐十二年，帝平定魏博，會計皆委制置。謙能曲事權要，效其才力，帝委以泉貨之務，設法箕斂，七八年間，軍儲獲濟。」

〔註109〕《舊五代史》，卷52，《李嗣昭列傳》，天祐十七年條。

〔註110〕《舊五代史》，卷4，《梁太祖本紀四》，開平二年條。

〔註111〕《舊五代史》，卷24，《李公度列傳》：「天復中，淮寇大舉圍夏口，逼巴陵，太祖患之，飛命成汭率水軍十萬援於鄂。珽入言曰：「今舳艫容介士千人，載稻倍之，緩急不可動。吳人剽輕，若為所絆，則武陵、武安皆我之仇也，將有後慮；不如遣驍將屯巴陵，大軍對岸，一日不與戰，則吳寇糧絕，而鄂州圍解矣。」汭性剛決，不聽。淮人果乘風縱火，舟盡焚，兵盡溺，汭亦自沉於江」。

利的戰略要地來建立軍政中樞，這一戰略與削除藩鎮、重建中央集權的立國政策相一致。交通便利的戰略要地當然也有不利於防守的一面，但是五代是一個戰亂的年代，統治者居亂而思危，必須隨時準備主動出擊敵人與迎戰入侵者，就不能僅僅找一個利於防守的地方躲起來。

具有全局意義的典型的例子還是對河北漕運軍事要地的控制。經過五代初年戰亂，隋唐運河系統在五代的北中國保持相對暢通完整者惟有永濟渠為主的河北漕路，而契丹日益崛起，侵入河北，因此對於中原王朝的北面邊防來說，永濟渠故道及其支流又有支持北面邊防的巨大作用。滹沱河、海河、桑乾河、永定河、漳河均彙入永濟渠，河東鎮、昭義鎮與河北五鎮的水路交通以永濟渠為主幹彙成網絡，支持割據戰爭、邊防戰爭與平叛戰爭的軍供。故河北漕運之得失關係中原軍事力量之興衰，不亞於江淮漕運之與唐王朝，在梁晉之戰後對五代歷史繼續發揮著重大作用，唐、漢、晉、周歷代統治者也把努力控制河北漕運作為重新控制河北藩鎮的重要手段。安史之亂以來，河北藩鎮一直是反中央集權的力量，但在唐末五代的軍事鬥爭中，河北藩鎮勢力被逐漸消滅掉，而漕運也在五代平叛的軍事鬥爭中發揮了很大的作用。如唐明宗統治期間，河北五鎮之一易定鎮以王都為首的割據勢力作亂，王晏球奉命討平，從此唐代河北五鎮的殘餘勢力被基本消滅。這次戰役中，河北漕運發揮了很大影響。〔註112〕

五代統治者甚至選擇了在軍事與漕運要地建立首都和陪都的辦法來加強控制，鞏固他們消滅藩鎮、重建統一的成果。五代王朝的首都大部分時間是在開封（唐宣武鎮汴州），陪都則多設於河北漕運與軍事要地。

五代統治者對首都的選擇著重漕運與軍事因素的交叉影響。汴梁是五代主要的都城，原因即在於其優越的軍事交通地位。隋唐的邊防以西北為重，其大敵來自西北外族，因此關隴地區一直是全國軍事重心與運河終點，在天寶以前是軍隊最集中的地方。安史之亂後，關東成為中央政府與河北藩鎮爭

〔註112〕《舊五代史》，卷 40，《唐明宗本紀六》，後唐明宗統治期間，河北五鎮之一易定鎮以王都為首的割據勢力作亂被消滅，從此唐代河北五鎮殘餘勢力被基本消滅。戰前以劉審交為轉運供軍使，樞密使、權知鎮州軍府事、檢校太保范延光為鎮州節度使兼北面水陸轉運使，王晏球為北面行營招討使，分別協調軍事與漕運事務。這次戰役中河北漕運發揮了很大影響，故天成四年（929）三月「丙申，詔鄴都、幽、鎮、滄、邢、易、定等州管內百姓，除正稅外，放免諸色差配，以討王都之役，有挽運之勞也。」而王晏球歸朝亦「謝久勞饋運」。

奪的戰場，成了軍隊最集中的區域，全國軍事爭奪的重心位置開始由關隴向關東偏離，集中於運河沿岸的淮西、河北、河南（道）西部等要地。可政治變革如遷都並非舉手之勞，往往有所滯後，唐朝廷不離開衰敗的關隴，動輒被切斷運漕，在與關東藩鎮的軍事鬥爭中處於劣勢，常常保不住運河沿岸要地。關中的水利也淤廢嚴重，原來對都城龐大人口的糧食生產供應能力大為下降，從建都條件來說大為遜色。河北、河東都是四戰之地和邊防重鎮，也是藩鎮作亂的基地，青徐也有多年的割據史，唯獨河南地區自朱溫割據以來，強有力的藩鎮都被削平。從漕運上講，唐代的一些河道，如汴河、五丈河、蔡河、黃河、潁水漕路雖然在不同程度上衰落，但都部分地還可勉強一用，河南平原地帶水陸交通方便，恢復水利設施的工程量也有一定限度，這都是有利條件。鎮壓關東藩鎮是實現統一的基本條件，而利用漕運也具有輔助意義，故此五代君主必須定都於汴。讓我們以時代為線索進行討論。

　　事實上當時的汴州並無軍事上的形勝之區的優勢，是四戰之地，利於主動出擊，不利於防禦。統治者選擇都址，是出於利用漕運維持數量龐大的軍隊，和關東藩鎮特別是河北與淮南割據勢力作鬥爭的需要。這也是不得已而為之，因為關中和洛陽已無經濟優勢和軍事優勢，朱溫劫持唐天子東遷後，政治中心隨新興軍事力量東遷，當五代統治者考慮新都址時，問題的焦點總是集中在漕運與軍事問題的匯合點上，以滿足其征戰四方與養軍的需要，解決其與關東各路藩鎮的矛盾。朱溫定都唐故都洛陽，卻設陪都開封府在汴州，而且終年盤踞在此，是為了用兵便利必須選擇此地，因為開封周圍有多條水路，軍事供應與漕運交通的條件都很方便，也利於朱溫四面出擊，特別是對河北用兵。洛陽周邊有山，易守難攻，但梁唐之際朱溫最迫切的戰略需要是和河東集團爭奪河北，必須選擇一個交通便利，既易於出擊，又易於借漕運供軍，且臨近河北及其側翼山東半島的地方。梁末帝奪位後，「（袁）象先遣趙岩齎傳國寶至東京，請帝即位於洛陽。帝報之曰：「夷門，太祖創業之地，居天下之衝，北拒并、汾，東至淮海，國家藩鎮，多在厥東，命將出師，利於便近，若都洛下，非良圖也。公等如堅推戴，冊禮宜在東京，賊平之日，即謁洛陽陵廟。」〔註113〕梁末帝的考慮是控制藩鎮、征戰東方的軍事交通需要，以開封為軍事後方中心基地，這也反映朱溫選擇開封建都的初衷之一。五代除後唐正式定都洛陽外，其他均定都開封。莊宗遷回洛陽，著重的是可以有效防禦和進行恢復唐代政治文化的

〔註113〕《舊五代史》，卷8，《梁末帝本紀上》，鳳曆元年條。

號召，卻不顧及漕轉艱難的現實。洛陽軍事防禦形勢比汴梁好，但漕運條件遠不及汴梁。統一沒有完成，仍須大量養兵。〔註114〕因爲唐代以來控制好「驕兵」成爲任何統治者維持自己統治地位穩定的關鍵，所以能否保證養軍糧餉的供應是安撫「驕兵」不作亂的關鍵，在這一點上，胡如雷先生已有很好的論證。〔註115〕李紹宏（即爲北面轉運使馬紹宏）主張遷都開封以養軍，可惜唐莊宗不能聽從他的意見，期待魏王伐蜀歸來可以帶來的財富，結果只能坐待兵變。唐明宗吸取了唐莊宗都洛而供饋不及的教訓，遷都汴梁，顯然也有要利用漕運交通條件「按察方區」〔註116〕和供養禁軍的軍事動機。〔註117〕接下來的時期變亂頻繁，軍隊成爲統治者最有力量的支柱和影響時局的最主要因素，而五代王朝的財政狀況多數不佳，結果爲了節省開支，文官系統的俸祿經常被剋扣，財政以養軍爲主。〔註118〕以後晉、漢、周也都安居於汴，當然也是出於與後梁類似的考慮。如石敬瑭登基後詔：「王者省方設教，靡憚於勤勞；養士撫民，必從其宜便。顧惟涼德，肇啓丕圖。常務去於煩苛，冀漸臻於富庶。念京城俶擾之後，屬舟船焚爇之餘，饋運頓虧，支費殊闕。將別謀於飛挽，慮轉困於生靈。以此疚心，未嘗安席。今以夷門重地，梁苑雄藩，水陸交通，舟車畢集，

〔註114〕 張其凡，《五代後唐禁軍考實》，據其考證，在魏州時，莊宗直轄河東鎮、魏博鎮軍兵四萬餘，後來又收編後梁禁軍。禁軍入洛後，家口仍分居太原、鄆、汴鎮州各地。駐洛禁軍具體數量缺乏史料考證，但顯然也是不小的，漕運供應有一定壓力。

〔註115〕 胡如雷，《唐五代時期的「驕兵」與藩鎮》，見《隋唐五代社會經濟史論稿》。

〔註116〕 《舊五代史》，卷38，《唐明宗本紀四》，天成二年九月「出御箚曰：「歷代帝王，以時巡狩，一則遵於禮制，一則按察方區。矧彼夷門，控茲東夏，當先帝戡平之始，爲眇躬殿守之邦，俗尚貞純，兵懷忠勇。自元臣鎭靜，庶事康和，兆民咸樂於有年，闔境彌堅於望幸，事難違衆，議在省方。朕取十月七日親幸汴州。」

〔註117〕 另仍據張其凡《五代後唐晉軍考實》考證，唐明宗曾將上文講過的莊宗朝分居太原、鄆、汴各地的禁軍家屬遷入汴京，而自中唐以來，「驕兵」家屬普遍隨軍，人數很多，據胡如雷考證曾有「一千五百人的軍隊」攜帶家口萬餘人的例子。五代禁軍及家口人數缺乏記載，但唐明宗所遷入軍人家口也應是禁軍人數的數倍，這必將使漕運供應壓力增大。明宗「分兵就食」就是減輕漕運壓力的舉措，集中家口於京師是作爲「人質」要挾軍人不要作亂，可實際漕運供應總量不會降低，只會增大。

〔註118〕 縱觀五代史，「半俸」記載比比皆是。但一旦賞賜不如意，供養士卒的錢糧不能及時到位，就會有嘩變發生，就可能危及統治者自身，因此漕運一旦發生問題，對窘困的財政無疑雪上加霜。故此養軍的需要在很大程度上也就決定著統治者建都的選擇。

爰資經度，須議按巡。寧免暫勞，所期克濟。取今月二十六日巡幸汴州」云。
〔註119〕因爲漕運局面與財政形勢比後唐強不了許多，而後漢後晉後周的君王
都是軍閥出身，知道握緊「槍桿子」的重要性，於是汴京禁軍的兵額不不斷膨
脹，也就不能放棄汴京，還要繼續犧牲官員俸祿與其他重要支出來保證養軍以
威懾地方藩鎮。又如後漢建立後，汴京駐軍數量激增，好在汴梁的漕運條件優
越，勉強維持著。〔註120〕

　　黃巢起義後關中的經濟與漕運衰落，〔註121〕遷回長安是決不可能的，唯
獨河南地區自朱溫以來，強有力的藩鎮都被削平。鎮壓關東藩鎮是實現統一
的基本條件之一，而利用漕運也具有輔助意義，故此五代君主最終必須定都
於汴，而從周世宗濬疏運河的工程來看，其中不包括甚至是放棄渭漕等關隴
運河，主要針對關東運河故道，結果支持汴洛有餘，供應關隴不足。周世宗
登基後奪取後蜀後唐共十八州之地，禁軍經收編、擴充達到二十多萬。〔註122〕
周世宗時繼續執行擴大禁軍的政策，使五代汴京禁軍的力量發展到最高峰。
〔註123〕關隴軍事優勢在某種程度上被轉移到開封，因爲以開封爲中心的一個

〔註119〕《舊五代史》，卷 76，《晉高祖本紀二》，天福二年條，統治者還有向北面用
　　　　兵的需要，因爲此處注文引《通鑒》：「范延光聚辛繕兵，悉召巡內刺史集魏
　　　　州，將作亂。會帝謀徙都大梁，桑維翰曰：「大梁北控燕、趙，南通江、淮，
　　　　水陸都會，資用富饒。今延光反形已露，大梁距魏不過十驛，彼若有變，大
　　　　軍尋至，所謂疾雷不及掩耳也。」於是，「丙寅，下詔，託以洛陽漕運有闕，
　　　　東巡汴州。以前貝州刺史史圭爲刑部侍郎，充諸道鹽鐵轉運副使；前澤州刺
　　　　史閻至爲戶部侍郎。」
〔註120〕《資治通鑒》，卷 287，天福十二年條：「楊邠、郭威、王章皆爲正使。時兵
　　　　荒之餘，公私匱竭，北來兵與朝廷兵合，頓增數倍。章白帝罷不急之務，省
　　　　無益之費以奉軍，用度克贍。」
〔註121〕《舊五代史》，卷 66，《安重誨列傳》：「時以東川帥董璋恃險難制，乃以武虔
　　　　裕爲綿州刺史，董璋益懷疑忌，遂縶虔裕以叛。及石敬瑭領王師伐蜀，峽路
　　　　艱阻，糧運不繼，明宗憂之，而重誨請行。翌日，領數騎而出，日馳數百里，
　　　　西諸侯聞之，莫不惶駭。所在錢帛糧料，星夜輦運，人乘蹙踏於山路者不可
　　　　勝紀，百姓苦之。」
〔註122〕中國軍事史編寫組，《中國軍事史》，第二卷《兵略》下，第 189 頁。
〔註123〕《資治通鑒》，卷 292，顯德元年條：「初，宿衛之士，累朝相承，務求姑息，
　　　　不欲簡閱，恐傷人情，由是羸老者居多。但驕蹇不用命，實不可用，每遇大
　　　　敵，不走即降。其所以失國，亦多由此。帝因高平之戰，始知其弊。癸亥，
　　　　謂侍臣曰：「凡兵務精不務多，今以農夫百未能養甲士一，奈何濬民之膏澤，
　　　　養此無用之物乎！且健懦不分，眾何所勸！」乃命大簡諸軍，精銳者升之上
　　　　軍，羸者斥去之。又以驍勇之士多爲諸藩鎮所蓄，詔募天下壯士，咸遣詣闕，
　　　　命太祖皇帝選其尤者爲殿前諸班，其騎步諸軍，各命將帥選之。由是士卒精

有效軍事運輸系統和一個在全新環境下作戰的水軍組織在關東被建立起來，支持著一支龐大的禁軍，有助於削弱關東藩鎮和加強中央集權。關東相對於關西的經濟優勢也是背景條件，即關東有糧可運，故此首都的位置終於定在汴梁。〔註124〕後周時期禁軍並非沒有騷動，〔註125〕但是漕運供軍的局面改善後問題即不存在。周世宗所說「贍軍之外，鮮有贏餘」，是對五代財政史的一句很好的總結。可以說周世宗以前，各朝代財政問題的核心集中在全力養軍上，文官的俸祿常被剋扣，賦稅總是很重的，因此後晉、後漢、後周也只好把都城維持在汴京來養活一支日益龐大的禁軍，於是促進了禁軍制度的發展，其直接原因一是中央王朝借漕運維持軍隊數量上對地方藩鎮的優勢，二是漕運的壓力也就逼迫他們精簡禁軍力量，沙汰老弱，保留精銳。

五代王朝非常重視陪都的設置，後唐在魏博鎮中心魏州和成德鎮中心鎮州設過陪都北京，前者是永濟渠要地與河北南部軍事要地，其戰略意義已經由本文多方討論，後者是滹沱河要地與河北西部軍事要地。後晉、後漢在洛陽、魏州設過陪都，後周以洛陽為西京。洛陽是政治文化古都，只因其傳統地位而受到重視。魏州，在五代先後被稱作北都、鄴都，自唐以來是河北軍事與漕運要地，是河朔強鎮魏博鎮的基地，在唐代曾憑藉運河而繁榮，到五代也是北方經濟要地。統治者為了爭奪魏州，也下了好一番力氣，在這方面，毛漢光先生有很好的研究。按照他的分析五代大部分時間里中央王朝統治者始終在與藩鎮勢力爭奪魏博鎮這一戰略要地。〔註126〕鎮州是河北強藩成德鎮的中心，唐莊宗在梁唐爭奪戰中即親領成德、魏博兩鎮節度使，以加強控制。唐莊宗朝平定張文禮之亂後，唐代殘留的成德鎮藩鎮勢力被消滅。河北的滹沱河流經河東代州，折而向東，過成德鎮鎮州、趙州、深州三州境，又過幽

　　強，近代無比，征伐四方，所向皆捷，選練之力也。」

〔註124〕筆者認為，五代時期政權版圖不過長江，都城東遷並非像後來的宋代一樣，是適應經濟重心南移的趨勢，而是漕運與軍事兩種因素交織作用的結果。後梁一直安居汴梁以滿足供養軍隊的需要，以利於征戰和漕輸。然而後唐一建立就把都城遷回唐舊都洛陽，造成了慘痛的歷史教訓。

〔註125〕《資治通鑑》，卷291，顯德元年條，「軍士有流言郊賞薄於唐明宗時者，帝聞之，壬午，召諸將至寢殿，讓之曰：「朕自即位以來，惡衣菲食，專以贍軍為念。府庫蓄積，四方貢獻，贍軍之外，鮮有贏餘，汝軍豈不知之！今乃縱凶徒騰口，不顧人主之勤儉，察國之貧乏，又不思己有何功而受賞，惟知怨望，於汝軍安乎！」皆惶恐謝罪，退，索不逞者戮之，流言乃息。」

〔註126〕毛漢光，見《中國中古政治史論》。

州鎮瀛、莫二州，匯合了胡漢界水，在橫海鎮滄州境與永濟渠、海河相合，溝通河東、成德、幽州、橫海四鎮與河東河北兩地區，故鎮州在河北漕運中地位極高，大概略次於魏州，所以駐鎮州、鄴都（魏州）的留守都是代表中央的權臣元老，如李嗣源、郭崇韜、郭威等人，且北京留守往往還要兼任北面轉運使、河北轉運使，直接掌控河北漕運與錢糧，掌控區域內漕運與軍事大權，監視與防範河北藩鎮。〔註 127〕河北藩鎮勢力自安史之亂以來一直是中央集權的嚴重阻礙，但在梁晉爭奪戰中損失慘重，成德、魏博、幽州，即所謂河朔三鎮的故唐藩鎮勢力被逐步消滅。這表明五代統治者以加強對河北要地的軍事控制與漕運控制來鞏固重建的中央集權。

另外，河北漕運仍有支持中原王朝北面邊防的巨大作用，且五代中後期契丹南下的範圍與規模擴大後，雙方對水陸要衝的爭奪凸現出來，到了後晉，契丹得燕雲十六州之地，邊防線南移，中原王朝的邊防形勢更加被動，加重了對有堅城固壘的漕運要地的依賴。這一點下文另作討論。

在五代時期的南方地區，正如鄭學檬教授所說「漕運衰落而江南航運業依然繁榮」，江陵、岳州、九江都是水運和漕運的樞紐與中心，江南的造船業與沿海的海運事業都很發達，〔註 128〕各政權軍事上利用水運有多樣化的選擇。南方諸國的建都也都選擇漕運交通便利的軍事要地，比如吳越建都杭州即是大運河終點；楊行密集團在唐末即利用揚楚運河漕路運送軍糧，以揚州為中心建立政權，楊吳政權和南唐的當權者也在定都金陵的同時控制著揚州並建為陪都，因為雖然金陵是江南水路交通樞紐，但揚州是淮南漕運要地，（因此也是財富集中的經濟要地）敵人一旦沿汴渡淮，直取長江，沒有揚州截斷揚楚運河，屏蔽金陵，形勢就會很不利，而淮河以南的運河故道在唐末五代破壞不大，南唐還要用來發展經濟和供養軍隊、運送軍隊，所以保淮對楊吳和南唐來說比魏晉時期的六朝意義更複雜。

三、轉運使設置與軍事活動及地域控制

作為組織漕糧供軍、控制漕運軍事要地和加強區域控制的衍生後果，五代統治者在漕運軍事要地設轉運使以掌控漕運與錢糧。這一政策既加強了對

〔註 127〕比如郭威為鄴都留守兼樞密使，「其實權可統一調度河北諸州事」，見《魏博二百年史論》，《中國中古政治史論》，毛漢光，第 409 頁。

〔註 128〕鄭學檬，《中國古代經濟重心南移和唐宋江南經濟研究》，第 135 頁。

漕運軍事要地的控制，又可以鞏固削弱藩鎮的成果，又有助於把錢糧與漕運控制在中央王朝的手中，更影響後來的制度史發展。早有學者指出五代歷史的發展有兩條線索，一條是明線，即動亂，包括藩鎮動亂與禁軍動亂，主要是藩鎮動亂；另一條是暗線，即反動亂，表現爲中央朝廷的削藩。在動亂與反動亂的矛盾運動中，五代歷史逐漸地從動盪走向穩定，從分裂走向統一，終於形成了北宋初期統一的中央集權制的國家。〔註129〕在這一歷史進程中，漕運使職的設置與發展也有了相應的重大變化，其主要表現是固定化、地域化、財政專職化，由「戰區後勤部長」的角色變成了「地區經濟管理專員」，擴展到了原來唐朝轉運使職權所不及的地域。

　　唐代自高宗起京都人口劇增，漕運量上昇，相應的漕運使職差遣制度也有了發展的必要。開元初開始設置水陸運使，後又有水運使、轉運使之設，但是具有臨時性，地域分置的色彩也不明顯。安史之亂以後，河朔三鎮日益坐大，朝廷失去河北錢糧，毋問對河北漕運的控制，江淮漕運對唐朝中央政府的意義日益突出，又有江南淮南轉運使、江淮水陸運使、汴東西水陸運使之設，使職權限與名號與大運河「人」字形結構的一撇沿線地域有關，與固定地域的對應也不穩定，且不及黃河以北，反映中央集權的衰落。但到唐末五代河北藩鎮勢力被大大削弱，轉運使職開始向河北滲透。後梁在漕運專使制度上沒有創新，主要沿襲唐制，即使爭取到河北藩鎮，在羅紹威父子的協力下得以利用河北錢糧與漕運，也沒有設立專職掌控，這是因爲後梁對河北藩鎮控制較弱，五鎮勢力多是依附後梁，保持了一定獨立性。但是後唐始設北面轉運使與河北轉運使，名號爲唐代所無，可見中央集權借漕運使職之手重返河北，反映了河北藩鎮勢力的削弱。唐末河北共有五鎮，經歷梁唐激烈的爭奪，幽州、成德、魏博三鎮都被消滅。魏博牙兵被反覆屠殺，精華殆盡。唐莊宗曾親領魏博、成德節度使，後唐、後晉建國後又有幾次平定藩鎮叛亂的戰爭。後唐借河北得天下，自然知道掌控河北錢糧與漕運的重要性。五代在河北藩鎮勢力嚴重削弱的地方，如鎮州（成德鎮）、魏州（魏博鎮）設立陪都〔註130〕，就是爲了控制漕運與軍事要地，鞏固統一戰爭的成果，而後唐的鎮州節度使或北京留守或中央委派的魏博、成德兩鎮的刺史總要兼任北面水陸轉運使（見附表），代表中央政權一手抓兵權政權，一手抓漕權。契丹崛起

〔註129〕易圖強，《動亂與反動亂：五代歷史發展的線索——兼談五代歷史的地位》。
〔註130〕《五代會要》，卷19，大名府條，諸府條。

並南下，也爲五代王朝提供了設使掌控河北漕糧的必要性與藉口。因此，河北地區轉運使職務趨於固定化。我們還可以看到五代運使的設置有很強的軍事實用性，往往是一有爭戰發生即有相關的運使出任設置，以保證軍供，而且將帥與運使多分任，以保證兵權與財權的分離，轉運使的形象因此看上去就像一個「戰區後勤部長」。比如後漢平定李守貞，郭威統軍爲西南面行營招討使，李谷爲西南面行營轉運使，後唐平定王都，王晏球爲北面行營招討使，范延光爲北面水陸轉運使（見附表）。

可以說，河北轉運使、北面轉運使負擔著組織糧餉支持邊防與平叛戰爭、平時養軍的重任，更是五代王朝削弱河北藩鎮、維護中央集權的代表。在周世宗以前，恐怕河北漕運之於五代王朝的重要性如同江淮漕運之於唐朝。結合附表中後唐明宗委任趙季良和後周末年兩例來看，在軍事漕運要地設運使的政策隨著統一戰爭的順利進行而有所延伸，中央王朝對新兼併的領土有立即設運使以控制財權的傾向，再結合宋初的進一步變化來看，其權限也由唐代的支持軍供與調發財賦向掌握地方財政權力轉變。這一傾向體現的是新王朝防範形成新的割據實力，阻止藩鎮割據局面重演的努力。周世宗的政策顯然是五代以漕運專使參與控制漕運要地的繼續與發展，也是宋初以轉運使分掌地方財政的制度的萌芽。周世宗執行的以轉運使接收地方財權的政策被宋初統治者繼承和發展，藩鎮勢力也日益被削弱，導致中央集權的趨勢不可逆轉。北宋也在統一過程中不斷的委派轉運使來配合軍事行動在地理空間上的的擴展。天成二年後唐趙季良的出任也與北宋類似，但卻是失敗的例子，是五代前期統一趨勢在後唐兵變後的莊宗明宗交替時期有所逆轉的表現。五代漕運使職的任命常常伴隨著一次次消除漕運軍事要地割據的軍事活動與統一戰爭中對新的漕運軍事要地的兼併活動，並不斷鞏固著軍事統一活動的成果，其發展曲線在也與五代中央集權發展的曲線基本同向。

第四節　周世宗的統一活動與漕運政策

（原文發表於《歷史教學問題》2007 年年第 2 期，文字有所修訂）

摘要：

五代末年周世宗大力發展漕運，推動了統一戰爭的順利進行。他疏通了

運河、蔡河等運河，重建了唐末以來的衰敗的漕運體系，組織了一支強大的運河水軍，改善了軍事交通和後勤供應得狀況，並因此取得了淮南之戰和關南之戰的勝利。周世宗的這種統一戰略對宋朝完成統一和加強中央集權產生了積極的影響。

關鍵詞：漕運；運河；統一

　　五代末周世宗曾經大力發展漕運，並將其作爲支持統一戰爭的重要取勝手段。以往有關五代時期歷史的研究很少涉及這一問題，漕運史專著中有李治亭《中國漕運史》的第四章《隋唐漕運的空前發展》，指出五代時期「對於開新漕及發展漕運，並無明顯建樹」，「爲了軍事鬥爭的需要，運糧餉也是必不可少的」，「五代中，惟後周較注重水利」，建立「以汴河爲運輸樞紐的漕運網絡」〔註131〕，但遺憾未能對其軍事方面的歷史原因與後果展開深入分析，也未討論五代的其他歷史階段的漕運問題。斷代史專著如王仲犖《隋唐五代史》指出「在淮南取得前後，周世宗疏理了淮南漕運水道」，但可惜未展開討論漕運政策的軍事前因後果〔註132〕；又如陶懋炳《五代史略》指出「後周世宗又於河北濬修葫蘆河，收到禦敵，通漕、溉田三種效果」，且肯定了周世宗重新濬修大運河的歷史功績〔註133〕。此外缺乏更好的論述。鑒於此一問題體現漕運政策與軍事歷史發展的相互影響，故筆者認爲很有深入研究的必要，故願在前輩學者研究的基礎上，對這一問題作一系統考察。

一、周世宗初年所面臨的軍事與漕運局面

　　後周顯德元年（954）世宗柴榮登基執政，面臨著五代十國嚴重分裂的軍事政治局面，需要解決重建大一統的難題，而五代時期的複雜歷史形勢首先是唐朝末年以來戰亂局面發展的繼續。

　　隋唐漕運發展程度很高，使中央集權的發展達到了一個新的高峰。黃巢起義後，漕運活動遭到嚴重破壞。中央政府維護漕運體系正常運行的能力也

〔註131〕李治亭，《中國漕運史》，第118～119頁，臺灣文津出版社，1997年（民國八十六年）。
〔註132〕王仲犖，《隋唐五代史》，上海人民出版社，2003年4月，798～799頁。
〔註133〕陶懋炳，《五代史略》，第307頁，人民出版社，1985年。

因爲江淮財賦停止上繳而喪失。漕運體系既是維護統一的產物就對割據地方的藩鎮軍閥失去了價值，藩鎮勢力甚至還要對運河漕路進行破壞，來爲割據戰爭服務。中央集權與漕運體系最終同步瓦解，漕運體系的分崩離析也對重新統一構成了阻礙。

首先，關隴地區漕運系統衰敗，影響了統一西部地區。渭河本就水少沙多，線路曲折，要依靠渭漕來補充運輸功能。渭漕卻因水源不足和淤積而日益失效，文宗以後便被廢棄，「大曆之後，漸不通舟」〔註134〕。隨著統治中心的東遷，這個衰落過程加劇。五代的北方戰亂不息，統治者坐穩江山，應對南北敵國尚且不易，更毋論統一四川盆地和黃河上游。既然五代王朝的大敵來自東北的契丹、東南的南唐，則修繕西北方向的漕路已經缺乏緊迫意義，於是關中漕運繼續被人冷落成爲必然，關隴地區漕運與社會經濟的衰敗也就對潼關以西軍事活動的供應起了阻撓作用。比如後唐吞併前蜀雖然在短期內獲勝，但實際上是軍事冒險，因爲後唐一在財政上沒有任何充足準備，二又沒有發達的運輸系統支持。唐莊宗伐前蜀所可供給的軍糧只供十日之用，郭崇韜在出兵後說「朝廷興師十萬，已入此中，倘不成功，安有歸路？今岐下飛挽，才支旬日，必須先取鳳州，收其儲積，方濟吾事。」前蜀鳳州節度使王承捷不戰而降，使唐軍「得兵八千，軍儲四十萬。次至故鎮，僞命屯駐指揮使唐景思亦以城降，得兵四千。又下三泉，得軍儲三十餘萬。自是師無匱乏，軍聲大振。」〔註135〕唐軍幾乎完全取糧於敵，能夠在短期內迫使後蜀投降純屬僥倖。後來，唐明宗伐後蜀也受到運糧狀況不佳的牽制。「峽路艱阻，糧運不繼，明宗憂之」。〔註136〕石敬瑭率兵出征，「是時唐兵涉險，以餉道爲艱，自潼門以西，民苦轉饋，每費一石不能致一斗，道路蹉怨」。〔註137〕

其次，運河體系的主幹汴河由於朱溫、楊行密等集團發動的戰爭而遭受巨大破壞。大順二年（891），朱溫部將丁會進攻宿州，「會乃率眾於州東築堰，壅汴水以浸其城。」〔註138〕其惡劣結果不僅是漕運渠道損傷，還造成大規模水災，「自光啓至大順，六七年間，汴軍四集，徐、泗三郡，民無耕稼，頻歲

〔註134〕《元和郡縣圖志》，卷2，《關內道》，華州條，中華書局，1983年。
〔註135〕《舊五代史》，卷57，《郭崇韜列傳》，同光三年條，中華書局，1976年。
〔註136〕《舊五代史》，卷66，《安重誨列傳》，長興元年條，中華書局，1976年。
〔註137〕《十國春秋》，卷48，《後蜀本紀一》，見傅璇琮主編《五代史書彙編》，第7冊第4039頁，杭州出版社，2004年。
〔註138〕《舊五代史》，卷1，《梁太祖本紀一》，大順元年條，中華書局，1976年。

水災，人喪十六七。」〔註139〕另一次更大破壞是在乾寧四年（897）。朱溫部龐師古進攻淮南，紮營於清口污下之地。楊行密部朱瑾在上流決河，「汴軍大敗。斬師古及將士首萬餘級，餘眾皆潰。……行密由是遂保據江、淮之間，全忠不能與之爭。」〔註140〕此一戰奠定楊吳立國基礎。天復二年（902）楊行密與朱溫交戰，以船隻運糧，「重載不能進，士有饑色，而小艇先至，……久不克，竟以糧運不繼引還。」〔註141〕可見決河對汴河的破壞減低了其使用功效，竟只容小艇通行。江淮漕路與汴河漕路的連接不再通暢，淮南地區可借淮河與河南地區對峙。汴河交通起碼癱瘓了近三分之一，而「汴水自唐末潰決，自埇橋東南悉為污澤」，與淮河共同形成泛濫區，成為淮南政權的自然屏障。漕路不暢和「糧運不繼」的狀況也對南北統一進程產生了一定的阻撓。

如上所述，在後周建立以前，很多地區漕運不暢的情況構成統一的障礙。周世宗如果想順利推動統一戰爭，「先事飛挽」，解決後勤供應問題，是必須的選擇。周世宗即位後共發生了四次戰爭，第一次是「高平之戰」，北漢乘郭威之死入侵，後周被迫對北漢自衛反擊，後三次是周世宗主動發動的統一戰爭戰役，依次為西征、淮南之戰、關南之戰。高平之戰和西征所取得的勝利成果都相對有限。世宗西征後蜀，取得秦風成階四州之地，卻因為糧運困難而不能擴大成果。「顯德二年，世宗命王景、向訓攻秦鳳，師久無功，然以饋運不濟，欲罷兵，意未能決遣，太祖視其形勢使回具言秦鳳客攻之狀，未幾，悉平。」〔註142〕作戰結果的意義「不過是奪取戰略要地，封鎖後蜀，使之不敢越雷池一步」，〔註143〕在於隔絕關中與巴蜀。高平之戰和西征的勝利本身意義不大，但卻給周世宗一個深刻的歷史教訓，使他認識到糧運對統一戰爭的重要性，認清了走出分裂局面的戰略出口。於是在接下來的兩次大戰中，周世宗都為解決供應問題而大力發展漕運，結果取得了重大軍事勝利。

二、淮南之戰

西征之後周世宗發動了針對南唐的淮南之戰，在這次戰役前後吸取了以

〔註139〕《舊五代史》，卷13，《時溥列傳》中華書局，1976年。
〔註140〕《資治通鑑》，卷261，乾寧四年條，中華書局，1956年。
〔註141〕《資治通鑑》，卷263，天福二年條，中華書局，1956年。
〔註142〕《東都事略》，卷1，本紀1，冊1見《宋史資料萃編》，臺灣，海文出版社，1979年。
〔註143〕陶懋炳，《五代史略》，第336頁，人民出版社，1985年。

前的教訓，通過發展漕運來推動戰爭的進程。

第一，後周在戰前和作戰過程中通過開鑿運河來保證有效的軍事交通和後勤供應。

顯德二年（955）周世宗下令討伐南唐，「先命武寧節度使武行德發民夫，因故堤疏導之，東至泗上。議者皆以爲難成，上曰：『數年之後，必獲其利。』」周世宗可能看到了未來的經濟效果，但濬修的初衷明白是進攻南唐。顯德四年四月，乙酉「詔疏下汴水一脈，北入於五丈河，又東北達於濟。自是齊、魯之舟楫，皆至京師。」〔註144〕五丈河連接曹袞諸州與汴梁。鑒於五代黃河下游易災難治的狀況，東西走向的五丈河提供了一條相對安全可靠的平行線來替代黃河漕路，可使齊魯錢糧向汴京的輸送更有保障。南唐境內的北神堰，阻礙了由淮河轉入邗溝故道的交通，但是隨著戰局的進展，周世宗表現出非凡的魄力，重新打通了黃、汴、江、淮四大水系：「上欲引戰艦自淮入江，阻北神堰，不得渡；欲鑿楚州西北鸛水以通其道，遣使行視，還言地形不便，計功甚多。上自往視之，授以規畫，發楚州民夫濬之，旬日而成，用功甚省。巨艦百艘皆達於江，唐人大驚，以爲神。」顯德六年（960年）「二月庚辰，發徐、宿、宋、單等州丁夫數萬濬汴河。甲申，發滑、亳二州丁夫濬五丈河，東流於定陶，入於濟，以通青、鄆水運之路。又疏導蔡河，以通陳、潁水運之路。」〔註145〕蔡河爲唐代開闢，〔註146〕所依爲古浪湯渠故道，五代時本已日見淤積，世宗又把它開挖出來。周世宗疏濬這些運河，主要目的是爲了「詔賜諸道州府供用糧草有差」。〔註147〕此外，後周還曾「濬汴口，導河流達於淮，於是江、淮舟楫始通」。〔註148〕隋唐大運河中南段恢復暢通，後周水師可由汴梁直達黃河以南與淮河、長江流域各地，後周政權控制下的各地錢糧可以便利的運進京城或是前線以支持統一戰爭的巨大消耗。

第二，世宗組織了一支強大的水軍，支持軍事、物資、人員的運輸與水陸配合的作戰行動，利用重建的運河網，空前擴大了水軍的活動範圍，使之帶有濃厚的漕運色彩。

〔註144〕《五代會要》，卷27，漕運條，顯德四年條，《五代會要》，上海古籍出版社，1978年。
〔註145〕《舊五代史》，卷119，《周世宗本紀六》，顯德六年條，中華書局，1976年。
〔註146〕《舊唐書》，卷132，《李芃列傳》，中華書局，1975年。
〔註147〕《舊五代史》，卷119，《周世宗本紀六》，顯德六年條，中華書局，1976年。
〔註148〕《資治通鑒》，卷294，顯德五年條，中華書局，1956年。

直到淮南之戰初期，世宗的戰略仍限於利用漕運來解決運輸供應。周軍利用騎兵優勢取勝，但攻城頗爲艱難，長期頓兵壽州堅城之下，原因是缺乏水軍，甚至放棄已經攻下的揚、滁、廣陵諸州，集中兵力圍攻壽州。周軍缺乏水軍，在江淮水鄉澤國作戰處於劣勢。到了顯德三年（956）五月，周世宗御駕被迫北歸，雙方部隊的拉鋸戰卻繼續進行。吃虧以後，周世宗在汴京，開鑿金明池，訓練水兵，形成了一個以漕路爲行動空間的水軍的基地。〔註149〕在汴梁還曾專門建立了一個部門「造船務」來建造船隻和進行水戰訓練，並利用南唐戰俘來做教官。「初，帝之渡淮也，比無水戰之備，每遇賊之戰棹，無如之何，敵人亦以此自恃，有輕我之意。帝即於京師大集工徒，修成樓艦，逾歲得數百艘，兼得江、淮舟船，遂令所獲南軍教北人習水戰出沒之勢，未幾，舟師大備。」〔註150〕在此之前，「中原的水軍還只是少量的」，〔註151〕之後南北兵種戰略優劣就發生了重大變化。周世宗還曾令周景修繕了汴口港口設施，疏竣了汴河、蔡河、五丈河等河道，爲水軍提供了良好的活動空間和便利的戰略通道。

顯德四年（958）二月，周世宗再次親征。後周水軍由汴河和蔡河運河水路入淮河，終於迫使壽州投降。「數月之後，縱橫出沒，殆勝唐兵。至是命右驍衛大將軍王環將水軍數千自閔河沿潁入淮，唐人見之大驚」，而後「景之水軍多敗，長淮之舟，皆爲周師所得。」〔註152〕兩軍的戰略僵持開始發生變化。此時後周陸戰有騎兵優勢，水戰有大量戰船，在兩條戰線上都占盡上峰。

第三，周世宗把汴梁發展成爲一個運河水運中心和水軍基地。「顯德中，遣周景大濬汴口。景知汴口既濬，舟楫無壅，將有淮、浙巨商糧斛萬貨臨汴，無委泊之地，諷世宗，乞令許京城民環汴栽榆柳，起臺榭，以爲都會之壯。世宗許之。景據汴流中起巨樓十三間」。〔註153〕周世宗不但把汴口建成大型的內河港，還重建和疏竣了很多河流。上文已經論述過，這些運河以汴梁爲中心形成四通八達的運輸網。從記載中看，疏通汴河與五丈河、蔡河和其他河

〔註149〕《汴京遺蹟志》，卷20，〔宋〕楊侃《皇極賦》，第384頁，中華書局，1999年。

〔註150〕《舊五代史》，卷116，《周世宗本紀三》，顯德四年條，中華書局，1976年。

〔註151〕何燦浩，《唐末五代的水軍與水戰》，寧波大學學報（人文社科版），第42頁，2001年3月。

〔註152〕《新五代史》，卷62，《南唐世家第二》，顯德四年條，中華書局，1976年。

〔註153〕《玉壺清話》，卷3，第22頁，見《叢書集成初編》，中華書局，1991年。

流運道的工程與水陸戰役的勝利同時進行，汴梁城爲一個名副其實的軍事交通中心。周世宗的這些措施既使徵送軍資與人馬的漕運活動得以加速進行，也使水軍可以順利地通行各地，又爲日後國家利用漕運促進統一打下堅實基礎。南唐最終於顯德五年二月議和，盡割淮南江北十四州。

三、關南之戰

淮南之戰後，周世宗乘勝北伐，在關南之戰的前夕梳理北方漕運線路，疏通了從汴京到邊關的水路。隋唐運河體系在唐朝滅亡過程中惟有河北永濟渠系統基本沒有受到破壞，爲統一戰爭而修繕一下，工程量小且見效快。後周借助水路運送之便捷以奇襲的形式迅速取勝，奪取關南之地，以瀛莫之水勢和三關之險要改善北邊的軍事形勢。聯繫起唐晉漢三朝所受契丹軍事壓迫，這次勝利也可令中原地區有揚眉吐氣之感，後來北宋史上也少見這等輝煌戰果。周世宗顯德六年四月辛卯日出滄州，一日下寧州，十二日下益津關，十四日下瓦橋關，十五日下莫州，十六日下瀛州，離京四十二日盡得關南之地，以至諸將稱譽爲「不世之功」，用兵可謂神速奇效，在軍事史上留下了漂亮的一筆。從關南之戰過程看，筆者以爲有幾點值得討論。

第一，水運是關南之戰以奇襲形式取勝的重要原因。

關南之戰以奇兵突襲的方式在短期內取勝，類似今天的「閃電戰」。進軍中「河北州縣非車駕所過，民間皆不之知」，這說明軍事行動的隱蔽性很高，令遼人措手不及，這與水運的輔助是分不開的。戰爭中軍需物資的運輸是大事，講究「兵馬未動，糧草先行」，因此一旦大軍出動必是拖延時日。後周既傾國而出，軍事行動的隱蔽性也很難保證。後周騎兵較南唐有優勢，較契丹卻處劣勢，而契丹無水軍，後周用水軍北上，不會發生水戰。故周世宗戰前先治水道，達到了快速、隱蔽地運送軍隊與軍需的目的，竟做到了以水軍之長補騎兵之短的效果：顯德六年（960）二月周世宗出兵前，「命王樸如河陰按行河堤，立斗門於汴口。」又命韓通、吳廷祚「發徐、宿、宋、單等州丁夫數萬濬汴水。甲申，命馬軍都指揮使韓令坤自大梁城東導汴水入於蔡水」，「四月，庚寅，韓通奏自滄州治水道入契丹境，柵於乾寧軍南，補壞防，開遊口三十六，遂通瀛、莫。乙未，大治水軍，分命諸將水陸俱下，以韓通爲陸路都部署，太祖皇帝爲水路都部署。」「帝之北征也，凡供軍之物，皆令自京遞送行在。」水路直通三關要地。「丁酉，駕御龍舟，率舟師順流而北，首

尾數十里。辛丑，至益津關。」遼方守將終廷暉不戰而降。隋煬帝修永濟渠，初衷是向高麗用兵，周世宗「繼承遺志」，以隱蔽性和速度取勝，達到了兵法上「兵貴神速」的原則要求。「關南平，凡得州三、縣十七、戶一萬八千三百六十。是役也，王師數萬，不亡一矢，邊界城邑皆望風而下。」〔註154〕後周輕易地取得重大勝利。

第二，周世宗因病退兵，未能盡取幽雲，似乎令讀史者遺憾，但細一推敲，由於水運手段的限制和其他原因，周軍已無持續再勝的可能，「見好就收」是最好的戰略選擇。

周軍拿下益津關後，「自是以西，水路漸隘，不能勝巨艦，乃捨之」；取瀛州後，周軍在安陽水上做橋，解決交通問題。可見隨著軍事縱深的發展，地理條件變化，河道或是狹窄或是缺乏濬疏，水運無法繼續維持，導致繼續作戰的成本加大。此外周世宗御營「侍衛之士不及一旅，從官皆恐懼。胡騎連群出其左右，不敢逼」。〔註155〕胡騎不敢逼近，是被周軍的迅速推進所震懾。可是《通鑑》記載中所有投降的遼方刺史據姓名推斷都是漢人，且強調了籍貫以佐證，王夫之指出「如吳巒、王權之不忍陷身污歲者，固吞聲翹首以望王師，則取之也易」。〔註156〕這一方面說明「漢人思漢」也是取勝迅速的一個政治原因，另一方面說明圍繞御營的「胡騎」才是遼軍內圈防禦的主力出現，故此次戰役的軍事記載中唯有「先鋒都指揮使張藏英破契丹數百騎於瓦橋關北」〔註157〕涉及契丹兵員。據正史記載，遼帝已準備親征，而且，契丹使告急北漢，劉「承鈞將發兵，而世宗班師，乃已。」周世宗繼續深入的風險加大，未知鹿死誰手。後周儘管連年取勝，士氣高昂，但實力比統一後的北宋仍差得多，有成為強弩之末的可能，直取幽州恐怕危險很大。看來漕運的軍事效能同樣是促使北伐迅速取勝的關鍵，而漕運手段的不足也會限制了北伐的繼續進展。

第三，運河水軍在這次作戰中繼續發揮了重大作用。有學者認為：「後周之所以能取得南征而悉平江北，北伐而盡取燕南的巨大勝利，顯然，與後周擁有一支強大的水軍是分不開的。」〔註158〕我認為水軍之所以能南北調動，

〔註154〕《舊五代史》，卷119，《周世宗列傳六》，顯德六年條，中華書局，1976年。
〔註155〕《資治通鑑》，卷294，顯德六年條，中華書局，1956年。
〔註156〕《讀通鑑論》，卷30，945頁，中華書局，1975年。
〔註157〕《舊五代史》，卷119，《周世宗本紀六》，顯德六年條，中華書局，1976年。
〔註158〕何燦浩，《唐末五代的水軍與水戰》，寧波大學學報（人文社科版），2001年3

支持攻城、陸戰、軍需、運兵，和疏濬運河不可分，因為在討論中我們可以看到水軍是在汴京組織、訓練的，並從汴京出發到北至瓦橋關、南至長江的地方。可以講運河工程修到哪裏，仗打到哪裏，水軍開到那裡，發揮運輸物資和人員的重要作用。

四、餘　論

綜上所述，周世宗善用漕運，成功地推動統一的歷史進程，做出了巨大的歷史功績，為實現統一而開展的漕運活動和軍事活動為宋朝進一步完成統一打下了良好的基礎。

第一，周世宗統一戰爭改善了中原王朝的戰略形勢。

後周建立的時候，戰略形勢對中原王朝並非有利。王夫之指出：「且自朱溫以來，所號為中國主者，僅橫亘一線於雍、豫、兗、青之中，地狹力微，不足以逞志。而立國之形，犬牙互入，未能截然有其四封，以保其內而應乎外」。〔註159〕後周立國時，遼國佔有幽雲地區，侵入河朔，北漢割據河東；歸義軍、定難軍、西州回鶻分割了河西隴右的土地；後蜀越過漢中盆地佔有秦鳳成階四州，再加上南唐與南平，這使後周處於七個政權包圍之中，轄地綿長千里，對遼、蜀等對手多在同一地形條件下對峙，彼此缺乏自然屏障，所以後周的周邊形勢很不利。周世宗用經濟成本低的作戰方式逐步取勝，改變戰略對比，結果借助漕運這根血管把後周這張緊張的皮舒張開來，把關南、淮南、四州這幾塊肌肉包容進來，等到北宋繼承後周的軀殼時，戰略形勢大大改觀，西有崇山峻嶺，南有長江，北有瓦橋關，進可攻，退可守，可以主動的選擇用兵先後方向。

第二，周世宗重建漕運體系，並奪取了南唐富裕的淮南地區，使得日後宋朝重建中央集權有了良好的經濟運作基礎。

經過後周對河南四河漕運網的重建，在開封養禁兵及家屬百餘萬也並不是很難。後周禁軍發展到五代的最大規模，有數十萬之眾，且有水陸兵種與水軍營地設施。正如關南之戰所表現出的，一有號令即可水運禁軍人員與漕糧物資盡快的抵達前線。聯結河北、河東、河南、淮南各地的漕運交通網絡已經重新形成，徵糧派兵也比以前容易得多，於是已經在五代中前期遭到削

月，第 42 頁。

〔註159〕《讀通鑒論》，卷 30，1102 頁。中華書局，1975 年。

弱的藩鎮勢力反抗起來更加困難。這無疑對後來宋朝削除藩鎮的措施打下了
堅實的基礎。因此宋初的軍事統一和恢復中央集權的過程也加快步伐順利實
現。宋太祖趙匡胤本人曾指揮後周水軍作戰，親眼目睹了周世宗戰略的威力，
把漕運交通手段促進統一戰爭的政策從後周延續到北宋。北宋初年統治者仍
很重視「造船務」並常常視察金明池那裡的訓練。宋太祖登基之後淮南藩鎮
李重進謀反。建隆六年（960）十月，太祖御駕親征：「庚寅，上發京師，百
司六軍並乘舟東下」，把包括禁軍和朝廷的整個國家機器沿運河用水軍船隻送
到了淮南。十一月，「甲辰，次泗州，捨舟登岸，命諸將鼓行而前」〔註160〕，
威勢赫赫，一下子平定了叛亂。又如宋太祖乾德元年六月因南唐主增修戰備，
「命鎮國節度使宋延渥帥禁旅數千習戰於新池」〔註161〕；宋太祖滅南唐時也
曾經「鑿橫江河以通糧道」〔註162〕。北宋統一後，統治者仍然重視漕運，擴
大軍事與經濟運輸能力，支持邊防與統一戰爭，把以開封為漕運中心構築新
政權的軍事政治經濟等各方面政策繼續下去。

第五節　五代時期的漕運與北方邊防

（原文發表於《內蒙古社會科學》2007年第4期，文字標題有所修訂）

摘要：

　　五代時期北方邊防和漕運的關係非常密切，且在各王朝有各自的特色。
漕運活動根據邊防重心的變化，以重東輕西為整體特點。五代前期漕運對中
央王朝東北地區的邊防後勤發揮了很大支持作用，但在五代後期在利用漕運
支持邊防的表現上既有消極的也有積極的戰略變化。這些變化對後來宋代軍
事史的發展打下了深深的烙印。本文對這些軍事史和漕運史現象及其反映的
規律性做一深入研究。

關鍵詞：五代；北方；邊防；漕運

〔註160〕《續資治通鑒長編》，卷1，建隆元年條，中華書局，1979年。
〔註161〕《冊府元龜》，卷498，《邦計部·漕運》，乾德元年條，中華書局，1982年影
　　　　印本。
〔註162〕《續資治通鑒長編》，卷16，開寶八年條，中華書局，1979年。

在以往的研究中對於五代時期的漕運，特別是五代王朝的漕運政策，以往的學術研究很少涉及其對軍事的影響。通史著作和斷代史專著提及五代的部分，較少從軍事和漕運的關係上展開討論。有關中國古代漕運史和經濟史的專著與論文很多，而論及五代漕運的相對較少，且多從交通史角度把交通對於經濟的作用作爲論述主題。漕運史專著中有吳琦《漕運與中國社會》一書的《漕運與古代軍事》一章，論述漕運對邊防運糧有支撐作用，保障地方駐軍用糧，是進行統一、征服、鎮壓、平亂的有力的必要後盾，對唐宋等統一時期的漕運與軍事互動的普遍性問題討論深刻，可惜對五代漕運的特殊性變化方面沒有給予足夠的重視。筆者認爲五代時期漕運政策與邊防問題發展的關係很密切，邊防形勢與唐代相比發生很大變化，如邊防重心從西北向東北轉移。這種變化又對宋代有很大影響，因此有深入研究的必要，故我對這一問題作系統的考察。

一、隋唐一統局面與漕運體系的共同瓦解

中國古代漕運與軍事的關係十分密切，軍事活動很多都是以漕運作爲強大的後勤支持。自秦漢就利用漕運降低西北邊防的財政成本。隋唐的外敵重點都是在西北，雖然也曾與高麗和契丹作戰，但自武則天以後東北的少數民族和外國不再構成對中原的大威脅。安史之亂後，河北藩鎮坐大，成爲中央王朝的心腹大患，而東北民族關係相對和睦。河北「藩鎮擅地務自安，鄣戍斥候益謹，不生事於邊；奚、契丹亦鮮入寇」，[註163] 而吐蕃和回鶻等西北民族卻構成軍事壓力，因此我們可以認爲中晚唐的北方邊防重心在西北。唐朝統治中心始終在長安，以大運河溝通黃渭，深入長安地區，可以與西北軍事交通系統相配合。唐朝還設有代北水運使負責黃河上游乃至西北部分地區的漕運供軍事務。在吐魯番哈剌和卓附近阿斯塔納出土的唐代稅布上有文字顯示其來自江南：「「婺州信安縣顯德鄉梅山裏祝伯亮租布一端，光宅元年十一月日」，「婺州蘭溪縣瑞山鄉從善里姚群庸調布一端，神龍二年八月日」[註 164]，足證江淮漕運對唐西北邊防的支持作用。中晚唐的党項也不強大，諸部也不統一。即使在安史之亂以後，党項繼續東遷接近關中，都沒有造成大的民族問題，唐王朝基本上可以

〔註163〕〔宋〕歐陽修等，《新唐書》，冊20，卷219，《北狄列傳》，中華書局，〔北京〕，1975。

〔註164〕全漢昇，《唐宋帝國與運河》，國立中央研究院歷史語言研究所專刊，第 39 頁，商務印書館，〔北京〕，民國 35 年（1946）。

駕馭的了他們。

黃巢起義後邊防局面有所改變，契丹開始侵擾臨近民族，併入塞爲寇。「光
啓時，方天下盜興，北疆多故，乃鈔奚、室韋，小小部種皆役服之，因入寇幽、
薊。」由州節度使劉仁恭父子用武力和詐計，迫使契丹屈服結盟，保持了唐末
東北邊防的安寧。「劉仁恭窮師逾摘星山討之，歲燎塞下草，使不得留牧，馬
多死。契丹乃乞盟，獻良馬求牧地，仁恭許之。復敗約入寇，劉守光戍平州，
契丹以萬騎入，守光僞與和，帳飲具於野，伏發，禽其大將。群胡慟，願納馬
五千以贖，不許。欽德輸重賂求之，乃與盟，十年不敢近邊。」〔註 165〕在西
北，隨著藩鎮交爭局面的全面擴大，党項拓跋氏集團也成爲割據夏綏等州的名
符其實的藩鎮。唐王朝滅亡過程中，拓跋氏集團成爲西北党項的政治核心，逐
漸強盛，但還沒有成爲大的威脅。黃巢起義後漕運活動江河日下，唐王朝也就
難以維持統治。唐末五代初年北方漕運系統經過軍閥混戰與自然災害的破壞，
變得支離破碎。汴河埇橋以東段化爲沼澤，〔註 166〕黃河經常泛濫，唯以永濟
渠爲主幹的河北漕運網基本保持完整，黃河下游在沒有災害的時候也還可支持
一定量的軍事交通。五代時期北方民族格局的特點是契丹崛起，建立一個大帝
國，五代的東北邊防首當其衝，即河東鎮與河北五鎮之邊防，以契丹爲防禦對
象。党項雖然也在加強內部政治凝聚力，但是其實力增長速度遠不能和契丹相
比，這就決定了五代王朝的邊防重點轉移到東北，有限的資源被投入到河北地
區的漕運活動中以求增強對契丹的防禦能力。

二、後梁後唐時期邊防得消極防禦與後勤漕運的建設

後梁建立時，河北和河東的藩鎮仍然保持自立。後梁控制的疆土不與契
丹接壤，談不上有何邊防政策，唯劉仁恭割據的幽州鎮和李克用父子佔據的
河東地區與契丹比鄰。朱溫採取了聯合契丹、幽州鎮對付河東集團的策略，
李克用也拉攏契丹。契丹首領阿保機反覆無常，但主要還是南犯河北，在李
存勗的後方製造困難。李存勗奪取幽州鎮以後任命周德威來鎮守，他「恃勇
不修邊備，遂失榆關之險。契丹每芻牧於營、平之間，陷新州，德威復取不

〔註 165〕〔宋〕歐陽修等，《新唐書》，冊 20，卷 219，《北狄列傳》，中華書局，〔北京〕，
　　　　　1975。
〔註 166〕〔宋〕司馬光等，《資治通鑒》，卷 292，《後周紀三》，中華書局，〔北京〕，
　　　　　1982。

克」。〔註167〕阿保機後來又得到降將盧文進爲嚮導，連年入塞，「盧龍巡屬諸州爲之殘弊」，營州、平州都被攻陷。〔註168〕好在河東集團兵力強大，抵禦得了契丹，有時還能獲勝。

公元 923 年，後唐滅後梁，對黃河流域大部分實現了統一，對契丹開始實行積極防禦的策略，也開始重視支持邊防的後勤漕運系統。唐代遺留的漕運線多已衰敗，漕運系統保留相對完整通暢的唯有河北永濟渠系統，發展漕運的基礎比較好。滹沱河、海河、桑乾河、永定河、漳河均彙入永濟渠，河東鎮、昭義鎮與河北五鎮的水路交通則可以永濟渠爲主幹彙成網絡，支持割據戰爭、邊防戰爭與平叛戰爭。朱溫爭奪河北時，魏博節度使羅紹威沿永濟渠輸送物資：「紹威飛挽餽運，自鄴至長蘆五百里，疊迹重軌，不絕於路。又於魏州建元帥府署，沿道置亭候，供牲牢、酒備、軍幕、什器，上下數十萬人，一無闕者」〔註169〕。文中「飛挽」顯然包括漕運，因爲長蘆屬滄州，而永濟渠自魏州延伸至滄州入海。另據《舊五代史》卷二《梁太祖本紀》天祐三年條注文引《容齋續筆》：「滄州還師，悉焚諸營資糧，在舟中者鑿而沈之。守文遺全忠書曰：『城中數萬口，不食數月矣，與其焚之爲煙，沈之爲泥，願乞其所餘以救之。』」山積的糧糧看來多數是水運所得。

河北地區地形在燕山山脈以南主要是平原地帶，利於騎兵作戰。在梁晉（後唐）戰爭中，契丹就不斷騷擾幽州鎮，作戰方式常常是打擊糧道。盧文進叛逃出塞後，契丹在「同光之世，爲患尤深。文進在平州，率奚族勁騎，鳥擊獸搏，倏來忽往，燕、趙諸州，荊榛滿目。軍屯涿州，每歲運糧，自瓦橋至幽州，勁兵猛將，援遞糧車，然猶爲契丹所鈔，奔命不暇，皆文進導之也。」〔註170〕襲擊糧運，成爲契丹打擊中原軍事力量，消耗其經濟力量和製造恐怖恫嚇民眾的手段。一直到後晉契丹都曾用這種戰術對陸路糧運進行劫奪。水運成本本來就比陸運低，而陸運由於契丹的騷擾變得更不安全，「成本」更加高於漕運，使河北邊防供應十分艱難，後唐尚未完成統一，力量也不足

〔註167〕〔宋〕薛居正等，《舊五代史》，卷28，《莊宗紀》，冊2，中華書局，〔北京〕，1976。

〔註168〕〔宋〕司馬光等，《資治通鑑》，卷 271，《後梁紀六》，中華書局，〔北京〕，1982。

〔註169〕〔宋〕薛居正等，《舊五代史》，卷 14，《羅紹威列傳》，中華書局，〔北京〕，1976。

〔註170〕〔宋〕薛居正等，《舊五代史》，卷 97，《盧文進列傳》中華書局，〔北京〕，1976。

以主動進攻，只好發展漕運以進行積極防禦，還設置河北轉運使、北面轉運使等職務駐節河北，負責組織漕運糧餉，支持各種軍事活動。後唐明宗時河北易定鎮王都作亂，勾結契丹。後唐任命王晏球爲北面行營招討使，以劉審交爲轉運供軍使，樞密使、權知鎮州軍府事范延光爲鎮州節度使兼北面水陸轉運使，分別協調軍事作戰與後勤供應事務。在這次戰役中河北漕運發揮了很大作用，故天成四年（929）三月「丙申，詔鄴都、幽、鎮、滄、邢、易、定等州管內百姓，除正稅外，放免諸色差配，以討王都之役，有挽運之勞也」〔註171〕，而王晏球歸朝亦「謝久勞饋運」。

後來，在契丹威脅下首當其衝的幽州鎮又實施了一系列軍用漕運工程，收效明顯。長興三年（932），「幽州奏重開府東南河路一百五十里，闊九十步，以通漕運。五月幽州進王新開東南河路圖，自王馬口至淤口長一百六十五里，闊六十五步，深一丈二尺，可勝漕船千石」。〔註172〕這證明中原地區借助漕運運送邊防給養的措施在後唐統一中原後開始有新的發展。與契丹騷擾邊境、專截運糧的戰術針鋒相對，（幽州鎮）盧龍節度使趙德鈞又於閻溝、三河設良鄉縣、三河縣、潞縣等城壘以保護運糧的路線。第一，趙德鈞「奏發河北數鎮丁夫，開王馬口至遊口，以通水運凡二百里。又於閻溝築壘，以戍兵守之，因名良鄉縣，以備鈔寇。」〔註173〕良鄉縣的設置是爲了保護新開運河。第二，「又於州東北百餘里城三河縣以通薊州運路，虜騎來爭，德鈞擊卻之。九月，庚辰朔，奏城三河畢。邊人賴之」。〔註174〕「自擒破惕隱，禿餒之後，德均又於其東築三河城以遏虜寇，三河接薊州，有漕運之利。」〔註175〕第三，「又於州東五十里故潞縣擇潞河築城以兵守之，而近州民方敢耕稼」。〔註176〕沿著運河漕渠，一系列城池壁壘修築起來，形成嚴密的邊境交通與防禦體系。顯然胡漢雙方都認識到漕運工程對雙方軍事攻守形勢優劣的重大意義，因此契丹一再出兵阻撓。史言三河城「初聚工興，虜騎遮我糧舡，云此我疆界，安得設版築。德鈞以理責之，出師將擊，虜乃退去，故城守堅完，到今（宋）爲

〔註171〕〔宋〕薛居正等，《舊五代史》，卷40，《明宗紀》，中華書局，〔北京〕，1976。
〔註172〕〔宋〕王欽若等，《冊府元龜》，卷498，中華書局，〔北京〕，1989。
〔註173〕〔宋〕薛居正等，《舊五代史》，卷98，《趙德鈞列傳》，中華書局，〔北京〕，1976。
〔註174〕〔宋〕司馬光等，《資治通鑒》，卷278，《後唐紀七》，中華書局，〔北京〕，1982。
〔註175〕〔宋〕王欽若等，《冊府元龜》，卷410，中華書局，〔北京〕，1989。
〔註176〕〔宋〕王欽若等，《冊府元龜》，卷498，中華書局，〔北京〕，1989。

形盛之要」。看來趙德鈞的建樹不僅對當時，甚至對宋朝的邊防都留下了積極影響。從地理位置上看，桑乾河、潞水、沟水、沽水都在幽州東南的地方彙入永濟渠。薊州在沽水和沟水之間，潞縣在潞水沿岸，潞水與沟水之間，幽州城在桑乾河以北，良鄉在桑乾河以南，經過趙德鈞的經營，城壘與漕河構成了一個有機的防禦體系。故在石敬塘通敵前，幽雲十六州雖屢遭侵擾，守禦卻還穩固。

　　作爲對比，河東地區的邊防供應形勢很困難。因爲契丹的威脅迫使中原王朝用軍隊掩護運送軍糧的百姓與糧車，而水運交通不便的州縣的供應就非常麻煩，陸運軍糧成本既高又不安全。如後唐清泰二年（935）「河東節度使石敬瑭奏，邊軍乏芻糧，其安重榮巡邊兵士欲移振武就糧。從之。尋又奏，懷、孟租稅，請指揮於忻、代州輸納。朝廷以邊儲不給，詔河東戶民積粟處，量事抄借，仍於鎮州支絹五萬匹，送河東充博采之直。是月，北面轉運副使劉福配鎮州百姓車子一千五百乘，運糧至代州。時水旱民饑，河北諸州困於飛挽，逃潰者甚眾，軍前使者繼至，督促糧運，由是生靈咨怨。」〔註177〕這說明漕運在受到地理環境和氣候的限制的時候，邊防供應也會比較困難。

　　總之，後梁後唐時期中原騎兵不如契丹騎兵強悍，平原作戰處於劣勢，只好堅壁清野，據城以守，以漕路運糧來減輕糧道所受威脅，因爲騎兵攻擊運糧船有相當難度，而此時契丹尚不善攻城和水運，幽雲十六州北面的燕山山脈也提供了屏障作用，後唐的邊防形勢也還算穩定。

三、後晉時期邊防的頹勢與漕運的衰敗

　　後唐末年，石敬瑭爲了當皇帝，割幽雲十六州與契丹。桑乾水、鮑丘水、潞水、易水、拒馬河等從幽州附近流入永濟渠末段的河流就都並進了遼國境內。永濟渠下游是在滄州和幽州交界處入海的，本是隱在幽州鎮後面的供應線，此時竟變成了胡漢界河，後勤漕運體系變得支離、虛弱，遼兵南下河北平原勢不可擋。石敬瑭實行屈膝媚事遼國的政策，邊事較少。晉出帝石重貴即位後，掌握兵權的景延廣不顧國力衰弱和喪失邊關要地的現實困境，挑釁契丹，結果契丹鐵騎四次南下，縱橫馳騁。晉軍一旦與之野外遭遇，唯能「爲方陣以禦之」。契丹依仗騎兵良好的機動性，善於包抄和截糧。「契丹以大兵當晉軍之前，潛遣其將蕭翰、通事劉重進將百騎及贏卒，並西山出晉軍之後，

<hr>

〔註177〕〔宋〕薛居正等，《舊五代史》，卷47，《末帝紀》，中華書局，〔北京〕，1976。

斷晉糧道及歸路。樵採者遇之，盡爲所掠；有逸歸者，皆稱虜眾之盛，軍中恟懼。翰等至欒城，城中戍兵千餘人，不覺其至，狼狽降之。契丹獲晉民，皆黥其面曰「奉敕不殺」，縱之南走。運夫在道遇之，皆棄車驚潰」。〔註178〕在這情勢下，陸運軍糧的成本和風險都增大了，「時易州地孤，漕運不繼，制令邢、魏、相、衛飛輓以輸之，百姓荷擔累累於路，（恒定節度使張）彥澤每援之以行，見羸困者，使其部眾代而助之。泊至北邊，不令百姓深入，即遣騎士以馬負糧而去，往來既速，且無邀奪之患，聞者嘉之」。〔註179〕這樣大費周章的運糧，實在是不得已。

後晉抗遼不斷遭受挫敗，形勢日趨被動，實際上只能進行消極的防禦，只好加重了對河北有堅城固壘的漕運要地的依賴，甚至轉爲依賴漕運與界水被動防禦，即在野戰失利後扼守河北城池。例如永濟渠漕運運路樞紐貝州的戰略地位在當時日益上昇。後晉設永清軍於貝州，南依魏博重鎮，北以橫海、順國、義武諸鎮爲屏，因運河過境而爲邊防二線重鎮和軍事物資集散中心：「先是朝廷以貝州水陸要衝，多聚芻粟，爲大軍數年之儲，以備契丹」，因此爲遼、晉必奪。開運元年（944年）契丹入侵，軍校邵珂「密遣人亡入契丹，言『貝州粟多而兵弱，易取也』」，「引契丹自南門入」，後晉因此慘敗，〔註180〕契丹也趁機大舉南下。契丹北撤後仍不願放棄此地，「留趙延照爲貝州留後」。後晉努力收復貝州，結果與遼方在邊防線局部以河水形勢僵持。後晉鄴都留守張從恩上書「趙延照雖據貝州，麾下兵皆久客思歸，宜速進軍攻之。」晉出帝詔以從恩爲貝州行營都部署，督諸將擊之。趙延照「縱火大掠，棄城而遁，屯於瀛、莫，阻水自固。」〔註181〕胡三省注曰：「瀛、莫之間多水裏，故趙彥照阻以爲固。」這是後來宋代以界水爲防禦手段的濫觴，可是胡強漢弱，後來眞正借河水「阻以爲固」的是中原王朝而非契丹政權。貝州的陷落也凸現了依賴漕運被動防守的戰略的消極方面。此時五代東北邊防至此已經惡化到極點。

〔註178〕〔宋〕司馬光等，《資治通鑒》，卷285，《後晉紀六》，中華書局，〔北京〕，1982。

〔註179〕〔宋〕薛居正等，《舊五代史》卷98，《張彥澤列傳》，中華書局，〔北京〕，1976。

〔註180〕〔宋〕司馬光等，《資治通鑒》，卷283，《後晉紀四》，中華書局，〔北京〕，1982。

〔註181〕〔宋〕司馬光等，《資治通鑒》，卷284，《後晉紀五》，中華書局，〔北京〕，1982。

後漢建立之後只維持了三年左右，郭威被派到鄴都坐鎮，主持防禦。郭威到任後「以河北困弊，戒邊將謹守疆場，嚴守備，無得出侵掠，契丹入寇，則堅壁清野以待之」。〔註182〕契丹主耶律德光在北歸途中病死，兀欲繼承皇位後，契丹內部長期不穩定，南下的軍事壓力有所減輕。

四、後周的積極反攻與漕運系統的整頓

後周時河北邊防形勢又有新的變化。好在契丹內部矛盾尖銳化，國力也有所衰落，不能構成太大的威脅。北漢和遼國結盟，派李存瑰南下，契丹主應約相助，可「諸部皆不欲南寇，契丹主強之。癸亥，行至新州之西火神澱，燕王述軋及偉王之子太寧王漚僧作亂，弒契丹主而立述軋。契丹主德光之子齊王述律逃入南山，諸部奉述律以攻述軋、漚僧，殺之，並其族黨。立述律爲帝，改元應曆。……契丹主年少，好遊戲，不親國事，每夜酣飲，達旦乃寐，日中方起，國人謂之睡王。」〔註183〕

當時契丹內部存在著統治危機。後周李濤之弟李浣在契丹爲勤政殿學士，說服幽州節度使蕭海眞內附，上表說：「契丹主童呆，專事宴遊，無遠志，非前人之比，朝廷若能用兵，必克；不然，與和，必得。二者皆利於速」。〔註184〕

當周世宗登上皇位時，有利統一的各種因素都在加強。遼國雖然無力大舉南侵，但邊境地區的小規模侵擾卻不中斷。世宗初年遼軍橫渡胡盧河，突破界水屏障，後周在貝州再作縱深防禦，繼續以前的軍事攻守定式。「契丹將高謨翰以葦筏渡胡盧河入寇，至冀州，成德節度使何福進遣龍捷都指揮使劉誠誨等屯貝州以拒之。」〔註185〕顯德二年（955）「言事者稱深、冀之間有胡盧河，橫亙數百里，可濬之以限其奔突」，周世宗「詔忠武節度使王彥超、彰信節度使韓通將兵夫濬胡盧河，築城於李晏口，留兵戍之。……自是契丹不敢涉胡盧河，河南之民始得休息」。〔註186〕陶懋炳就此指出周世宗濬修葫蘆河

〔註182〕〔宋〕司馬光等，《資治通鑑》，卷 289，《後漢紀四》，中華書局，〔北京〕，1982。

〔註183〕〔宋〕司馬光等，《資治通鑑》，卷 290，《後漢紀五》，中華書局，〔北京〕，1982。

〔註184〕〔宋〕司馬光等，《資治通鑑》，卷 290，《後周紀一》，中華書局，〔北京〕，1982。

〔註185〕〔宋〕司馬光等，《資治通鑑》，卷 291，《後周紀二》，中華書局，〔北京〕，1982。

〔註186〕〔宋〕司馬光等，《資治通鑑》，卷 292，《後周紀三》，中華書局，〔北京〕，

「收到禦敵、通漕、溉田三種效果」。〔註 187〕

不難看出，自後晉以來邊防形勢惡化的局面略有疏緩，這對河北邊區的防禦與社會安定起到了一定保障作用。歷史證明，中原王朝堅守漕運要地城池和借瀛莫以南一帶平原水勢阻擋遼軍的的辦法仍是被動挨打的表現。從戰略角度講，弱國也不可以一味被動挨打，即便是三國時期最弱的蜀國還有「六出祁山」之舉。後晉以來被動防守局面的改觀要到周世宗採取「以攻為守」的積極主動的政策才有所改變。

顯德六年周世宗發動北伐，在戰前先治理運河，借水路進軍。這是因為後周騎兵較契丹為劣，然而契丹無水軍，後周水軍北上不會發生水戰，結果達到了快速、隱蔽地運送軍隊與軍需的目的，竟以水軍之長補騎兵之短。顯德六年（960）二月周世宗「命王樸如河陰按行河堤，立斗門於汴口」，又命韓通、吳廷祚「發徐、宿、宋、單等州丁夫數萬濬汴水」，「命馬軍都指揮使韓令坤自大梁城東導汴水入於蔡水」。四月「韓通奏自滄州治水道入契丹境，柵於乾寧軍南，補壞防，開遊口三十六，遂通瀛、莫。乙未，大治水軍，分命諸將水陸俱下」。軍事物資全憑水運，「凡供軍之物，皆令自京遞送行在。」水路直通三關要地。世宗「駕御龍舟，率舟師順流而北，首尾數十里。辛丑，至益津關。」遼方很多守將不戰而降。「關南平，凡得州三、縣十七、戶一萬八千三百六十。是役也，王師數萬，不亡一矢，邊界城邑皆望風而下」。〔註 188〕後周輕易地取得重大勝利，奪取了關南之地。周軍拿下益津關後，自是以西「河路漸狹，舟不能進，乃捨舟陸行」〔註 189〕；取瀛州後，周軍在安陽水上做橋，解決交通問題。可見隨著軍事縱深的發展，地理條件變化，河道或是狹窄或是缺乏濬疏，高效水運難以維持，導致繼續作戰的成本和風險加大。周世宗也恰好因病重退兵。看來漕運的軍事效能也是促使北伐迅速取勝的重要原因，而漕運手段的不足也會限制北伐的進展。從汴京到瓦橋三關的水路運輸經過疏濬工程變得更加暢通。後周還設置關南諸州的轉運使管轄漕運供軍事務，「以三司副使王贊為內客省使兼北面諸州水陸轉運使」〔註 190〕，以新得關隘和水勢為界防守，五代後期邊防形勢才大為改觀。

　　　　1982。
〔註 187〕陶懋炳，《五代史略》，307 頁，人民出版社，〔北京〕，1985。
〔註 188〕〔宋〕薛居正等，《舊五代史》，卷 119，《世宗紀》，中華書局，〔北京〕，1976。
〔註 189〕〔宋〕歐陽修，《新五代史》，卷 73，《四夷附錄》，中華書局，〔北京〕，1974。
〔註 190〕〔宋〕薛居正等，《舊五代史》，卷 120，《恭帝紀》中華書局，〔北京〕，1976。

五、結　論

　　經過分析可以看到，五代時期北方邊防和漕運的關係比較密切，並可以從中得出對漕運史和邊防軍事史的規律性認識。從五代歷史來看，利用漕運支持北方邊防確實存在著可能性、必要性和有效性。後梁、後漢姑且不論。後唐、後晉、後周三個朝代，代表了三種不同情況。後唐國力在五代中較強，而契丹剛剛興起，實力亦強，後唐保有幽雲十六州，防禦上有地理優勢，主動利用漕運積極防禦，收效很好。後晉國力在五代中較弱，契丹國力較強，後晉喪失幽雲要地，防禦上無險可依，消極利用漕運，被動防禦，以至於亡國。後周在五代中國力較強，契丹內部有矛盾，後周軍事上同樣無險可依，主動利用漕運積極防禦，甚至以攻爲守，取得軍事勝利。

　　從後唐、後周的歷史經驗看，良好的漕運供應可以對邊防產生很大的支持作用，可以使城壘的守禦堅固而持久，這就是後唐幽雲地區可以在契丹鐵蹄面前堅守的原因之一，也是周世宗收復關南的原因之一。這說明在中原國家實力不足以戰勝游牧帝國的時候，利用漕運供應邊防是可行的，而雙方實力對比一旦發生有利於自身的變化，則借助漕運主動出擊成爲可行的策略。周世宗善於運用漕運推進軍事活動。五代漕運在他的治下達到高峰，並遺惠北宋。北宋繼承和發展了五代利用界水與運河加強河北邊防的政策。「緣邊漕運，獨賴運河」，江淮財賦沿著周世宗疏通的運路經汴京可直抵邊關，又有很多短途運河聯繫河北軍事要地。從後晉的歷史看，僅僅依賴漕運被動防禦是靠不住的，特別是石敬瑭出賣幽雲十六州以後，漕運的後勤支持功能就變得蒼白無力，這也是周世宗要主動北伐，改變防禦格局的原因。這不但說明妥協退讓、消極被動的進行防禦是不可取的，也說明了漕運的局限性，特別是在地理上的局限性。漕運的地理局限性是由於漕運主要是在水運基礎上進行的活動，不能脫離天然與自然河道進行，因此機動性也有限度。幽雲淪喪後，契丹騎兵進入河北平原，如同潰堤的洪水彌漫於河北平原，則可盡意馳騁，機動性極好。後晉如不能以多數兵力速決戰，則後勤供應上無論用水運陸運都會非常被動。周世宗主動北伐在深入北方後，也曾經遇到過水運地理局限性的阻礙。

　　此外，五代時期主要的軍事漕運資源投入在河北防禦中，固然因爲契丹的威脅要比其他少數族大一些，且是漕運與軍事形勢長期變化的客觀後果。但軍事史的長期發展趨勢是由多種因素決定，五代和宋初的統治者雖然重視

河北漕運，但始終沒解決好契丹的威脅問題。當宋朝在河北常吃敗仗的時候，西夏帝國的黎明正在悄悄到來。因此，五代邊防重心和漕運體系兩者的關係反映前者的變化對後者的發展有一定影響作用。因為漕運體系的功能包括為邊防服務的軍事功能，所以它的內部結構也會順應軍事形勢的變化而變化。變化後的漕運體系結構也可能會對軍事形勢發生順應的影響。古代國家為善用漕運體系的這種功能，會順應歷史發展包括軍事發展的趨勢來變革和利用自己的漕運體系，而且要預知這種變化而改進現有的漕運體系，前者往往是很自然的事情，後者一般很難及時的做到，要受統治者的識見限制。

第六節　小　結

隋朝的統一結束了幾百年來的分裂，再造大一統的局面，然而長期分裂所造成的地域觀念和地域對立不會輕易消失，隋朝君主為建立新的維持統一的紐帶而煞費苦心，在戰略上結合軍事與漕運大事建設。甚至有學者指出隋朝漕運和倉儲的規模達到「空前絕後」的程度。隋煬帝的漕倉建設表明自秦漢以來在軍事與交通要衝大修漕倉城的傳統得到新的發揚，達到新的高峰，大一統集權國家的軍事權力再次以漕倉城為支柱和標誌牢固地豎立在隋唐運河帶沿岸。

唐末的戰亂再次瓦解了持續近三百年的統一，橫行的地方軍閥衝擊和撕裂了大運河漕運網，摧塌了帝國的經濟命脈和軍事供給來源。歷史再次證明全國漕運系統的良性發展與大一統國家的興衰是幾乎平行的曲線，然而新時期的軍事領導者經歷了短暫的混沌狀態，似乎對運河漕運有了更清晰的看法。隨著統一趨勢的再次加強，在後周王朝時期，漕運系統的重建與統一戰爭活動再次形成相互促進的良性循環，為軍事後勤服務臨時設置的方面轉運使職也向固定化方向發展，國家的軍事權力乃至政治權力被重新樹立起來。

第四章　隋唐海上力量與東亞國際關係

第一節　唐太宗與高句麗之戰跨海戰略——兼論海上力量與高句麗之戰成敗

（原文發表於《史林》2011 年第 4 期）

摘要：

　　高句麗政權阻礙隋唐大一統的完成，引發平高句麗之戰。百濟佔有東亞軍事地緣的樞紐地位。海上力量與跨海平百濟是隋唐高句麗之戰取勝的戰略關鍵。隋朝對海上力量的運用不足，重視不夠，且對百濟的外交很不成功。真正重視海上力量並提出跨海平百濟戰略的是唐太宗，可惜他終生沒能找到機會實施。太宗發展了強大的海上作戰力量，並把對戰略重點由陸路逐步轉向海上，並逐步南移，太宗去世後，高宗繼承遺志，利用外交形勢完成戰略規劃，獲得最後勝利。

關鍵詞：海權；海上力量；高句麗之戰；唐太宗；跨海平百濟

　　海權與海上力量事關國家興亡，關乎國家安全及外交成敗。隋唐國家為重建大一統局面，收復遼東失地而平定高句麗與百濟，重建東亞國際關係，促進華夏民族復興，並重建古代東亞世界新局面，堪為後世稱譽。唐朝運用海上力量促成「跨海東征」，成功奪取東亞戰略主動權。其中戰略成敗經驗不

可不加以觀察，以爲後世鑒。至今學術界對高句麗之戰研究不少，多對戰役本身及其對東北亞政局及相關國家歷史進程影響發表議論，對唐軍軍事力量研究不多，且中美學者普遍認爲對戰爭成敗影響最大的「跨海平百濟」是在唐高宗時期作出決策，至今沒有人對唐太宗所起的決策作用給予應有的評價，這是本文論述的重點問題。

一、相關學術回顧

對於平定高句麗之戰包括跨海平百濟的戰略決策及成敗，以往學術研究體現出四個核心問題與本文主題相關。

一是隋唐海陸兩路作戰配合效果問題，如楊秀祖認爲隋軍戰略呆板、戰術笨拙，水陸配合不佳，補給不足，隋朝內部矛盾和高句麗頑強抵抗都是東征失敗的原因，〔註1〕於賡哲認爲貞觀十九年唐軍以速戰速決爲目標，因早寒使陸路糧運艱難，而不得不以穩紮穩打、步步爲營爲戰法，遂無法成功。此役中海軍僅僅是陸軍偏師，在遼東半島南部登陸，沒能充分發揮海軍職能，〔註2〕熊義民從海軍規模、裝備、技術、戰術四方面論證，高度評價唐初海軍的作用，〔註3〕而海軍的戰略運用和海軍戰略地位的階段性變化還應該予以研究。

二是跨海作戰戰略目標問題，喬鳳岐認爲大業十年隋朝改變水陸平壤會師的方略，水軍改在遼東半島登陸，標誌隋唐東征高麗由直取平壤到先攻打遼東的方針轉變與確立。而攻佔百濟，是唐朝對高麗用兵的重要一環，是從南北對高麗全境形成夾擊之勢，和隋朝以水陸兩路直取平壤的軍事部署有著明顯不同。〔註4〕其關於隋戰略的觀點有矛盾之處。

三是隋唐戰略變化過程，包括跨海平百濟戰略決策。張國亮認爲唐軍善於靈活調整戰略，唐太宗親征時期的作戰採取攻城掠地、穩紮穩打的作戰方法，導致兵力的分散、消耗，喪失作戰時機，高宗平定百濟有利於南北夾擊高句麗。〔註5〕劉炬、姜維東的《唐征高句麗史》記敘戰爭過程同時對交戰雙方的政治

〔註1〕楊秀祖：《隋煬帝征高句麗的幾個問題》，《通化師院學報》，1996年1期。

〔註2〕於賡哲：《貞觀十九年唐對高麗的戰爭及其影響》，陝西師範大學碩士學位論文2000年。

〔註3〕熊義民：《從平百濟之役看唐初海軍》，王小甫主編《盛唐時代與東北亞政局》，上海辭書出版社，2003年版。

〔註4〕喬鳳岐《隋唐皇朝東征高麗研究》，中國社會出版社2010年版，第194～195頁。

〔註5〕張國亮：《唐征高句麗之戰的戰略研究》，吉林大學碩士學位論文2008年，第

背景都做出了探討，認為貞觀十九年戰役中唐太宗令水軍攻打遼東而非平壤，沒有發揮作用，貞觀二十二年唐太宗沒有同意新羅提議先滅百濟，是因為唐與百濟不存在實質矛盾，實力也不足控制海東局勢，需要制衡新羅。〔註6〕高宗東征百濟完全是錯誤的戰略選擇，結果只有新羅得利。〔註7〕拜根興認為南北夾擊高句麗戰略的形成和執行是兩回事，永徽初年產生滅百濟的想法，到永徽末滅百濟南北夾攻高句麗戰略最終形成，顯慶四年開始實施。〔註8〕構想的形成「即是唐朝征伐高句麗戰鬥的需要，滅亡百濟，而新羅自始至終派使赴唐單方面的言辭，即新羅的請兵乞師使節的活動亦起到了相當的作用。」〔註9〕以上兩種觀點都有可商榷之處。喬鳳岐認為唐太宗時期調解百濟與新羅矛盾失敗，到高宗時出兵為新羅解圍，在多次調解失敗後，「最終促使唐朝與新羅的軍事聯合」，指出是在唐高宗與朝中大臣經過討論確定的出兵百濟。〔註10〕日本學者堀敏一在《隋唐帝國與東亞》一書中指出「唐朝承諾出兵百濟」，與新羅結成對百濟同盟是在貞觀二十三年唐太宗接見新羅使者金春秋的時候，〔註11〕而我發現唐太宗的戰略計劃實際還有更早的醞釀，這可以借助古代朝鮮史料作深入研究。

　　四是平定百濟的戰略作用。《劍橋中國隋唐史》認為唐高宗擊敗高句麗有兩個有利條件，一是高麗內部生亂，二是「佔領了可從海上得到供應的百濟作為基地，便能迅速打擊高麗的心臟地帶，開闢第二條戰線。」〔註12〕但唐朝如何認識和逐步調整跨海進攻的戰略，在論述中沒有得到體現。喬鳳岐認為平百濟之戰使之成為唐朝作戰基地，解除新羅所受威脅。〔註13〕

　　以上研究均未從海權理論角度對海上力量的作用充分研究，而對至關重要的跨海平百濟戰略的出臺、實施的歷史真相還需要進一步認識。高句麗之

　　16頁。
〔註6〕劉炬、姜維東：《唐征高句麗史》，吉林人民出版社2006年版，第213頁。
〔註7〕劉炬、姜維東：《唐征高句麗史》，第239頁。
〔註8〕拜根興：《七世紀中葉唐與新羅關係研究》，中國社會科學出版社2003年版，第189頁。
〔註9〕拜根興：《七世紀中葉唐與新羅關係研究》，第256頁。
〔註10〕喬鳳岐：《隋唐皇朝東征高麗研究》，第155～156頁。
〔註11〕〔日〕堀敏一著，韓昇編，韓昇、劉建英譯：《隋唐帝國與東亞》，雲南人民出版社2002年版，第46頁。
〔註12〕〔英〕崔瑞德編：《劍橋中國隋唐史》，中國社會科學出版社1990年版，第254頁。
〔註13〕喬鳳岐：《隋唐皇朝東征高麗研究》，第161～162頁。

戰涉及整個東亞，海陸作戰都很重要，而海權因素和海上力量對戰事的影響極其關鍵。英文「海權」一詞為單詞「seapower」，本義並非是海上權利或海上權力，而是海上力量。過去，國內學界廣泛譯詞組「sea power」為「海權」並不恰當，本義為海上力量包括海上權力，其內涵更側重於力量、控制、霸權，而不是「sea right」即海上權利，也有學者譯海權論「sea power theory」為「海上實力論」。〔註14〕海上軍事和貿易力量，海外基地和據點，對地緣政治中戰略要地的控制力和影響力，都是海權的重要基石。馬漢甚至曾經指出：「因此，海權的歷史，從其廣義來說，涉及了有益於使一個民族依靠海洋或利用海洋強大起來的所有事情。」〔註15〕海權是國家海洋戰略與海上軍事戰略的核心與基礎，自古以來，海權隨著海上軍事活動逐步發生發展，實質是包括國家在內的不同力量對海洋的戰略控制，這種控制權包括經濟的和軍事的，既包括對貿易活動、海上交通的控制，也包括對海疆和戰略樞紐以及戰略優勢的控制。海權理論重視制海權和海上力量的作用，這是值得汲取的視角。以隋唐東亞海洋軍事局勢而論，制海權和海上力量也是舉足輕重的戰略因素。

二、從隋唐時期東亞地緣形勢看百濟的戰略樞紐地位

　　隋唐多次用兵，最後只有通過跨海平百濟才使形勢發生扭轉，有海洋地緣因素方面的深刻原因。

　　隋朝朝鮮半島有高句麗、百濟、新羅三個政權。高句麗是中國東北地方政權。漢武帝平定半島，設四郡地，「以高句驪為縣」。南北朝時高句麗乘亂佔據遼東。百濟依靠有利地理位置與南朝保持密切往來，新羅也和南北朝有所來往。日本倭國則通過與南朝的冊封關係努力謀求實現其對半島南部的野心。〔註16〕高句麗繼續擴大勢力，聯合突厥，甚至通過逃亡人口聯繫北齊故地反隋實力，使隋東北疆域非常不穩定。〔註17〕隋朝志在恢復一統，重建以隋帝國為中心的朝貢制國際體系，其要求現實而合理。高句麗對抗，堅持佔據遼東，〔註18〕欺壓百濟新羅，構成了挑戰，故此隋唐必須以一戰擊破高句

〔註14〕 張序三：《海軍大辭典》，上海辭書出版社 1993 年版，第 7 頁。
〔註15〕 馬漢：《海權對歷史的影響》，解放軍出版社 1998 年版，第 1～2 頁。
〔註16〕 韓昇：《東亞世界形成史論》，復旦大學出版社 2009 年版，第 103～106 頁。
〔註17〕 〔英〕崔瑞德編：《劍橋中國隋唐史》，第 128 頁。
〔註18〕 韓昇：《東亞世界形成史論》，第 178～180 頁。

麗，實現本國統一和東亞格局正常化。

　　古代東亞國際往來多從海上進行，沿循海岸水行和直接跨海的航線，穿越黃海東海進行。前者風浪風險小，路線易辨識，後者則風浪大，難辨識。「山東半島在春秋時期就開闢了與朝鮮半島、日本貿易和友好往來的『東方海上絲綢之路』；漢代至魏晉南北朝時期，山東半島至朝鮮半島和日本的海上航線，是歷史上著名的『循海岸水行』的黃金通道；」「北魏使者出使東夷諸國『從東萊浮海』」。這一通道經過廟島群島前往朝鮮和日本。〔註19〕海上國際航線早已成熟，朝鮮半島及其周邊海域成為必經之地。

　　馬漢認為：「如果一個國家的地理位置，除了具有便於進攻的條件之外，大自然已使它坐落在便於進入公海的通道上，同時還使它控制了一條世界主要貿易通道，顯而易見它的地理位置就具有重要的戰略作用。」〔註20〕百濟位於國際航線的中間，凸顯出獨特的樞紐地位。「百濟與北朝之間有陸路和海路可通，陸路為高句麗所壟斷，海路以山東半島為登陸或出發點。」〔註21〕故百濟向南開闢有到長江流域的直達航線，向北沿陸路穿越高句麗進入中國，也可沿海岸水行或跨黃海到山東半島，向東北比鄰新羅，海上過海峽到日本。高句麗遷都平壤後掌握了制海權，百濟只好開闢新海路通往中國南方。〔註22〕日本新羅與中國之間往來如果要沿「循海岸水行」則必經百濟近海，且新羅只能如此，日本還好另向南跨東海去中國。南路直通中國南方的揚州，受技術水平限制，「可以縮短時日和距離，……是一條最危險，遇難率極高的航路」。〔註23〕在諸國中惟有百濟可以最為自由、方便的與諸國來往，其他國家間往來路線不但都有被第三國阻撓的可能，且這種可能性比百濟大。高句麗去日本，百濟新羅可以從海上、陸上阻撓，日本新羅來華也可能被百濟高句麗阻撓，隋唐和高句麗可以陸上直接往來，但與新羅日本往來就要經高句麗百濟控制範圍。儘管高句麗是除隋唐外最強大的東亞政權，可是百濟卻佔據著最要害的地緣政治地位，這也引起對半島有覬覦之心的日本的最大軍事關注。

〔註19〕劉鳳鳴：《山東半島與東方海上絲綢之路》，人民出版社，2007年版，第1～2頁。
〔註20〕馬漢：《海權對歷史的影響》，第42頁。
〔註21〕〔日〕堀敏一著，韓昇編，韓昇、劉建英譯：《隋唐帝國與東亞》，第118頁。
〔註22〕張日善：《百濟與中國的關係》，延邊大學碩士學位論文2001年，第10頁。
〔註23〕〔日〕藤家禮之助：《日中交流二千年》，北京大學出版社1982年版，第99頁，第103頁。

誰先控制戰略樞紐，誰就能贏得地緣政治博弈的優勢和主動權，這是自古至今鐵的定律。南北朝以來百濟一直圖謀通過與中國結盟來牽制高句麗，〔註24〕隋唐如與之聯盟則可牽制高句麗，阻擋日本插手半島事務，但雙方的外交不夠成功。隋唐長期著力於遼東正面戰場，很晚才派兵百濟開闢第二戰場，結果百濟逐漸選擇和高句麗、日本聯盟，壓迫親唐的新羅，使隋唐與百濟聯合成為不可能，錯過了重大的外交機遇。在百濟與隋唐對立的狀況下，唐朝只能選擇平定百濟，而從百濟的戰略樞紐位置看，要掌握東亞主導權，不控制百濟也是不可能的。隋唐能否平定百濟，不僅由隋唐海上力量決定，也由外交形勢和道義地位決定。

隋唐高句麗之戰以海陸夾攻方式進行，陸路攻遼東，海上動員全國力量打造艦船和輸送兵糧，組織水軍。陸路進攻有環境不利因素，如陳寅恪先生云：「中國東北方冀遼之間其雨季在舊曆六七月間，而舊曆八九月至二三月又為寒冬之時期。故以關中遼遠距離之武力而欲制服高麗攻取遼東之地，必在凍期已過雨季未臨之短時間獲得全勝而後可。否則，雨潦泥濘冰雪寒凍皆於軍隊士馬之進攻餒糧之運輸已甚感困難，苟遇一堅持久守之勁敵，必致無功或覆敗之禍。」〔註25〕容易陷入持久戰。海上航行也存在氣候難題。黃海東海水域中，在四月到七月初，中國沿海盛行西南季風，適合起帆北去朝鮮半島或日本，而返航最佳時期多在八月底九月初，中國沿海多為西北風，日本九州沿海則多為東北風。夏末秋初則颱風盛行不利航行。從海陸夾攻的需要看最四五月份無疑是隋唐用兵最佳季節時期。

三、隋朝作戰與外交的雙重成敗

隋文帝首先用兵高句麗，因風浪和乏糧而未能取得戰果。煬帝繼之三次大規模東征，以失敗告終。海上出兵，主攻方向為高句麗後方王都平壤和遼東半島南端。隋對海上力量重視不足，不僅在運用上存在問題，在戰略目標的認定上也不科學，對百濟外交也不成功。開皇十八年正月隋文帝詔：「其江南諸州，人間有船長三丈已上，悉括入官。」搜羅了大批大船可為組織水師之用。二月隋出兵三十萬伐高句麗，由於運糧困難，陸軍中途而廢，〔註26〕

〔註24〕張日善：《百濟與中國的關係》，第 23 頁。
〔註25〕陳寅恪：《唐代政治史述論稿》，上海古籍出版社 1982 年版，第 120 頁。
〔註26〕《隋書》卷 2《高祖紀下》，中華書局。1973 年版，第 43 頁。

海路「自東萊泛海，趣平壤城，遭風，船多飄沒，無功而還。」〔註 27〕隋文帝對困難估計不足，也顯示出風浪是跨海東征的限制因素。

隋煬帝每次都親率陸軍主力自遼東進攻，別遣水軍自萊州出發，但始終沒能從海上給與高句麗後防側翼以必要壓力。大業四年（608）煬帝發民百餘萬開永濟渠，在涿郡集中物資和人員。大業七年元弘嗣到山東半島監造船三百餘艘〔註 28〕。大業八年（612）正月，煬帝出兵一百十三萬三千八百人，號稱二百萬，運送給養的比軍隊多一倍。〔註 29〕從南方徵調的水軍超過七萬：「先是，詔總徵天下之兵，無問遠近，俱會於涿。又發江淮以南水手一萬人，弩手三萬人，嶺南排鑹手三萬人，於是四遠奔赴如流。」〔註 30〕然而海陸兩軍並不協調，直到五月季風強勁，海上部隊才順風參戰，來護兒帥江、淮水軍「舳艫數百里，浮海先進，入自浿水，去平壤六十里，與高麗相遇，進擊，大破之。」高句麗伏兵平壤郭內，來護兒大敗，士卒還者不過數千，「不敢復留應接諸軍」。〔註 31〕海上進攻的目標是高句麗都城平壤，進軍路徑是自海上入浿水。由於陸路退兵過早，使高句麗在遼東正面戰場沒有得到足夠大的壓力牽制，因此登陸戰效果不大。用兵失敗，糧乏是一個重要原因。煬帝出於耀武揚威的想法而過多地出動軍隊，引起運輸困難，迫使士兵在途中丟棄大批軍糧。〔註 32〕煬帝過度自信，以為單憑大軍示威可以迅速取勝，海上沒有有效配合，竟使三十萬大軍陷沒於敵境。〔註 33〕

公元 611 年，百濟使者詢問再次用兵時間，隋朝才派人與之共同策劃，新羅同時也派使請兵，隋在兩年後才派人回使。〔註 34〕結果百濟沒有與隋朝有效支持，而新羅更沒提供實際的牽制作戰。

大業九年（613），煬帝再次出征，令來護兒自東萊入海攻平壤，〔註 35〕由於楊玄感作亂黎陽，來護兒回師平叛，未能出海。煬帝第三次用兵終於小有收效，使高句麗在疲弊之下稱臣，而海上作戰目標由平壤轉為遼東半島，海上部

〔註 27〕《隋書》卷 65《周羅睺列傳》，第 1525 頁。
〔註 28〕《隋書》卷 74《酷吏列傳・元弘嗣列傳》，第 1701 頁。
〔註 29〕《資治通鑒》卷 181，中華書局。1959 年版，第 5660 頁。
〔註 30〕《資治通鑒》卷 181，第 5654 頁。
〔註 31〕《資治通鑒》卷 181，第 5662 頁。
〔註 32〕《資治通鑒》卷 181，第 5664 頁。
〔註 33〕《資治通鑒》卷 181，第 5666 頁。
〔註 34〕〔日〕掘敏一：《隋唐帝國與東亞》，第 25 頁。
〔註 35〕《資治通鑒》卷 181，中華書局，第 5672 頁。

隊也有一定成就，然而當來護兒有所進展時，陸軍卻已經開始撤退。〔註36〕來護兒不肯無功而返，圖乘「高麗實困」進圍平壤。部屬都怕違旨。如來護兒進攻或有小勝之機，可此次作戰路線與前次不同，登陸遼東半島只具有側翼支持遼東陸軍的戰略意義，如繼續從遼東半島向平壤進軍，仍然路途遙遠，且陸軍也是強弩之末，孤軍取勝的可能性不大。

隋煬帝三次出兵作戰效果都很有限。海陸配合作戰效果很差，首戰兩軍失期，第三次則海進陸退。其實早在公元 598 年百濟朝貢，建議與隋結盟，「請爲軍導」，〔註37〕竟遭文帝拒絕，煬帝也沒有跨海出兵或讓百濟出兵的計劃。高句麗以兵侵掠，逼百濟屈服，而新羅企圖襲取百濟漢江流域出海口，尋求外援，要打通和中國的聯繫，但既無成功，也無隋朝的配合，結果在半島上陷入孤立。〔註38〕半島三國關係變化有利於高句麗專心北邊防禦，隋朝四次軍事打擊雖使高句麗國力凋敝，也無力趁隋亡唐興之際統一半島，使半島格局延續到貞觀年間。無論是海陸作戰的配合還是對百濟外交，隋煬帝都很失敗。

四、唐太宗跨海作戰計劃的出臺與唐初水軍戰略地位的提升

跨海平百濟的作戰行動最初是由唐高宗實施的，但卻是由唐太宗最早提出的，可是太宗始終沒有得以施行。

唐高祖對東亞外交不偏不倚。百濟首先進貢的並得到冊封的，從此積極進貢，高祖以爲不必如此，百濟有自己的目的，不聽勸告。〔註39〕但由於當時唐朝與百濟的利益不同，對外政策不合拍」，百濟又逐步轉爲與高句麗結盟，甚至納質日本。〔註40〕武德九年百濟新羅來使控訴高句麗「閉其道路，不得入朝。又相與有隙，屢相侵掠」。「新羅佔領漢江和朝鮮南部的任那，與百濟、高句麗和日本的關係緊張。」〔註41〕高祖因國力有限，放棄了出兵良機。貞觀十六年高句麗百濟已結成針對新羅的聯盟，「以絕新羅入朝之道。」〔註42〕

〔註36〕 《資治通鑑》卷 181，第 5691 頁。

〔註37〕 〔日〕掘敏一著，韓昇編，韓昇、劉建英譯：《隋唐帝國與東亞》，第 23 頁。

〔註38〕 韓昇：《東亞世界形成史論》，第 211 頁。

〔註39〕 張日善：《百濟與中國的關係》，第 16 頁。

〔註40〕 張曉：《唐朝與高句麗、百濟關係的惡化及其原因》，《北方文物》，2008 年第 2 期。

〔註41〕 韓昇：《東亞世界形成史論》，第 219 頁。

〔註42〕 《唐會要》，上海古籍出版社 2006 年版，第 2026 頁。

　　唐太宗三次用兵，海上部隊的作用愈益突出，重大戰略突破是依靠海上遠征實現的，且糾正隋的做法，呈逐步南移的傾向，由遼東半島移到鴨綠江流域。以海港和島鏈爲基礎的海上基地得到充分利用和發展，這是太宗善於利用和發展海上力量的表現。太宗戰略視野絕不僅局限於遼東戰場。

　　出兵直接起因是貞觀十七年（643）新羅奏百濟奪取四十餘城，且聯合高句麗「謀絕新羅入朝之路」，求援助。〔註43〕太宗告訴來使可供選擇的三策：

> 我少發邊兵，總契丹、靺鞨直入遼東，爾國自解，可緩爾一年
> 之圍。此後知無繼兵，還肆侵侮，四國俱擾，於爾未安，此爲一策。
> 我又能給爾數千朱袍丹幟，二國兵至，建而陳之，彼見者以爲我兵，
> 必皆奔走，此爲二策。百濟國負海之險，不修機械，男女分離，互
> 相燕聚。我以數十百船，載以甲卒，銜枚泛海，直襲其地。爾國以
> 婦人爲主，爲鄰國輕侮，失主延寇，靡歲休寧。我遣一宗支，以爲
> 爾國主。而自不可獨往，當遣兵營護，待爾國安，任爾自守，此爲
> 三策。爾宜思之，將從何事？〔註44〕

據此我認爲唐太宗正式提出了跨海平百濟的戰略。從他口氣判斷，第三策是長久可行之策，即海上攻百濟。此時太宗已經意識到海襲百濟是一良策，認爲百濟與唐對立，除了天險沒有海上防禦能力，登陸極易。三策均未實施，與新羅使者應對無措有關，新羅方面大概只想到唐朝由北向南進攻高句麗，沒能想到海襲百濟開闢第二戰場，也擔心被唐控制，歷史證明這是一個戰略貽誤。這是隋唐首次提出跨海平百濟戰略，只因新羅無應對而放棄執行。

　　利用黃渤海島嶼作爲東征基地，這在中國海上歷史上是很重要的戰略舉措。馬漢指出「一個國家的地理位置不僅能有利於集中它的部隊，而且還要能爲對付敵人的可能進攻，提供作戰活動的中心位置和良好的基地的戰略優勢。」〔註45〕「如今靠近敵軍或靠近要進攻的目標的地理位置的優越性，比不久以前在被稱之爲破壞貿易的作戰活動中顯得尤爲重要，」〔註46〕這都是戰略卓識。早在後趙就在島上駐軍，屯田海濱，通過海運建立糧儲。〔註47〕

〔註43〕　《資治通鑒》卷197，第6204頁。
〔註44〕　〔高麗〕金富軾著，孫文範等校勘：《三國史記》，吉林文史出版社2003年版，
　　　　　第68頁。
〔註45〕　馬漢：《海權對歷史的影響》，第40頁。
〔註46〕　馬漢：《海權對歷史的影響》，第41頁。
〔註47〕　張曉東：《漢唐漕運與軍事》，第160頁。

隋唐山東半島海港和鄰近的海島正是良好的海上基地。西漢、隋朝已把半島港口作爲東征基地。在遼東半島與山東半島之間有一串島鏈，其中有很多大島嶼，環境優越，有淡水和林木，屏蔽渤海灣的開口，打開通往黃海的大門，也可以充作自海上進攻朝鮮半島的跳板。群島在秦漢已經成爲「循海岸水行」的航線標誌，但漢隋東征都沒有利用島嶼作基地。貞觀十七年（643）唐太宗遣韋挺於河北征糧，貯於營州，又令蕭銳於河南諸州運糧入海。次年蕭銳奏稱：「海中古大人城，西去黃縣二十三里，北至高麗四百七十里，地多甜水，山島接連，貯納軍糧，此爲尤便。」太宗詔從之。「於是自河南道轉運米糧，水陸相繼，渡海軍糧皆貯此」。〔註48〕《元和郡縣圖志》講「大人故城在縣北二十里，」「新羅、百濟往還，常由於此」〔註49〕。三國司馬懿伐遼東，「造大人城於登州西，運糧船從此入。」據登州府志記載，島上有張亮所立紀事碑記載軍事史迹。〔註50〕唐軍海上一路的總出發點萊州登州是海上重要港口，《新唐書地理志》記載入四夷路有七，其二爲「登州海行入高麗渤海道」，而砣磯島等海島也是必經。

　　貞觀十八年太宗以張亮「領將軍常何等率江、淮、嶺、硤勁卒四萬，戰船五百艘，自萊州泛海趨平壤；」海上目標仍爲遼東南端，以李勣爲遼東道行軍大總管，率六萬趨遼東。〔註51〕出兵共十餘萬，陸路六萬，而海上出兵「帥江、吳、京、洛募兵凡四萬，吳艘五百」。〔註52〕江吳之兵恐爲南方水兵，京洛之兵應爲登陸作戰主力。《唐會要》記載海上有七萬人，則勁卒四萬，水手、運丁等輔助人員爲三萬〔註53〕，且將黃河以南產糧漕運入海，命專使提前組織漕運，且七月就在長江中游造船：「敕將作大監閻立德等詣洪、饒、江三州，造船四百艘以載軍糧。」〔註54〕三州皆爲鄱陽湖流域造船業中心，屬江南西道，此地有「舟船之盛，盡於江西」之稱。唐時當地江船大的可載八九千石，且航運技術發達。〔註55〕此次戰役用糧船不下四百，載糧或不下三

〔註48〕《冊府元龜》卷498，《邦計部》，中華書局。1982年版，第5966頁。
〔註49〕《元和郡縣圖志》卷11，中華書局。1983年版，第313頁。
〔註50〕《光緒增修登州府志》卷65《金石上》，《中國地方志集成》《山東府縣志輯》第48冊，鳳凰出版社2004年版，第327頁。
〔註51〕《舊唐書》卷199上《東夷列傳》，中華書局。1975年版，第5322頁。
〔註52〕《新唐書》卷220《東夷列傳·高麗列傳》，中華書局。1975年版，第6189頁。
〔註53〕《唐會要》，第2021頁。
〔註54〕《資治通鑑》卷197，第6209頁。
〔註55〕《唐語林校證》卷8，中華書局。1987年版，第727頁。

百萬石，而戰船不下五百，船平均載兵百人，可見唐軍海師部隊強大。

可是海陸兩支兵究竟關係如何？這是觀察太宗海上戰略的關鍵。太宗在戰前說：「高麗地止四郡，我發卒數萬攻遼東，諸城必救，我以舟師自東萊帆海趨平壤，固易。然天下甫平，不欲勞人耳。」〔註56〕看來遼東陸路進軍是牽制高麗主力，而以海上軍為奇兵直搗空虛的高麗都城，但實際的戰略，那邊是突破方向大概也可隨機應變。從糧運看，登陸成功後，供應純粹依靠海運。一旦高句麗被南北牽制，又有登陸點提供橋頭堡，海運不可能遭受侵擾，除風浪外沒有其他影響因素。永濟渠到遼東的糧運，路程漫長，到遼東後改由車運牛運，隋煬帝時甚至用人力運輸，成本大大高於海運。水運畢竟擁有運量大，成本低的特點，如唐軍能在敵境取得橋頭堡，則糧運成本遠低於從單純從遼東陸路進攻。但是首征的唐軍海上一路並沒有象太宗所說向西朝鮮灣登陸進攻高句麗後方的平壤，而是從遼東半島南端黃海一側的卑沙城登陸然後向西北方的建安城進軍，以圖以最短路線實現兩路會師，這當然有利於遼東陸上正面戰場的順利推進，而且風險小，但是高句麗卻可以集中兵力於遼東地方，使其後方免於受牽制。

五月唐軍攻克遼東城，七月「李勣進軍攻安市城，至九月不克，乃班師。」〔註57〕唐軍野戰表現出色，但攻安市城久不下，而高麗也在邊城儲糧可作長期防禦。唐軍因糧盡而退兵。〔註58〕單純從遼東陸路正面進攻的不足是明顯的，而海上張亮部取得的戰功也有限：

> 自東萊渡海，襲沙卑城，破之，俘男女數千口。進兵頓於建安
> 城下，營壘未固，士卒多樵牧。賊眾奄至，軍中惶駭。亮素怯懦，
> 無計策，但踞胡床，直視而無所言，將士見之，翻以亮為有膽氣。
> 其副總管張金樹等乃鳴鼓令士眾擊賊，破之。〔註59〕

此次出兵陸軍攻陷高句麗十座城池，陣亡四萬餘眾，徙三州戶口入中國，海襲一路，統帥非人，戰略意義也有限。

太宗很快作了戰略調整。貞觀二十一年唐朝朝議定計以騷擾戰取勝：「今若數遣偏師，更迭擾其疆場，使彼疲於奔命，釋耒入堡，數年之間，千里蕭

〔註56〕《新唐書》卷220《東夷列傳・高麗列傳》，第6187頁。
〔註57〕《舊唐書》卷3《太宗本紀下》，第57頁。
〔註58〕張曉東：《漢唐漕運與軍事》，第166頁。
〔註59〕《舊唐書》卷69《張亮列傳》，第2516頁。

條，則人心自離，鴨綠之北，可不戰而取矣。」騷擾戰仍採用海陸鉗擊，這是太宗二打高句麗。三月，以牛進達爲青丘道行軍大總管，「發兵萬餘人，乘樓船自萊州泛海而入。」又以李世勣爲遼東道行軍大總管，「將兵三千人，因營州都督府兵自新城道入。兩軍皆選習水善戰者配之。」〔註60〕陸軍三千仍從遼東陸路進攻，水軍偏師一萬從萊州出發，借初發的季風實施海上攻擊，兩路人馬都配以「習水善戰者」，足見對水戰的重視在上昇。史言「遣慣習滄波，能以少擊眾者而配隸焉」〔註61〕。此種軍人可以兩栖作戰，且可以少勝多，具有很強的戰鬥力，類似今天的海軍陸戰隊或特種部隊，作戰機動性強，以致敵「多棄城而遁」。九月太宗命江南宣、潤、常、蘇、湖、杭、越、臺、婺、括、江、洪十二州造船350艘。〔註62〕襲擾戰軍糧供應仍由海上漕運，兵部員外郎裴明禮負責「運糧遼碣」。〔註63〕很快這種戰略便有一定收效，年末高麗王使其子入朝謝罪。

貞觀二十二年太宗發動第三次戰役，以薛萬徹將兵三萬餘人自萊州泛海。〔註64〕此次海上進軍係唯一作戰方式。和前次相比，海上部隊由萬人增加到三萬，乾脆不從陸路進軍，進攻點更向南傾斜，從西朝鮮灣沿岸與遼東半島之間的鴨綠江口登陸發起進攻。泊灼城主所夫孫率萬餘人拒戰，萬徹擊潰之，圍城。「高麗遣將高文率烏骨、安地諸城兵三萬餘人來援，分置兩陣。萬徹分軍以當之，鋒刃才接而賊大潰。」〔註65〕薛萬徹進攻預期較佳效果應爲沿鴨綠江隔斷高句麗後方本土與遼東之聯繫，前後夾擊遼東的高句麗主力，但是孤軍一旦頓兵于堅城之下，就要面臨多處敵兵來援的險境，可實際上想取得決定性勝利不太可能，也非初衷。通過戰略試探和實戰鍛鍊，唐軍海上部隊的戰鬥力和經驗都在逐步提高。

同時，太宗令南方繼續造船，北上海島建儲：「又命江南造大船，遣陝州刺史孫伏伽召募勇敢之士，萊州刺史李道裕運糧及器械，貯於烏胡島，將欲大舉以伐高麗。」〔註66〕烏胡海是當時對遼東半島和山東半島間大片海域的

〔註60〕《資治通鑒》卷198，第6246頁。
〔註61〕《冊府元龜》卷985《外臣部征討》，第3951頁。
〔註62〕《資治通鑒》卷198，第6249頁。
〔註63〕周紹良：《唐代墓誌彙編》，麟德026《輕車都尉強君墓誌銘並序》，上海古籍出版社1992年版，第413頁。
〔註64〕《資治通鑒》卷198，第6252頁。
〔註65〕《舊唐書》卷69《薛萬徹列傳》，第2518頁。
〔註66〕《舊唐書》卷199上《東夷列傳》，第5326頁。

稱謂，跨今天的黃渤兩海，當渤海灣口。這裡分佈著廟島列島和長山列島。北上大船是由江南越州都督區建造的：「越州都督治大艎偶舫以待。」〔註 67〕「越州都督府及婺洪等州造海船及雙舫千一百艘」，當時所造之海船、大船一般「大者或長百尺，其廣半之」，運輸量可觀。唐朝在島上建立鎮戍，如烏湖戍：「烏胡島上二戍，皆唐太宗征高麗所置，後遂爲鎮。」〔註 68〕又有大謝戍係同時設置，〔註 69〕登州當地也設立蓬萊鎮。這些建立海上基地的舉動證明作戰重心由陸路向海路加快傾斜。

　　貞觀二十二年（649）新羅使見太宗求救，說百濟「攻陷數十城」，使新羅面臨滅亡危機，求「借天兵翦除兇惡」，「太宗深然之，許以出師」〔註 70〕。太宗決心準備跨海出征百濟：「議以明年發三十萬眾，一舉滅之」。〔註 71〕日本學者鈴木英夫認爲「唐與新羅同盟把百濟也列爲攻擊對象」。〔註 72〕因此唐朝甚至從遙遠的巴蜀地區造船運糧：「遣右領左右府長史強偉於劍南道伐木造舟艦，大者或長百尺，其廣半之。別遣使行水道，自巫峽抵江、揚，趣萊州。」〔註 73〕蜀人難以承擔，改讓蜀人出資雇用潭州人造船，又改爲官費。〔註 74〕跨海行動實際已經啓動，但次年唐太宗病逝。太宗時期對海上力量之發展、利用遠勝於隋，且建立了基地、水師、漕船隊，水師經過作戰鍛鍊，南移作戰重心，不斷取得經驗，爲高宗平百濟打下基礎。

五、唐高宗最終平定百濟高句麗與跨海作戰

　　唐初的地緣變化是百濟不但繼續與中國做對，甚至充當媒介，加強了高句麗、日本和本國的聯盟，孤立並包圍新羅。《三國史記百濟本紀》載公元 653 年百濟與日本通好，且自 646 年起中止對唐朝貢，形成了戰略聯盟線，把新羅和唐朝分隔開來，故唐朝是否能夠控制百濟成爲扭轉軍事地緣的關鍵。高宗本希望與日本、新羅聯盟，於永徽五年（654）接見日使，勸慰其幫新羅抵

〔註 67〕《新唐書》卷 220《東夷列傳》，第 6195 頁。

〔註 68〕《道光重修蓬萊縣志》卷 2，《中國地方志集成》《山東府縣志輯》第 50 冊，鳳凰出版社 2004 年版，第 38 頁。

〔註 69〕《太平寰宇記》卷 20，中華書局。2008 年版。

〔註 70〕〔高麗〕金富軾著，孫文範等校勘：《三國史記》，第 70 頁。

〔註 71〕《資治通鑒》卷 199，第 6258 頁。

〔註 72〕〔日〕掘敏一著，韓昇編，韓昇、劉建英譯：《隋唐帝國與東亞》，第 46 頁。

〔註 73〕《資治通鑒》卷 199，第 6258 頁。

〔註 74〕《資治通鑒》卷 199，第 6262 頁。

抗百濟高句麗。〔註75〕然而日新存在矛盾，不能結盟。〔註76〕則唐之對百濟外交手段惟有訴諸武力。

高宗時唐軍不但在遼東繼續作消耗戰，同時繼續在海上駐軍建倉儲糧。顯慶五年蘇定方率軍十二萬餘，戰船近兩千隻渡海攻打百濟，〔註77〕從山東半島成山頭出發，首先抵達「至（百濟）國西德物島」，赴熊津江口登陸，一路捷開得勝：

> 定方升東岸，乘山而陣，與之大戰，揚帆蓋海，相續而至。賊師敗績，死者數千人，自餘奔散。遇潮且上，連舳入江，定方於岸上擁陣，水陸齊進，飛楫鼓譟，直趣真都。去城二十許里，賊傾國來拒，大戰破之，殺虜萬餘人，追奔入郭。〔註78〕

從史料看，百濟沒有對登陸做任何攔截，蘇部登陸後擊敗敵軍，水陸並進。新羅以大船百艘載精兵五萬會之。〔註79〕百濟君臣計議對策，有人主張乘唐軍遠來勞困，於登陸之時急擊之，新羅人「則必疑懼而不敢銳進。」也有人認為唐兵「意欲速戰，其鋒不可當也」，主張堵塞唐軍進軍之路，先使偏師擊新羅軍，折其銳氣，然後伺便而戰。〔註80〕新羅王不知所從。佐平興首主張阻止唐新軍的會合，不令唐軍進入內河：「白江、炭峴，我國之要路也。一夫單槍，萬人莫當，宜簡勇士往守之。使唐兵不得入白江，羅人未得過炭峴，大王重閉固守，待其資糧盡，士卒疲，然後奮擊之，破之必矣。」大臣都反對此正確意見，認為「莫若使唐兵入白江，沿流而不得方舟，新羅軍升炭峴，由徑而不得並馬」。國王同意，又聞唐羅兵已過白江、炭峴，乃發死士五千，而唐羅合兵禦熊津江口〔註81〕，大敗百濟軍。百濟君臣無人主張自海上攔阻登陸，是因百濟無堪用之海軍，故唐軍順利登陸，避免海戰與搶灘戰，而白江險狹，百濟不能及時設伏以待，遂使唐軍長驅而入腹心。否則歷史會有不同。龍朔元年四月，唐朝「三十五軍水陸分途」，大舉進攻高句麗，蘇定方自南攻打平壤，〔註82〕七月一度圍平壤，而遼東唐軍也於九月曾渡過鴨綠江。

〔註75〕 《唐會要》卷99《倭國》，第2099頁。

〔註76〕 〔日本〕堀敏一著，韓昇編，韓昇、劉建英譯：《隋唐帝國與東亞》，第45頁。

〔註77〕 喬鳳岐：《隋唐皇朝東征高麗研究》，第157頁。

〔註78〕 《舊唐書》卷83《蘇定方列傳》，第2779頁。

〔註79〕 〔高麗〕金富軾著，孫文範等校勘：《三國史記》，第494頁。

〔註80〕 〔高麗〕金富軾著，孫文範等校勘：《三國史記》，第330頁。

〔註81〕 〔高麗〕金富軾著，孫文範等校勘：《三國史記》，第331頁。

〔註82〕 《唐會要》，上海古籍出版社，2006年版，2023頁。

　　百濟殘餘勢力作亂，聯絡倭國，迎故王子扶餘豐，形勢緊張，這是對唐軍能否有效佔領百濟的考驗。新羅不提供有效支持。當地唐軍與國內的聯繫只能依靠海上：「又遣來去運糧，涉海遭風，多有飄失。」〔註83〕唐軍處在殘餘勢力、高句麗、日本的包圍中，十分危險。高宗一度想撤軍放棄百濟。馬漢曾指出：「如果一支入侵的陸軍處於敵對人民包圍之中，並且又受到來自海上的威脅，就會陷入絕境。」〔註84〕唐軍在百濟面臨著類似境遇。劉仁軌是個有戰略遠見的軍事家，上表指出「陛下若欲殄滅高麗，不可棄百濟土地。余豐在北，余勇在南，百濟、高麗，舊相黨援，倭人雖遠，亦相影響，若無兵馬，還成一國。既須鎮壓，又置屯田，事藉兵士，同心同德。」〔註85〕把控制百濟作為勝利的保證。回應求救，龍朔二年朝廷增發沿海地區部隊，遣孫仁師淄、青、萊、海之兵七千浮海赴熊津。九月唐軍與百濟亂黨約請的高句麗、日本援兵遭遇，發生著名的白江之戰，成為推動歷史發展的輝煌戰例。〔註86〕白江之戰是在江口進行的海戰，劉仁軌水軍是取勝主力。糧船裝載來自山東半島的軍糧，通過熊津江白江運給前往周留城的陸軍。日本出兵超過三萬，可能有一百七十餘艘戰船，〔註87〕全軍覆沒。高句麗和日本被唐朝佔領下的百濟與新羅分隔開來，唐朝可以自由選擇進攻方向。高句麗陷入戰略包圍，新羅獲救而免於亡國。唐軍不僅獲得從南面進攻高句麗的基地，也擁有與日本較量的基地。從百濟越過對馬海峽去日本最短距離為67公里，這無疑給了日本強大的戰略威懾。日本懼怕入侵，在九州外島佈防，「又於築紫築大堤貯水，名曰水城。」直到翌年八月仍在築城。〔註88〕好在唐朝沒有興趣攻打日本，作戰重點是平定朝鮮半島。日本也放棄對抗，主動求和。東亞戰略樞紐與海權為唐朝掌握，成為歷史重大轉折。

　　龍朔三年（663）高宗「詔罷三十六州所造船」。〔註89〕太宗時造船自洪江饒三州始，以三州造船四百艘計，則三十六州可造船有四千八百艘，當然各州造船能力未必都能與三州相比，但總數必為客觀，唐軍海上「戰溺死者甚眾」，

〔註83〕《舊唐書》卷84《劉仁軌列傳》，第2794頁。
〔註84〕馬漢：《海權對歷史的影響》，第53頁。
〔註85〕《舊唐書》卷84《劉仁軌列傳》，第2794頁。
〔註86〕《舊唐書》卷199《東夷列傳》，第5332頁。
〔註87〕韓昇：《白江之戰的唐朝兵力》，《海東集》，上海人民出版社2009年版，第159頁。
〔註88〕韓昇：《東亞世界形成史論》，第276頁。
〔註89〕《資治通鑒》卷201，第6336頁。

必曾有大量船隻沒於海上，故大量製造，前赴後繼。足證海上力量發展遠勝前代，在高宗時期保持提升趨勢。乾封元年（666），高宗以李勣爲主帥，[註90] 次年正月，海陸兩軍皆勝，「郭待封以舟師濟海，趨平壤。」[註91] 九月攻陷平壤。

六、結　論

　　海上力量與跨海平百濟是隋唐高句麗之戰取勝的戰略關鍵，這兩個因素使唐朝掌握了東亞制海權。歷史證明，高句麗之戰不由海陸夾攻不能取得勝利，但憑遼東陸軍不能平高句麗。海上軍事力量的發展是逐步進行的。隋朝對海上力量的運用存在魯莽和輕易的特點，前者從來護兒身上體現，後者主要是隋煬帝的毛病。海陸夾攻遼東在戰略上被證明仍是不易取勝的，且隋對百濟的外交完全失敗。真正重視海上力量並提出跨海平百濟的是唐太宗，公元 643 年，他即提出跨海擊百濟的戰略構想，公元 649 年造船計劃開展，跨海作戰已經箭在弦上，可惜在準備階段太宗不幸逝世。太宗發展了精銳的海上作戰力量，並把對戰略突破口的試探由陸路逐步轉向海上，並逐步南移，在海戰經驗與外交形勢日趨成熟的基礎下瞄準戰略目標百濟。在太宗去世後高宗繼承遺志，根據外交形勢完成戰略規劃，取得最終的軍事勝利。

第二節　唐朝前期的海上力量與東亞地緣政策：以唐新戰爭前後爲中心

（原文發表於《國家航海》第 4 輯）

摘要：

　　唐初爲收復遼東失地，發展海上力量和跨海遠征百濟，最終取得唐麗戰爭的勝利。之後唐朝建立羈縻體系的地緣政策和新羅統一朝鮮半島的活動發生矛盾，引起唐新戰爭。在作戰中唐朝海上部隊不斷損失，新羅卻有意識的發展海上水軍，奪取黃海制海權，取得戰略優勢。戰爭的結局對東亞地緣格局發生重大影響。唐朝地緣政策目標的實現受國策局限，及海上力量與制海

[註90]　《資治通鑒》卷 201，第 6350 頁。
[註91]　《新唐書》卷 220《東夷列傳》，第 6197 頁。

權轉化等多重因素的影響，但從後來歷史發展看，新羅的統一依然是積極進步的。

關鍵詞：海上力量；制海權；東亞地緣；朝鮮半島；地緣政策

一、學術回顧

　　唐新戰爭是唐朝前期由新羅挑起的戰爭，因唐麗戰爭後朝鮮半島地緣政治秩序主張不同而起，戰爭進程與結局事關唐帝國朝鮮半島地緣政策甚至國策的成敗，唐代東亞地緣格局因此奠定。對決定這場戰爭勝負的歷史原因這一重要問題，過去中外學者有著不同看法。陳寅恪先生認為唐在西北所受外族軍事壓力牽制了唐在朝鮮半島的作為，唐朝不能反擊新羅的原因是受到吐蕃的軍事壓力；[註92] 韓昇認為此觀點難以成立，[註93] 新羅崛起的原因在於唐朝對是否強力支持高句麗和百濟重建以維持三國鼎立的局面沒有決心，[註94] 而在唐朝和新羅的交戰中雙方摸清對方的底線，因而達成妥協，唐朝默許新羅統一朝鮮半島。拜根興《「唐羅戰爭」關聯問題的再探討》一文 [註95] 對唐羅戰爭爆發的原因及時間界定，李謹行與「雞林道經略使之印」的關係，以及唐羅戰爭的終結與買肖城之戰、伐伐浦水戰的關係等問題作了研究。此外，買肖城之戰和伐伐浦水戰被學者認為是唐新戰爭兩次關鍵的戰役。韓國學者徐榮教探討了上元年間唐朝與吐蕃關係，認為唐羅戰爭的結束是由於唐軍為發動對吐蕃的攻勢，將駐屯朝鮮半島的部隊包括靺鞨軍調防西域所致。[註96] 關於伐伐浦水戰，李相勳從新羅水軍將領施得的官銜、所領船隊數量出發，認為其率領的各類船隻數量不可能超過 100 艘，[註97] 韓國學者李鍾學認為水戰中的唐軍應為補給船隊，徐榮教則在論著中論證唐軍是通過海路補給遠征軍，李相勳則認為

〔註92〕《唐代政治史述論稿》，下篇，《外族盛衰之連環性及外患與內政之關係》，商務印書館，2012 年版，第 326～327 頁。

〔註93〕韓昇：《論新羅的獨立》，《歐亞學刊》第一輯，中華書局，1999 年。

〔註94〕韓昇：《東亞世界形成史論》，復旦大學出版社，2009 年版，第 266 頁。

〔註95〕《唐研究》卷 16，北京大學出版社，2010 年版。

〔註96〕徐榮教：《羅唐戰爭史研究》，韓國東國大學校博士論文，2000 年，第 105 頁。

〔註97〕李相勳：《羅唐戰爭期伐伐浦戰鬥和薛仁貴》，《大丘史學》，總第 90 輯，2008 年，64～67 頁。

是唐駐屯軍和百濟故土殘留軍隊，包括百濟遺民和反新羅人士。拜根興認為新羅作戰對象為熊津都督府的百濟系統的殘餘軍隊，且主張唐軍主力撤出半島即是從買肖城之戰開始，而李相勳認為伎伐浦水戰才是唐與親唐百濟人撤離之戰。

筆者認為影響唐新戰爭勝負的軍事政治全局因素是關鍵問題，可個別將帥是否參戰，或負有何種責任是次要問題。經過史料檢索，我認為僅僅關注陸戰戰役成敗是不夠的，唐新海上力量的消長，以及制海權易手，也是影響戰局的重要因素，與唐麗戰爭相比較，海上力量起到同樣的關鍵作用，這是本文所研究重點，至今這一研究角度處於空白。當時海上軍事力量主要作用之一為奪取制海權，今天制海權定義為「交戰一方在一定時間內對一定海域的控制權。目的是為遂行預定作戰任務創造條件。按作戰規模和持續時間，分為戰略制海權和戰術制海權。奪取和保持制海權是獲得海上作戰主動權的基礎。在現代條件下，制海權依賴於相應的制空權、水下控制權和制電磁權來保障。」〔註98〕在西方軍事學語境中準確的「制海權」一詞是 thalassocracy，來源於希臘語，包含海上軍事霸權和海上商業貿易霸權兩方面含義，與古希臘軍艦和商船合二為一的現象相吻合，與後來的 sea power 和 command of seas 的意思相去甚遠，後兩者一是海上力量、二是海洋控制之意。本文討論的唐代東亞「制海權」仍在上述工具書定義包涵範圍內，對於古代歷史的情況也依然適用。故我借地緣政治學中重視海上力量的方法角度對戰爭勝負和地緣政策成敗作一探索。

二、作戰第一階段：從戰爭爆發到制海權易勢

唐新戰爭的實際作戰若以劉仁軌任帥劃分大體可分為兩個階段，第一階段從戰爭爆發到唐軍制海權被動搖。唐軍海上部隊多次蒙受損失，而新羅相反，建立了一支有力的海上部隊，而在陸上戰場新羅先後在百濟和高句麗故土發動進攻，奪取了不少土地，唐軍組織番漢步騎仍能保持不斷反擊的頑強作戰態勢。

早在高句麗之戰沒有結束的麟德二年（665）七月，唐朝即要求被封為熊津都尉的百濟王子扶餘隆與新羅國王金法敏「釋去舊怨」，於八月在熊津城「同盟」，此時高句麗尚未滅亡，故新羅雖不情願，仍作表面功夫。總章元年（668）

〔註98〕《辭海》，上海辭書出版社，2010 年版，第 2455 頁。

九月唐軍攻陷平壤，高句麗滅亡，唐朝「分高麗五部、百七十六城、六十九萬餘戶，為九都督府、四十二州、百縣，置安東都護府於平壤以統之。擢其酋帥有功者為都督、刺史、縣令，與華人參理。以右威衛大將軍薛仁貴檢校安東都護，總兵二萬人以鎮撫之。」〔註99〕「與華人參理」是說唐來官員參與治理，以保證高句麗舊民的臣服。是時征東老將薛仁貴「撫孤存老，檢制盜賊，隨才任職，褒崇節義，高麗士眾皆欣然忘亡。」〔註100〕唐朝按其地緣政策，在除遼東之外的高句麗百濟故土上扶持原上層分子，授王室子孫以封號，重建其國作為新的藩屬，建立三足鼎立的羈縻體系，實現半島格局新的平衡。唐軍僅留兵二萬。

根據《三國遺事》，公元669年因新羅插手高句麗殘部叛亂，唐軍自海上與新羅交兵，未及開戰即被風浪淹沒，估計給養物資損失不小：

時唐羅兵未交接，風濤怒起，唐舡皆沒於水。〔註101〕

到咸亨元年（670），唐朝和新羅交惡加劇，「以王擅取百濟土地遺民，皇帝責怒，再留使者。」三月新羅軍勾結高句麗叛亂殘部渡過鴨綠江，四月「斬獲不可勝計」，唐軍援兵來到，新羅退守白城。〔註102〕四月薛仁貴奉旨西征，抵抗吐蕃對西域十八州的入侵。〔註103〕次年八月大非川戰役唐軍敗績，吐蕃攻陷安西四鎮，薛仁貴免死除名。七月新羅兵鋒同時在半島南北兩條戰線發起攻擊。

咸亨二年（671）正月新羅發兵侵百濟。當初唐朝攻陷百濟後，唐新號稱聯軍作戰，實際新羅不肯出力，圖收漁翁之利，唐軍糧都是靠跨海漕運，未見史料中新羅提供多少。高句麗戰事一結束，新羅便乘唐軍疲敝發動對半島的兼併戰爭。高侃率唐軍破敵於安市城後，在半島南部的唐軍屢遭挫折。薛仁貴因其作戰經驗而被再其次啟用為東征主將，出任雞林道總管，是年七月致書新羅：「高將軍之漢騎，李謹行之蕃兵，吳楚棹歌，幽并惡少，四面雲合，方舟而下，依險築戍，闢地耕田，此，王之膏盲也。」〔註104〕在高句麗之戰中唐朝水軍主力是來自南方沿海航運發達之地，且有來自江淮的兩棲作戰人

〔註99〕《資治通鑒》卷201，中華書局，1956年，第6356頁，冊14。
〔註100〕《新唐書》卷111《薛仁貴傳》，中華書局，1975年版，第4142頁，冊13。
〔註101〕一然：《三國遺事》，吉林文史出版社，2003年版，第65頁。
〔註102〕金富軾：《三國史記》，吉林文史出版社，2003年版，第88頁。
〔註103〕《資治通鑒》卷201，中華書局，1956年，第6363頁，冊14。
〔註104〕金富軾：《三國史記》，吉林文史出版社，2003年版，第92頁。

員，「遣慣習滄波，能以少擊衆者而配隸焉」。「吳楚棹歌」必然也是南方水軍。此次唐朝用兵陸軍有番漢步騎，高侃統帶漢軍，李謹行部爲靺鞨軍。這標誌著唐開始著力反擊。

但是，薛仁貴甫上任，唐軍在海上就遭受慘敗：

> 九月，唐將軍高侃等，率蕃兵四萬到平壤，深溝高壘侵帶方。
>
> 冬十月六日，（新羅）擊唐漕船七十餘艘，捉郎將鉗耳大侯士卒百餘
>
> 人，其淪沒死者，不可勝數。〔註105〕

這一作戰的意義如何評估？唐陸軍南攻平壤，作深溝高壘持久戰。海上未知唐漕船是在何處損失。以前唐軍在海上有不少損失，但風浪是主要的原因，極少有作戰直接損失，多是分散和陸續的損失，補充較易。以貞觀十九年張亮跨海征遼東論，《唐會要》講水軍七萬，〔註106〕其中勁卒四萬，另外三萬是掌舵、搖櫓、導航、修理、運糧等輔助人員，共戰船五百艘，平均船載戰士八十，輔助者六十，一船共載一百四十人左右。再以白江之戰參照，《舊唐書》記載唐軍焚毀日本戰船四百，按《日本書紀》記載爲一百七十艘，韓昇認爲後者相對合理，按每船載兵一百五十計，日方可信兵力爲兩萬七千。〔註107〕白江之戰唐軍有劉仁軌、孫仁師兩部，孫部七千餘人，劉仁軌部包括唐新水軍。唐的造船在東亞爲最高水平，戰船載兵應也不下百人。其實這些數字估計還都算謹慎保守，唐朝江船已有萬石船。東晉法顯自印度回國搭乘商舶，每船載約200人。按照《廣雅》的解釋，唐代一般海船「大者長二十丈，載六七百人」〔註108〕，比東晉時海船要大得多。因此唐船七十餘艘應有兵萬餘不成問題。

以《三國史記》所言爲漕船，但卻不可理解成單一功能的運糧船，也不一定準確。唐代的專門戰船有樓船、艨衝、斗艦、走舸、遊艇、海鶻等六種。冷兵器時代海船技術裝備相對簡單，運糧船和運兵船乃至戰船通用的情況多見。兵糧同船，漕戰兩用是可能的。參加白江之戰的唐船就包括不少運糧船。〔註109〕唐軍損失如爲七十艘戰船，若是純粹的運船，則損失糧食物資也相當多。現存史料缺乏此役之前關於新羅水軍的記載，但在663年蘇定方登陸百

〔註105〕金富軾：《三國史記》，吉林文史出版社，2003年版，第97頁。
〔註106〕《唐會要》，上海古籍出版社，2006年版，第2021頁。
〔註107〕韓昇：《東亞世界形成史論》，復旦大學出版社，2009年版，第256頁。
〔註108〕《一切經音義》，卷1，上海古籍出版社，2008年版，第12頁。
〔註109〕《舊唐書》卷84《劉仁軌傳》，中華書局，1975年版，第2794頁，冊8。

濟的時候，「王命太子與將軍庾信、眞珠、天存等以大船一百艘載兵士會之」，〔註110〕則新羅之前並非沒有軍船和運輸能力。

同年，按照《三國遺事》記載唐軍後續援軍沉沒於海上：

> 唐更遣趙憲爲帥，亦以五萬兵來征。（新羅僧）又做其法，舡沒如前。〔註111〕

這一事故缺乏旁證，估計是新羅史料誇大唐軍海上損失以渲染神迹，如果全軍五萬覆沒，則唐軍損失戰船 300 艘以上，也有可能是唐軍運送給養的戰船大量損失。

按唐代墓誌銘，咸亨二年海上押運使郭志該即溺於海上：「又奏公爲押運使。於是揚舟令巨海，鼓楫遼川。風起濤驚，船壞而溺。」〔註112〕

次年（672）雙方不斷有陸戰發生，新羅主要在百濟積極進攻，兩軍互有勝負：

> 春正月，（新羅）王遣將攻百濟古省城，克之。二月，攻百濟加林城，不克。……秋七月，唐將高保（當「侃」）率兵一萬，李謹行率兵三萬，一時至平壤，作八營留屯。八月，攻韓始城、馬邑城，克之，進兵，距白水城五百許步作營，我兵（新羅）與高句麗兵逆戰，斬首數千級。高保（侃）等退，追至石門戰之，我兵敗績。
>
> 築漢山州晝長城，周四千三百六十步。〔註113〕

上述所引唐軍兵力可能爲漢軍萬人，靺鞨軍三萬，共四萬，新羅築城在於加強陣地防禦。到咸亨四年（673），「九月，（新羅）築國原城北兄山城，召文城，耳山城，首若州走壤城，達含郡岑城，居烈州萬興寺山城，歃良州骨爭峴城。王遣大阿餐徹徹川等，領兵船一百艘鎭西海。唐兵與靺鞨契丹兵來侵北邊，凡九戰，我兵克之，斬首二千百餘級。唐兵溺瓠瀘、王逢二河，死者不可勝計。」「冬，唐兵攻高句麗牛岑城，降之。契丹、靺鞨兵攻大楊城、童子城，滅之。」〔註114〕

以上的七八月，唐軍先敗而後勝，主力爲李謹行之靺鞨兵。有學者以咸

〔註110〕金富軾：《三國史記》，吉林文史出版社，2003 年版，第 494 頁。
〔註111〕一然：《三國遺事》，吉林文史出版社，2003 年版，第 65 頁。
〔註112〕《（上關）縣令郭君（志該）墓誌銘並序》，《全唐文補遺》，第 5 輯，第 213 頁，三秦出版社 1998 年版。
〔註113〕金富軾：《三國史記》，吉林文史出版社，2003 年版，第 97 頁。
〔註114〕金富軾：《三國史記》，吉林文史出版社，2003 年版，第 99 頁。

亨三年史料推測唐軍在山東沿海「屯兵待發」，〔註115〕難以考實。

顯然，新羅組織了一支成規模的海上部隊，鎮守「西海」，即韓國人所稱「西韓國海」，今天的黃海，經過黃海的海上通道是包括中國東部、朝鮮半島、日本列島的整個東亞地區最重要的「循海岸水行」。新羅船百艘，若以同時期日本和唐朝戰船計，船上水軍不下萬人，對於尚未統一朝鮮半島的新羅國而言已經是一支很大的海軍。按《三國史記》記載，蘇定方登陸百濟，新羅曾以大船百艘載精兵五萬會之，〔註116〕照此記錄則史書文獻中所見新羅戰船比唐戰船爲大，每船平均載軍 500 人，是唐戰船將近三倍，那新羅水軍戰船在兵力和噸位方面絕不弱於唐軍。

組建艦隊的同時，新羅大量築城：「九月，築國原城北兄山城，召文城，耳山城，首若州走壤城，達含郡主岑城，居烈州萬興寺山城，歃良州骨爭峴城。」〔註117〕其中多爲山城，易守難攻，加強了新羅的陣地防禦能力，造成以逸待勞的態勢，加劇唐軍突擊和供給的困難。

這一變化對戰略形勢發生重大影響，因爲在高句麗之戰中，由於高句麗和百濟缺乏海上力量，唐軍除侵入半島的日本遠征軍外未遭遇任何海上抵抗，就連蘇定方跨海登陸前夜，百濟君臣朝議對策的決議居然是「莫若使唐兵入白江，沿流而不得方舟，新羅軍升炭峴，由徑而不得並馬」，即不阻止唐軍進入內河，不把唐軍消滅在海上或是灘頭登陸戰中。如今新羅海師「鎮西海」，已是圖謀把唐軍阻擋甚至消滅在海上，並威脅包抄百濟唐軍，切斷其海上補給來源。新羅水軍的出現不僅意味著制海權易勢，還意味著使唐朝利用山東半島支持百濟戰場，從側翼包抄新羅的戰略難以實現。

此外，《日本書紀》卷 27 天智天皇十年條記載當時日本使者四人自唐返回，「唐國使人郭務悰等六百人、送使沙宅孫登等一千四百人，總合二千人，乘船四十七隻俱泊於比知島，」下船前商議：『今吾輩人船數眾，忽然到彼，恐彼防人驚駭射戰。乃遣道久等預稍披陳來朝之意，』」唐朝送使團人多勢眾，是充作護航之用，也是新羅水軍漸盛導致制海權開始易手的明證。

同時，唐朝增加援兵，但以陸軍爲主，且以漸進增兵的下策，多爲少數

〔註115〕拜根興：《「唐羅戰爭」關聯問題的再討論》，《唐研究》卷16，北京大學出版社，2010 年版，第 103 頁。

〔註116〕金富軾：《三國史記》，吉林文史出版社，2003 年版，第 494 頁。

〔註117〕金富軾：《三國史記》，吉林文史出版社，2003 年版，第 99 頁。

民族軍隊〔註118〕。年底高侃與新羅組織的高句麗部眾戰於白水山，連勝兩仗。〔註119〕從歷史記錄看，高侃、李謹行無疑是頑強的陸軍將領，儘管有薛仁貴和他分別在南北戰線堅持作戰，但我認為這對黃海制海權沒有積極影響。相反，在制海權流失的情況下，如果陸軍不能速戰速決會增加唐軍供給的困難。

按照《資治通鑒》的記載，咸亨四年（673）閏五月，李謹行大破高麗叛者於瓠蘆河之西，俘獲數千人，餘眾皆奔新羅，李謹行妻劉氏留守伐奴城，「高麗（殘部）引靺鞨攻之，劉氏擐甲帥眾守城，久之，虜退。」〔註120〕是年僅此一戰。

第一階段的作戰表明，唐軍雖然可以在陸戰維持反擊的能力，但是歷時八年斷斷續續的交戰中唐軍並未收復多少失地，相反新羅修築新城鞏固所得，而在海上新羅逐漸奪走了制海權。

三、第二階段作戰：從劉仁軌掌兵到泗沘港陷落

上元元年（674）正月唐朝換將，以劉仁軌為主將，開始了第二階段的作戰。在這一階段發生三次海戰，唐軍一勝而兩負，喪失橋頭堡基地，海上軍事力量損失殆盡，儘管陸戰的反攻亦然取得相當成績，劉仁軌四次陸戰皆勝，然而新羅佔據大同江以南的大局已定，制海權與海上軍事力量對比形勢轉化的戰略影響也日益明顯：

> 壬午，以左庶子、同中書門下三品劉仁軌為雞林道大總管，衛
> 尉卿李弼、右領軍大將軍李謹行副之，發兵討新羅。〔註121〕

薛仁貴此時已被解除雞林道大總管一職，但仍在百濟戰場指揮作戰。劉仁軌是曾在百濟主持作戰和守禦的老將，在高句麗之戰戰爭進行到關鍵時刻，曾上書堅持對百濟固守，也是白江之戰的直接參與者，功勳歷程和實踐經驗都表明他是合適的人選。然而按照以往的研究，劉仁軌此去並未帶去更多的人馬。〔註122〕也有學者認為劉仁軌可能花時間組建了新的遠征軍。〔註123〕但從

〔註118〕韓昇：《東亞世界形成史論》，復旦大學出版社，2009年版，第271頁。
〔註119〕《資治通鑒》卷202，中華書局，1956年，第6370頁，冊14。
〔註120〕《資治通鑒》卷202，中華書局，1956年，第6370頁，冊14。
〔註121〕《資治通鑒》卷202，中華書局，1956年，第6372頁，冊14。
〔註122〕韓昇：《論新羅的獨立》，《歐亞學報》第1輯，60頁。
〔註123〕拜根興：《「唐羅戰爭」關聯問題的再探討》，《唐研究》卷16，北京大學出版
　　　　社，2010年版，第96頁。

史料中，確實找不到新增大軍的資料。儘管唐朝仍然重視東征戰場，但是春正月的時候「（新羅）王納高句麗叛眾。又據百濟故地，使人守之」，〔註124〕事實上新羅已經控制百濟故土，收納高句麗部眾，真正佔據了地利甚至人和優勢。

　　直到次年（675）二月，兩軍才有交戰記錄，其間缺乏史料，其間雙方一年時間缺乏戰事記錄的原因可能是唐軍暫無力作戰，進行重新的整頓，先有七重城戰役為中心的南北夾擊，再有唐軍買肖城三勝：

　　　　劉仁軌大破新羅之眾於七重城，又使靺鞨浮海，略新羅之南境，斬獲甚眾。仁軌引兵還。詔以李謹行為安東鎮撫大使，屯新羅之買肖城以經略之，三戰皆捷，新羅乃遣使入貢，且謝罪；上赦之，復新羅王法敏官爵。〔註125〕

　　此次唐朝為何調動靺鞨海上作戰力量？唐朝自身海上軍力枯竭了嗎？靺鞨在渤海部興起之前主要分為粟末靺鞨和黑水靺鞨以及白山等部，黑水靺鞨與高句麗曾處於對立狀態，早在375年已渡海與百濟聯合進攻高句麗，〔註126〕曾有海上作戰經驗，而在唐龍朔元年（661），高句麗、靺鞨襲擊新羅，「發兵水陸並進」，〔註127〕估計是靺鞨兵充當水上力量，永徽六年（655），百濟、高句麗、靺鞨曾聯軍攻擊新羅三十餘城，可能也是從海上作戰，〔註128〕因為靺鞨並不與新羅接壤。隋唐與高句麗作戰，雙方都有徵調遼東周邊部族軍隊的事發生，但調動部族水軍我見確是唯一一例，之前水軍一直依靠中原自身，這當然說明靺鞨部水軍有一定戰力，也可能反映唐軍海上戰力的暫時性不足。劉氏曾為百濟駐軍的主將，不但曾參與白江大海戰，還曾上書堅稱在半島南端保持第二戰場橋頭堡的戰略意義，相信此人是有海陸軍事全局觀念的上將，重視南北海陸夾攻的經驗，而小試牛刀，立竿見影。

　　因此劉仁軌的作戰原則上還是重視南北海陸鉗擊的態勢，北邊陸軍取得七重城和買肖城戰捷，南邊利用靺鞨海上力量攻擊新羅南部，北方戰線維持在浿江以南，但未見在半島南部開闢新的軍事根據地，應當屬於純粹的牽制

〔註124〕金富軾：《三國史記》，吉林文史出版社，2003年版，第99頁。
〔註125〕《資治通鑑》卷202，中華書局，1956年，第6375頁，冊14。
〔註126〕范恩實：《靺鞨族屬及渤海建國前的靺鞨與周邊關係》，《盛唐時代與東北亞政局》，2003年版，第265頁。
〔註127〕金富軾：《三國史記》，吉林文史出版社，2003年版，第495頁。
〔註128〕《舊唐書》，卷199上《百濟傳》，中華書局，1975年版，第5331頁，冊16。

性作戰，類似唐朝平定高句麗之戰中的海濱騷擾戰。靺鞨部族居地在遼東以北，不與渤海黃海接壤，靺鞨水軍應是從日本海出師，攻擊新羅本土沿海，而不是黃海海濱。

按照史料記載，接下來的兩年唐軍在半島陸戰和海戰呈現不利局面：

> （秋九月，薛仁貴）來攻泉城。我（新羅）將軍文訓等，逆戰勝之，斬首一千四百級，取兵船四十艘。仁貴解圍退走，得戰馬一千匹。二十九日，李謹行率兵二十萬，屯買肖城，我軍擊走之，得戰馬三萬三百八十匹，其餘兵仗稱是。遣使入唐貢方物。〔註129〕

泉城戰役水陸交戰，陸勝而海負，唐軍損失兵船四十艘，若為戰船，則兵員超過五千。失戰馬一千匹，也很影響騎兵戰鬥力。唐軍南北兩條戰線為新羅控制區所隔離，南線戰馬和其他作戰物資自海上運輸而來，來之不易，在制海權易手的情況下是很難補充的。接下來的買肖城戰役，「李謹行率兵二十萬」，這個數據是不合理的，不可能有這麼多唐軍陸軍，應為史文錯訛，中韓學者都主張此觀點，〔註130〕實際為二萬。新羅在與唐軍作戰同時再度築城於要害，「緣安北河設關城，又築鐵關城。」估計為要塞。新羅繼續鞏固戰果，擴大和加強陣地。唐軍、靺鞨軍在北方戰線的七重城、赤木城、石峴城反攻，雖然攻陷赤木、石峴二城，二城新羅縣令均「力戰」、「力竭」戰死，反抗頑強，新羅仍稱「又我兵與唐兵大小十八戰，皆勝之，斬首六千四十七級，得戰馬二百匹。」〔註131〕

此戰的戰略意義在於大大削弱了百濟唐軍薛部繼續作戰的戰略基礎。接下來直到次年冬天，整整一年的時間缺乏具體戰事的記載，可以視為雙方以大同江為界暫停作戰，作政治試探觀望，也很可能是供給不足。唐朝在大同江以南僅僅掌握很小的海濱孤立據點。而在儀鳳元年（676）新羅海軍的進攻下，薛仁貴部喪失了在朝鮮半島南部百濟故地的最後的橋頭堡，史稱伎伐浦水戰，堪稱唐新戰爭「最後一戰」：

> 冬十一月，沙飡施得領船兵，與薛仁貴戰於所夫里州伎伐浦，敗績。又進，大小二十二戰，克之，斬首四千餘級。〔註132〕

〔註129〕金富軾：《三國史記》，吉林文史出版社，2003年版，第100頁。
〔註130〕拜根興：《七世紀中葉唐與新羅關係研究》，106～132頁。李昊榮：《新羅三國統合與麗、濟敗亡原因研究》，書景文化社，1997年版，255頁。
〔註131〕金富軾：《三國史記》，吉林文史出版社，2003年版，第100頁。
〔註132〕金富軾：《三國史記》，吉林文史出版社，2003年版，第100頁。

　　關於此次水戰有一定研究，但由於資料僅此，已有觀點如唐兵力兵種構成多數是推測分析，難以考證具體作戰情況。此次新羅軍從海路進攻薛仁貴部，先敗後勝。新羅出動的是「船兵」，即水師，則此次作戰顯然是海戰和兩栖作戰，算是第二階段第三次唐新海戰戰役。二十二戰說明作戰非常激烈和頻繁，如果唐軍死去的四千戰士就算都是水軍，也不過大致相當於 30 艘戰船的兵力，可見參戰唐水師之弱。《舊唐書·薛仁貴傳》稱仁貴「上元中，坐事徙象州」，應是擔當此役失敗之責任。這是文獻所見唐新最後一次戰役，之後戰事基本停息。「先是有華人任（安）東官者，悉罷之。徙熊津都督府於建安故城；其百濟戶口先徙於徐、兗等州者，皆置於建安」〔註133〕，表明唐朝放棄對朝鮮半島的監管。這一年，雙方的戰鬥主要集中在新羅北部邊境地帶，而薛仁貴堅守的所夫里州伎伐浦即百濟的泗沘港口，是唐朝和朝鮮半島南端保持海路暢通的據點，當年唐軍押送百濟君臣入華及劉仁願領兵赴鎮守任全由此港出入，唐軍也曾以之作爲針對新羅的軍事基地：「唐人既滅百濟，營於泗沘之丘，陰謀侵新羅。」〔註134〕唐軍在海上已喪失制海權，不能對南方橋頭堡進行有力支持。保守此地沒有意義和可能，而這其實是海戰連續失利後的必然結果。雙方實際控制線基本確定，新羅佔據百濟與高句麗大同江以南，停止向北作戰，唐朝維持朝鮮半島三邦羈縻體系的計劃和努力宣告破產。

　　儀鳳二年（677），正月劉仁軌正式從大同江以南撤軍，百濟扶餘隆和高句麗高藏的親唐勢力隨之也遷入遼東。〔註135〕

　　儀鳳三年（678）新羅國「春正月，置船府令一員，掌船楫事。」〔註136〕其實早在公元 583 年新羅就已經成立船府署，管理船隻。我認爲這可以看做新羅對船舶航運的重視進一步加強，顯然新羅對海上力量的關注業已非止一日。應該說這次戰爭作戰至今，唐北線陸軍不斷退卻中仍能反擊，而南線和唐水軍確是節節敗退，直至徹底潰敗。

　　九月，咽不下這口惡氣的唐高宗決心大舉討伐新羅，遭重臣勸諫而罷：

　　　　上將發兵討新羅，侍中張文瓘臥疾在家，自輿入見，諫曰：「今
　　吐蕃爲寇，方發兵西討；新羅雖云不順，未嘗犯邊，若又東征，臣

〔註133〕《資治通鑒》卷 202，中華書局，1956 年，第 6379 頁，冊 14。
〔註134〕金富軾：《三國史記》，吉林文史出版社，2003 年版，第 494～495 頁。
〔註135〕《資治通鑒》卷 202，中華書局，1956 年，第 6382 頁，冊 14。
〔註136〕金富軾：《三國史記》，吉林文史出版社，2003 年版，第 101 頁。

恐公私不堪其弊。」上乃止。癸亥，文瓘薨。〔註137〕

最終唐朝接受新羅入使稱臣，以大同江爲界，放棄羈縻政策。

四、唐重建海上力量的地緣戰略價值

　　儘管最終唐朝選擇體面地接受新羅的臣服朝貢，默許新羅對半島的控制，但從高宗本意看，開始並不想就此罷休。按照張文瓘的臨終進諫，這裡有兩個罷戰的理由，一是吐蕃的威脅，二是「公私不堪其弊」。第一點正符合陳寅恪先生的觀點，即吐蕃在西北內陸牽制唐朝力量的輔證。我也贊成唐朝必須以西北爲戰略首要，因爲當時中國軍事重心和邊事重心都在西北，但這不可能是罷兵唯一原因，因爲張氏所陳第二個罷戰理由同樣是重要事實。如果高宗堅持東西兩線作戰，會如何呢？如張文瓘所言，「公私」將如何「不堪其弊」？對這些問題深究下去對於搞清戰爭成敗同樣非常重要。

　　那唐朝爲了同時保持東西邊疆戰局的優勢，必須組織一支強大的陸軍騎兵與西線吐蕃對抗，同時在東線發展與山地步兵相配合的海上大軍，這支海上大軍必須包括龐大的漕運船隊，精良的作戰艦隊，以及善戰的兩栖水軍，還需要模仿上一次戰爭重新開闢半島南部的橋頭堡，至少要復奪黃海制海權。即使在公元 678 年之後唐軍捲土重來，沒有海上的配合，打贏這一仗的難度很高，幾乎沒有再度取勝的可能。由於朝鮮半島地緣環境的特徵，沒有海上力量參與，作戰很難取得徹底的勝利。把唐新戰爭和高句麗之戰相比較，原因可以分爲三個方面來論述。

　　第一，唐軍實行南北海陸鉗擊需要海上力量。

　　朝鮮半島大致爲狹長半島地形，鴨綠江以南東西最大寬度 360 公里，南北直線距離爲 840 公里，南北縱深較大，東西跨度相對較窄。半島北與中國遼河流域比鄰，南部則與山東半島隔海相望。從隋唐內地走河北遼東陸路到高句麗進軍路線漫長曲折，如有海上力量突擊朝鮮半島南端甚至在南部開闢第二戰場，可以構成南北鉗擊，即使是側翼牽制，也是非常有利的。唐初討伐高句麗，主要兵力膠著於遼東正面戰場，進展緩慢，當唐高宗執行太宗所遺戰略跨海平定百濟之後，唐軍可以南北鉗擊。一旦半島和大陸間海域制海權易手，由敵軍控制，則唐軍無法開闢和支持南方橋頭堡，只能在正面戰線進行攻城掠地的爭奪戰。山地高原占朝鮮半島面積的 3/4 以上，當年高句麗

〔註137〕《資治通鑒》卷202，中華書局，1956年，第6385頁，冊14。

在遼東地區修築了不少山城，借助地利扼守，令隋唐軍每取得一點進展都要付出相當的傷亡代價和時間物資消耗。既然奪取了制海權，新羅可以放心的集中陸軍向北用兵，避免兩線作戰，唐軍無法分散牽制敵軍，只能進行陸上持久戰，給養供應難度加大。

第二，唐軍給養供應很大程度要靠海運，海運成本低於陸運，而海運的運輸和護航必須依靠海上軍事力量來保障。

海軍戰略家馬漢曾就海陸戰略條件對比發論：「就天然條件而言，陸上幾乎是障礙重重，而海上則幾乎是坦途一片。」〔註138〕古代陸運成本與水運成本無法相提並論，而深入半島作戰，長期長途運送給養的成本太高。從華北到遼東再到朝鮮半島的進軍路線漫長曲折，大運河到今天的河北天津一帶就進入渤海，而唐軍前線卻遠在千里之外的朝鮮半島南北，遼東半島的陸地氣候地理條件惡劣不利於長年行軍和運輸，利於作戰的季節短暫。早寒、沼澤和為數眾多的山城〔註139〕曾構成難以逾越的地理障礙，不僅提高了對物資供應的要求，也令中原軍隊難以適應。如陳寅恪云：「中國東北方冀遼之間其雨季在舊曆六七月間，而舊曆八九月至二三月又為寒冬之時期。故以關中遼遠距離之武力而欲制服高麗攻取遼東之地，必在凍期已過雨季未臨之短時間獲得全勝而後可。否則，雨潦泥濘冰雪寒凍皆於軍隊士馬之進攻餱糧之運輸已甚感困難，苟遇一堅持久守之勁敵，必致無功或覆敗之禍。」〔註140〕新羅同樣也有依山築城的傳統，如公元 663 年「作長倉於南山新城。築富山城。」泗沘港也有山城。〔註141〕

當然海上航行也存在氣候難題。黃海東海水域中，在四月到七月初，中國沿海盛行西南季風，適合起帆北去朝鮮日本，而返航最佳期多在八月底九月初，中國沿海多為西北風，日本九州沿海則多為東北風。夏末秋初則颱風盛行不利航行。從海陸夾攻的需要看最四五月份無疑是隋唐用兵最佳季節時期。海運儘管有風浪損耗，但就水運與陸運相比的低成本是毋庸置疑的，這也是隋煬帝開通大運河的重要原因，且毋論支持南部第二戰場的效果。

〔註138〕馬漢：《海軍戰略》，商務印書館，2012 年版，第 130 頁。
〔註139〕參見楊秀祖：《高句麗軍隊與戰爭研究》，吉林大學出版社，2010 年版，第六章「高句麗軍隊的戰略戰術及防禦工事」，魏存成：《高句麗遺迹》文物出版社，2002 年版，第二章「山城」。
〔註140〕陳寅恪：《唐代政治史述論稿》，上海古籍出版社 1982 年版，第 120 頁。
〔註141〕金富軾著：《三國史記》，吉林文史出版社，2003 年版，第 82 頁。

依靠半島當地籌集軍糧幾乎是不可能的，比如百濟本來農業生產落後，平百濟之後，當地「合境凋殘，僵屍相屬」，劉仁軌只好「漸營屯田」，「以經略高麗」，〔註142〕遼東和高句麗經多年戰爭破壞，唐軍還曾實行過騷擾戰，逼迫高句麗堅壁清野，荒廢農耕，即使是新羅也「率戶征兵，連年舉斧，孀姬挽粟，稚子屯田」。〔註143〕

第三，從重視海戰的新羅手中復奪黃海制海權，再次登陸半島南部比當初跨海擊百濟要難的多，對水軍的要求也更加高。新羅的水師不僅可以用來保衛海岸線和控制黃海航行，還可以阻截唐軍從海上向朝鮮半島運送給養和援兵。

唐太宗曾經說過「百濟恃海，不修戎械，我以舟師數萬襲之」，〔註144〕從史料看，百濟可能無水軍，居然沒有對蘇定方遠征軍登陸做任何海上攔截，而新羅卻曾以大船百艘載精兵五萬會之，〔註145〕則很有可能新羅戰船的噸位和運載量較唐軍為大，還可以以水師獨立發動兩栖戰並取勝，數次擊敗和殲滅唐水軍。唐新戰爭中新羅不僅成立了上百艘戰艦的「船兵」來爭奪黃海制海權，成立專門的國家航運船舶管理部門，應該還在添造補充戰船，這必然是吸取了百濟滅亡的教訓。以高句麗之戰和平百濟之戰的經驗看，唐朝水軍順利登陸建立橋頭堡，兵力至少兩三萬以上規模，船隻至少三四百艘規模，如果考慮到新羅上百艘戰船的阻撓，對兵力要求只會更高。但限於經濟和技術發展，經過唐麗戰爭和唐新戰爭的消耗，唐朝實際無力再大量造船和維持一支強盛海上力量。

五、唐重建海上力量的財政困難、國策局限與軍事體制缺陷

儘管海上力量有以上三種重要價值，唐朝經歷唐麗戰爭和唐新戰爭後已經無力甚至缺乏意志重建水師。原因分三個方面

首先，從財政的角度，唐朝為平定高句麗和百濟而大量造船，但是在海上存在大量損失和沉沒，保持補充的勢頭成本很高。

隋文帝首次攻擊高句麗，海上一路全軍覆沒於風浪，而跨海平百濟之役誠如薛仁貴語乃「不懼船海之危」所造就〔註146〕。《資治通鑑》貞觀二十二年

〔註142〕《資治通鑑》，卷201，中華書局，1956年，第6368頁，冊14。
〔註143〕金富軾著：《三國史記》，吉林文史出版社，2003年版，第92頁。
〔註144〕《新唐書》卷220《高麗傳》，中華書局，1975年版，6188頁。
〔註145〕金富軾：《三國史記》，，吉林文史出版社，2003年版，第494頁。
〔註146〕金富軾：《三國史記》，吉林文史出版社，2003年版，第91頁。

九月條記載建造「大船一艘,庸絹二千二百三十六匹」,唐朝的租庸調製下每戶調絹一匹,則大船一艘耗費兩千二百三十六戶均田制農戶一年的調,更何況相關的軍事建設投入。畢竟,西征不僅耗費大量人力物力,而且也要求大規模的水上漕運。在吐魯番哈剌和卓附近阿斯塔納出土的唐代軍用稅布上有文字顯示其確實來自江南:「婺州信安縣顯德鄉梅山裏祝伯亮租布一端,光宅元年十一月日」,「婺州蘭溪縣瑞山鄉從善里姚群庸調布一端,神龍二年八月日」。〔註147〕如上文所見唐軍兩次直接作戰損失船艘為七十和四十,則耗絹156520匹和89440匹,相當於156520戶和89440戶民的庸。唐太宗甚至從遙遠的巴蜀地區造船:「蜀人願輸財江南,計直作舟,舟取縑千二百」,引起「巴、蜀大騷」。〔註148〕唐太宗時期三次對高句麗開戰,僅僅文獻所見造大船實數記載就有一千九百五十艘,〔註149〕實際造船總數遠遠超過。唐初財政簡儉,歲漕不過數十萬石,京師和西北邊防都要依靠來自華北和江南的漕運的支持,以江淮漕運同時支持東北西北兩處邊疆兼顧京畿供應,物力必捉襟見肘。故唐高宗在龍朔三年(663)「以海東累歲用兵,百姓困於徵調,士卒戰溺死者甚眾,詔罷三十六州所造船」。〔註150〕當時唐朝艦船生產克服了巨大風險,曾維持了高水平,但局限於技術條件付出的代價也是慘重的。當初唐朝和新羅發生矛盾之後,新羅得到情報,「國家修理船艘,外託征伐倭國,其實欲打新羅」,〔註151〕但因風浪打擊,一開戰就損失數百艘,長期來看唐朝實在是難以維持海上力量的強度。

　　其次,以唐新戰爭及其之前的高句麗之戰來看,在唐代國策以西北內陸為戰略上的重心,國家海上力量的發展和海洋開拓並沒有被放在最重要的地位來加以考慮,這嚴重影響了唐的東北亞地緣政策。

　　唐新戰爭的結局,與海上較量失敗有密切關係,和「關中本位」國策具有一定聯繫,〔註152〕卻並不是由於陳寅恪所認為的唐朝國人不善海戰的結

〔註147〕全漢昇:《唐宋帝國與運河》,國立中央研究院歷史語言研究所專刊,商務印書館,民國35年(1946),〔上海初版〕,第39頁。

〔註148〕《新唐書》,卷220,中華書局,1975年版,第6195頁,冊20。

〔註149〕見拙作:《論唐太宗對高句麗之戰跨海戰略的決策作用:兼論海上力量與高句麗之戰戰略成敗的關係》,《史林》,2011年第4期。

〔註150〕《資治通鑒》卷201,中華書局,1956年版,第6336頁,冊14。

〔註151〕金富軾:《三國史記》,吉林文史出版社,2003年版,第96頁。

〔註152〕《唐代政治史述論稿》,下篇,《外族盛衰之連環性及外患與內政之關係》,商務印書館,2012年版,第326～327頁。

果，也不是在吐蕃兵鋒威脅下放棄半島的緣故〔註153〕。唐麗戰爭中海濱騷擾戰、平百濟戰役和白江海戰已證明唐海上力量曾是東亞一流，新羅海戰得勝以海岸防禦和兩棲戰為主，其時唐軍也多遭遇風浪而敗，且並非「屢敗」，也有勝利。雖然西北軍事形勢的牽制影響唐朝投入更大力量解決海東戰局，但不能維持強力海上軍事存在，黃海制海權拱手新羅，仍然是具體的重要原因。韓昇認為「從時間上看，唐朝是在新羅問題告一段落後，才將注意力轉移到西線的」。〔註154〕檢索史料，未見薛仁貴赴東線後吐蕃在西北發動有力攻勢，伐伐浦水戰結束於 676 年冬，而到 678 年秋唐將李敬玄才在西線發動對吐蕃的反擊，〔註155〕時隔一年半，則韓國學者徐榮教認為的唐朝需要調兵西北並不成立。

　　究其深刻的歷史原因，是隋唐航海能力雖有重大發展，但畢竟是傳統農業大國，且自西北內陸關隴核心區大本營崛起，就戰略重心考量而言，對西北內陸廣大疆域的重視和經營必勝於東北亞海陸格局的關注與計算，更遑論發展海權海軍的需要和意識。在平定百濟之後，唐麗戰爭進入關鍵時刻，作為最高統帥的唐高宗竟然一度想要放棄百濟陣地，是劉仁軌上書陳述佔據百濟的戰略利害才勸阻了決策，這說明高宗的地緣戰略頭腦和視野遠不及其父太宗，且暴露不夠堅韌的性格。自秦漢以來，掌控從蒙古草原到中亞的陸權的西北游牧民族被看做是中原王朝的最大威脅，而在唐統治集團看來，西北的陸權才是帝國國防安全的戰略關鍵。唐帝國統治集團認為以關隴地區為軸心安排帝國的國防體系格局和地緣戰略行動才是合理與必須的，儘管新羅吞併受唐朝監護的緩衝國重組了大同江以南的戰略平衡，使唐朝在朝鮮半島的地緣利益受到實際損害，但唐朝不認為自己的核心利益受到侵犯，距離關隴核心區萬里之遙的唐帝國遼東邊疆的國防安全仍然可以得到保障，讓唐高宗接受新羅稱臣帶來的「面子」和一些「裏子」，就足以讓唐朝放棄重新造船征東所帶來的麻煩。

　　第三，唐的軍事體制也對海上力量的組織和運用構成阻礙作用。比如隋唐府兵制源出北朝，帶有少數民族部落兵制的遺風，遵循兵農合一的原則，

〔註153〕《唐代政治史述論稿》，下篇，《外族盛衰之連環性及外患與內政之關係》，商務印書館，2012 年版，第 345 頁。

〔註154〕韓昇：《東亞世界形成史論》，復旦大學出版社，2009 年版，第 273 頁。

〔註155〕《資治通鑒》卷 202，中華書局，1956 年版，第 6384 頁，冊 14。

屬於大陸兵制的性質，本無海軍兵種和編制，太宗時期的海上軍事力量是臨時根據戰爭需要招募南方人員，經過多次兩栖戰役逐步實戰鍛鍊而來，而到高宗時府兵制衰落，唐軍在半島主力是少數民族部族兵和募兵，缺乏海上常備正規部隊。不僅士卒，唐軍將領的素質也在下降，唐軍將帥薛仁貴、李謹行等人基本都是傳統陸軍將領，其才幹本不具備海軍將領的素質，且薛仁貴和劉仁軌都是唐帝國建國後外戰培養的一代將帥，基本屬唐軍第二代將帥。唐新戰爭爆發當年，滅高句麗統帥李勣年過七十，滅百濟主帥蘇定方 65 歲，劉仁軌 64 歲，在當時均屬高壽之人，薛仁貴業已 54 歲，李謹行則爲 45 歲，〔註156〕可見唐軍東征的高層武將人才有枯竭危險。用這樣一批年老的傳統陸軍將領統帶臨時召募的水手新兵來打海上和兩栖作戰，很難保證繼續勝利。

　　總之，當時朝鮮半島地緣環境下的作戰需要海上力量的參與，但重新發展可以登陸半島的強大海軍來再度扭轉戰局，成本高昂，唐高宗時期已暫無可能，使戰爭形勢最終定局。假設唐朝單靠陸軍壓制新羅，必須在戰前駐紮一支大軍而不是總章元年的兩萬部隊，而沒有海上支持這是難以實現的。與西北內陸發生的傳統陸地軍事較量相比，海上力量而不是陸上力量才是東北戰線勝負的關鍵力量，而唐朝無力，也可能缺乏意願和需要重建，戰爭就必須結束。然而，海上力量在中國周邊東亞地區特別在國門黃海所發生過的獨特戰略作用是不可磨滅的歷史經驗。

五、餘　論

　　第一，東亞地區的戰略地理樞紐在朝鮮半島，朝鮮半島在地緣政治上常常是亞洲大陸強國和海上國家博弈的焦點，朝鮮半島周邊地緣政治局勢與中國國家安全存在密切關係，對之的戰略掌控不僅需要通過陸上力量來實現，也要依賴海上力量的協助，這從古至今都是相通的，中國古代包括漢代、唐代、明代、清代的歷史都在證明這一點。

　　黃海處於山東半島和朝鮮半島之間，是中國的國門，也是連接中國和朝鮮半島的戰略通道。中國的海上力量之強弱是否足以在朝鮮半島周邊發生戰事時掌控黃海的制海權，是否能夠有效跨海投送兵力，在戰略上至關重要。隋唐以前，漢武帝平定朝鮮半島和遼東，從山東齊地出動水軍，跨黃海東征，

〔註156〕據各人墓誌銘及傳記，見《舊唐書》、《新唐書》和《唐代墓誌彙編》，上海古籍出版社，1992 年版。

入江直抵平壤。十六國時後趙君主石虎圖謀討伐遼東前燕政權，出動「青州之眾」，「戍於海島」，又以船三百艘運穀三十萬斛跨海往高句麗。隋煬帝以水軍作牽制作戰，也曾跨海運兵運糧。唐代跨海平定半島，打退日本的覬覦。元代東征的水師因為海上颱風而未能登陸日本。明代萬曆年間，日本軍閥豐臣秀吉跨海入侵朝鮮半島，妄圖征服東亞，朝鮮史稱「壬辰倭亂」，明朝和朝鮮的水軍也起了控制制海權的重要作用，使日軍後勤運輸都難以保障，大大削弱了日軍繼續作戰的能力，最終取得戰爭的勝利。到了近代，1894 年中日豐島海戰的失利顯示出黃海制海權再次被中華的敵國侵奪，中國無能從海上向朝鮮半島投送兵力，而甲午黃海海戰的失敗，也再次證明了海上力量、制海權與東北亞軍事地緣博弈勝負的密切關係。可以說，在古今東亞海洋軍事史上，唐太宗領導的唐麗戰爭曾譜寫精彩的一頁，唐高宗主持的唐新戰爭卻是黯淡的篇章。

第二，唐代東亞歷史證明，新羅對朝鮮半島的統一比分裂更加有利。

唐新戰爭的失敗導致唐朝被迫放棄維持羈縻體系的政策，默認新羅對統一的主導權，這是唐麗戰爭後地緣政策目標的失敗。

大多數中韓學者實際都認為唐朝從一開始就不想佔有朝鮮半島領土，但是唐朝在戰前建立三邦鼎立的羈縻體系的意圖也是明確的。雖然有學者認為戰爭後期唐朝與新羅摸清彼此底線，默認新羅對半島統一主導權，可是唐朝畢竟進行了艱苦長年的作戰，犧牲了相當的軍事力量和資源，說明唐朝至少曾堅持武力維護羈縻體系，和對高句麗和百濟的政治監護，而不是不動刀槍地把半島送給新羅。正是雙方海上力量的消長，才使唐朝失去繼續作戰的戰略優勢，喪失了談判的有利籌碼，才被迫改變外交目標，高宗並不甘心放棄新羅。其實新羅統一半島的所謂「正義性」是由後來歷史證明的，之前並不具備「合法性」，因為高句麗本是中國漢朝領土和地方政權，百濟和新羅也是敵對族群和邦國。後來的融合不能否定之前國族分立的歷史，在羈縻體系下並存三個向唐朝貢的邦國是可能的和有歷史依據的，在當時也具合理性。

唐新戰爭使東亞格局發生新變化，儘管非唐外交初衷，但半島統一的結果仍是積極的，也符合地緣政治原理。從唐麗之戰到唐新戰爭，新羅成了最大贏家，兼併了百濟高句麗，迫使唐軍退出半島，篡奪了唐太宗父子兩代的勝利果實。唐麗之戰前東亞缺乏中心，高句麗、日本與隋唐爭奪半島南部和遼東，變為戰後唐為中心的日本和海東三邦的五國局面，又經唐新戰爭變成

唐領導新羅、日本的三角新局面。歷經唐五代，唐新日三國間基本維持和平國際關係。因此，唐的政策目標退而求其次，接受半島統一確實是積極進步的，否則還將有不安定隱患。誠如新羅文武王所云：「新羅百濟累代深仇，今見百濟形況，別當自立一國，百年之後，子孫必見吞滅。」即使新羅與百濟、高句麗三族在羈縻制度下分立，也可能再起戰火，直至打出個統一，甚至可能再度引起日本的覬覦。朝鮮半島是地緣政治理論中的「邊緣地帶」，容易成為來自海陸的不同政治力量的爭奪地帶，惟有能夠保持海陸間的中立或是親善大陸鄰國才可能成為和平的有利保障。羈縻體系最多維持一段時間，唐朝沒有強盛海上力量做後盾也很難對這個戰略價值上次於西北的地緣方向堅持實施強力干預，如何維持主導權結果難料。畢竟，唐朝收回了自魏晉以來的遼東失地，並確立了中國對東亞格局的合理領導權，而戰後新羅作為唐朝的藩屬國，與唐朝和日本保持友好關係，甚至一度掌東亞航海牛耳，杜絕了東亞地區發生新的大規模國際戰爭的可能。陳寅恪認為唐代「東北消極政策不獨有關李唐一代置大局，即五代趙宋數朝之國勢亦因以構成」，〔註157〕筆者認為唐代東亞政策在唐新戰爭後期雖有消極表現，但受多方面制約，且從東亞全局看缺乏理由，也有值得商榷之處。

第三節　隋唐東征成敗與將帥才能素質——以跨海作戰為中心的考察

（原文發表於《史林》2014 年第 1 期）

摘要：

　　隋唐東征作戰分海陸兩路，為作戰而發展了強大的海上力量。由於體制和文化的關係，海上力量發展潛力並未得到充分發揮。隋唐征東諸將指戰素質側重陸戰，出身陸軍者較多，多數不善海戰。

關鍵詞：隋唐；將帥；素質；海戰

〔註157〕陳寅恪：《唐代政治史述論稿》，商務印書館，2011 年版，第 327 頁。

　　隋唐東征包括高句麗之戰和唐新戰爭，是奠定當時東亞國際政治格局的重要戰爭，其波瀾壯闊的海戰事迹也是中國海洋史和軍事史重要的篇章。朝鮮半島周邊的海陸復合的地理特徵使得海上力量成為戰爭和地緣政治活動中不可或缺的戰略因素。征東作戰方式是海陸結合，在戰略上分為兩個方面軍，一是主力「正兵」以遼東陸路為主攻方向，二是起初作為側翼牽制，後來打開戰略突破的「奇兵」，跨海作戰部隊，以高句麗後方與半島沿海為作戰目標，兩方面軍相互配合。根據歷史記載，隋唐跨海作戰過程中發生了白江海戰、泉城水戰等戰役，唐軍取得了白江大海戰的大勝，被譽為對東亞格局奠定有決定意義的一戰，朝鮮半島的地理特徵。但總的看，進入唐新戰爭後唐軍在海戰中不斷失敗，為何唐軍在海上會先勝而後敗？經過筆者探索發現，原因是多重的，將帥素質是個很重要的因素，本文僅以隋唐跨海作戰的水師將帥素質的角度作一深入研究。

一、隋唐海上力量興起的歷史背景

　　統一以前北周隋朝已有強大內河水師，人員以北人為主，曾與南陳、南方豪雄、林邑國交戰，基本上屬於府兵。隋朝對水軍的戰略運用多實行水陸兩路夾攻。楊素、劉方、陳棱先後指揮了跨海平叛、遠征林邑、遠征流求三次作戰。前兩人都是北方將領，陳棱為江淮南朝舊將。

　　北周建德中楊堅曾率水軍三萬破齊師於河橋。[註158] 隋朝於巴蜀發展水軍平陳，楊素部巴蜑卒千人「乘五牙四艘，以柏檣碎賊十餘艦」。[註159] 隋朝組織了下海包抄江南的水軍，由燕榮指揮入長江口，進入太湖作戰。[註160] 楊素二下江南平叛，也遠航至泉州，當地豪族「自以海路艱阻，非北人所習，不設備伍」，結果楊素泛海掩至，叛黨散入海島溪洞，楊部水陸追捕，「江南大定。」[註161] 隋水軍戰勝南朝水師足證作戰素質不低。之後隋朝對南方航運進行了政策壓制，禁造和沒收大船，開皇十八年正月下詔：「（江南）人間有船長三丈已上，悉括入官。」[註162] 此政策「一石二鳥」，既限制地方造船，也為官軍充實了征東的船隻。南方的航運優勢和軍事優勢將被中央而不會被

〔註158〕《隋書》，卷1，中華書局，1973年版，第2頁。
〔註159〕《隋書》卷48，中華書局，1973年版，第1283頁。
〔註160〕《隋書》，卷61，中華書局，1973年版，第1464頁。
〔註161〕《隋書》卷48，中華書局，1973年版，第1285頁。
〔註162〕《隋書》卷2《高祖紀下》，中華書局，1973年版，第43頁。

地方掌握〔註163〕。

隋文帝曾和林邑國開戰，京兆人劉方任統帥，動用了嶺南欽州歡州陸軍自陸路進攻，由上開府秦雄和兩地刺史指揮，劉方自率水軍去比景登陸。劉方一路取勝，只有陸戰。〔註164〕海路僅起到奇正兩路的戰略目的。

隋煬帝還曾派陳稜等遠征臺灣。陳稜，本陳朝將門，廬江襄安人，祖父以漁釣爲業，「父峴，少驍勇」，「授譙州刺史。陳滅，廢於家。」〔註165〕陳氏入隋後爲將，曾奉命自海上遠征臺灣，與朝請大夫張鎮周一道泛海擊流求國。陳稜率眾登岸，流求部主遣兵拒戰，張鎮周頻擊破之。陳稜進軍內陸，斬殺小王歡斯老模。「其日霧雨晦冥，將士皆懼，稜刑白馬以祭海神。」「分爲五軍，趣其都邑。」平定渴剌兜部，「虜男女數千而歸。」

以上作戰證明隋水軍具備航海以及登陸投送的能力。但是除船隻外，兵將並不依賴南方提供。

二、隋朝海軍將官的素質與戰績

隋朝征東四次，隋文帝一次，隋煬帝三次，水軍部隊則來自全國，包括南方地區，軍用造船主要在華北完成。海路將官指揮作戰需要通水性，善水戰，懂得航運，否則難以勝任，這本是合理的，而隋朝跨海用將多用來自南方水鄉的江淮人。作爲對手的高句麗並無像樣的海軍。

隋文帝海上征東主帥爲周羅睺，九江尋陽人，南朝將門世家之後，善戰，降隋水軍將領，〔註166〕「父法暠，仕梁冠軍將軍、始興太守、通直散騎常侍、南康內史，臨蒸縣侯。羅睺年十五，善騎射，好鷹狗，任俠放蕩，收聚亡命，陰習兵書。」周羅睺曾從吳明徹與北齊軍戰於江陽，躍馬突圍救吳氏，所向披靡。「太僕卿蕭摩訶因而副之，斬獲不可勝計。」後又曾進師徐州與北周交戰，又救蕭摩訶於重圍，勇冠三軍，平賊十二洞，受陳宣帝讚賞，封侯，官居都督豫章十郡諸軍事、豫章內史。〔註167〕隋軍伐陳，周羅睺都督巴峽緣江諸軍事，守禦逾月，傳來陳主被擒的消息才降。〔註168〕周羅睺出任水軍總管，自

〔註163〕王仲犖：《隋唐五代史》，上海人民出版社，2003年，第51頁，上冊。
〔註164〕《隋書》，卷53，中華書局，1973年版，第1358頁。
〔註165〕《隋書》，卷64，中華書局，1973年版，第1518頁。
〔註166〕《隋書》卷45，中華書局，1973年版，第1239頁。
〔註167〕《隋書》，卷65，中華書局，1973年版，第1523頁。
〔註168〕《隋書》，卷65，中華書局，1973年版，第1524頁。

東萊泛海往平壤，「遭風，船多飄沒」，無功而還，次年轉調西北受邊。〔註169〕

煬帝征東三次，海上一路主要用江淮士卒，以來護兒為主帥。來氏為江都人，所住白土村「密邇江岸」，應屬北岸濱江居民，滅陳前充當間諜，授大都督。〔註170〕開皇十三年，來護兒封左翊衛大將軍，「任委逾密，前後賞賜不可勝計。」〔註171〕此人也算江淮人，參與楊素二平江南立功，任泉州刺史，管轄重要海港。

煬帝首次東征，海陸兩軍並不協調，直到五月季風強勁，海上部隊才順風參戰，海軍順利登陸然後野戰，並無海戰發生。來護兒帥江、淮水軍「舳艫數百里，浮海先進，入自浿水，去平壤六十里，與高麗相遇」。〔註172〕此次來護爾的副手為周法尚，另有武賁郎將費青奴及第六子左千牛整等將領可見於史冊。

來護兒表現輕敵冒進，高句麗掃境內兵列陣數十里，諸將咸懼，來氏子未必勝，〔註173〕結果敵伏兵平壤郭內，來護兒大敗，士卒還者不過數千，敵軍追及船邊，周法尚整軍擊退之，來護兒「不敢復留應接諸軍」。〔註174〕由於陸路退兵過早，使高句麗在遼東正面戰場沒有足夠大的壓力牽制，因此來氏登陸戰效果不大。

煬帝二次出兵，楊玄感作亂，來護兒平叛未能出海。第三次用兵小有收效，迫使高句麗稱臣，而海上作戰目標由平壤轉為遼東半島，登陸後也有小勝。然而當來護兒有所進展時陸軍已經開始撤退。〔註175〕當時來氏已破二城，並大破敵舉國援兵，準備打平壤。高句麗王遣使請降，煬帝下詔退兵。來氏只好作罷。〔註176〕

來護兒部下有副將周法尚，陳棱，費青奴，及其二子。

周法尚父祖在南朝世代為將，後降北周，隋文帝時參與伐陳，轉戰南方遠至嶺南，得賞賜極多，統一後平定嶺南作亂。〔註177〕周法尚參與了煬帝時

〔註169〕《隋書》，卷65，中華書局，1973年版，第1525頁。
〔註170〕《隋書》，卷64，中華書局，1973年版，第1515頁。
〔註171〕《隋書》，卷64，中華書局，1973年版，第1516頁。
〔註172〕《資治通鑒》卷181，中華書局，1956年版，第5662頁。
〔註173〕《北史》，卷76，中華書局，1974年版，第2591頁。
〔註174〕《資治通鑒》卷181，中華書局．1956年版，第5662頁。
〔註175〕《資治通鑒》卷181，中華書局．1956年版，第5691頁。
〔註176〕《北史》，卷76，中華書局，1974年版，第2592頁。
〔註177〕《北史》，卷76，中華書局，1974年版，第2599頁。

期的三次東征，第一次擊退高麗追兵，扳平戰局，第二次參與回師平叛，第三次病故軍中。〔註178〕

曾經遠征臺灣島的陳稜在煬帝的首次征東隨軍立功，次徵留守東萊基地，並奉詔赴揚州造艦，其海上經驗得到利用：

> 遼東之役，以宿衛遷左光祿大夫。明年，帝復征遼東，稜為東萊留守。楊玄感之作亂也，稜率眾萬餘人擊平黎陽，斬玄感所署刺史元務本。稜尋奉詔於江南營戰艦。〔註179〕

費青奴傳記史無所載。來護兒子來弘、來整隨軍跨海出征，來整首征立功，次征亦隨軍，都缺乏表現：

> 護兒命武賁郎將費青奴及第六子左千牛整馳斬其首，乃從兵追奔，直至城下，俘斬不可勝計，因破其郭，營於城外，以待諸軍。
> 〔註180〕

> 會楊玄感反，進攻洛陽……即日回軍。令子弘及整馳驛奏聞。
> 〔註181〕

總之隋朝諸將雖多用江淮人士，甚至是南陳降將，所看重的是其航行經驗，但由於實際戰況所限，並無優異海戰表現，且多為統一前入隋者。

三、唐麗戰爭海軍將官的素質與戰績

唐代征東多是以北方陸將統領海上偏師，其海上指戰表現良莠不齊。唐新戰爭中表現遠不及唐麗戰爭，可以分為唐麗戰爭和唐新戰爭兩個階段考察。而唐麗之戰中的平百濟之戰實際也是獨立的戰略戰役。

唐麗戰爭由唐太宗發動對高句麗的討伐，持續到唐高宗時期。唐太宗初用諸將為秦府舊人或當年平定山東所得華北內陸籍將官。之後隨後湧現，參與跨海作戰而表現較突出者包括薛萬徹、蘇定方、劉仁軌，然而以作戰表現看，均以登陸後陸戰野戰擅長，唯劉仁軌擁有海陸全局的戰略思想。太宗時期作戰紀錄中真正的水戰紀錄幾乎不存在，偏師作戰主要是登陸後作戰。

1. 張亮與常何

〔註178〕《北史》，卷76，中華書局，1974年版，第2600頁。
〔註179〕《隋書》，卷64，中華書局，1973年版，第1519頁。
〔註180〕《北史》，卷76，中華書局，1974年版，第2592頁。
〔註181〕《北史》，卷76，中華書局，1974年版，第2592頁。

太宗首征，海上主將張亮爲鄭州滎陽人，「素寒賤，以農爲業」，隋末投義軍李勣部，歸唐後爲秦王府車騎將軍，在太宗與建成元吉的政爭中出洛陽招攬山東豪傑。〔註182〕太宗出師，張亮授爲滄海道行軍大總管，陸上主將李勣是歸唐的山東豪傑人物，也是太宗平定華北的力助。貞觀十八年唐太宗以張亮「領將軍常何等率江、淮、嶺、硤勁卒四萬，戰船五百艘，自萊州泛海趨平壤；」然而登陸後表現不佳，進兵於建安城下時，「亮素怯懦，無計策，但據胡床，直視而無所言」，「太宗知其無將帥材而不至責」。〔註183〕常何爲張亮副手，本爲唐初把守京城宮門的中央禁軍將領，據陳寅恪先生〔註184〕和黃永年教授〔註185〕考證是尋無門事變中幫助太宗的北門將領。

2. 牛進達、李海岸

太宗二打高句麗，以牛進達爲海路主將，「發兵萬餘人，乘樓船自萊州泛海而入。」「右武侯將軍李海岸副之，」〔註186〕又以李世績統帶陸路「兩軍皆選習水善戰者配之。」〔註187〕陸軍三千從遼東陸路進攻，水軍一萬從萊州出發，兩路人馬都配以「習水善戰者」。史言「遣慣習滄波，能以少擊眾者而配隸焉」〔註188〕。「凡百餘戰，無不捷」，以致敵「多棄城而遁」。但從戰事記載看，兩栖登陸戰戰可能發生，純粹的海戰並無記錄。牛進達本山東豪傑隨秦瓊歸唐，曾隨侯君集征西北，太宗初征，在長孫無忌麾下爲將戰遼東。李海岸曾征戰西北，事迹不詳。

3. 薛萬徹

太宗首次東征退兵後，改爲騷擾戰爲主的戰略，貞觀二十二年發動第三次戰役，以薛萬徹將兵三萬餘人自萊州泛海。〔註189〕薛萬徹，雍州咸陽人，原籍敦煌，隋名將薛世雄之，降唐，曾隨羅藝轉戰河北，因征討梁師都有功，此次海上進軍係唯一作戰方式。和前次相比，部隊由萬人增加到三萬。登陸

〔註182〕《舊唐書》卷69，中華書局，1975年版，第2515頁。
〔註183〕《舊唐書》卷69，中華書局，1975年版，第2516頁。
〔註184〕陳寅恪：《唐代政治史述論稿》，商務印書館，2011年版，第241頁。
〔註185〕黃永年：《敦煌寫本常何墓碑和唐前期宮廷政變中的玄武門》，《文史探微》，中華書局。2000年版。
〔註186〕《資治通鑒》卷198，中華書局，1956年版，第6246頁。
〔註187〕《資治通鑒》卷198，中華書局，1956年版，第6246頁。
〔註188〕《冊府元龜》卷985《外臣部征討》，中華書局，1982年影印本，第3951頁。
〔註189〕《資治通鑒》卷198，中華書局，1956年版，第6252頁。

後萬徹擊潰萬餘敵軍，圍泊灼城，敵兵三萬餘來援，萬徹分軍交戰，「鋒刃才接而賊大潰。」〔註190〕通過實戰，唐軍戰鬥力提高，但打的主要是野戰甚至是攻城戰。

參與跨海作戰指揮的還有郭待封、馮師本，戰績不詳。乾封二年九月「郭待封以水軍自別道趣平壤，勣遣別將馮師本載糧仗以資之。師本船破，失期，」〔註191〕

四、平百濟之戰中的將帥作戰表現

高宗時發生跨海平百濟的遠征勝利，成為扭轉全局的戰爭，這次作戰屬於相對獨立的戰略戰役，也可以看作唐麗戰爭的一部分。蘇定方充當了跨海遠征軍指揮官，平定了缺乏海軍的百濟，而劉仁軌則擔負了平百濟後的鎮守軍主將，並與來援的孫仁師一起主持了白江海戰，擊潰了日本遠征軍與百濟反抗者的聯軍。

1. 蘇定方

蘇定方帥十三萬大軍開闢第二戰場橋頭堡。蘇氏本山東豪傑，「冀州武邑人，」〔註192〕之前所立功勳都是陸戰，魏元忠稱「李靖破突厥，侯君集滅高昌，蘇定方開西域，李勣平遼東」。〔註193〕顯慶五年，蘇定方率戰船近兩千隻至百濟熊津江口。〔註194〕但百濟沒有水軍來阻攔，反而確定內陸防禦的愚蠢方針，因此蘇部並無遭受兩棲登陸作戰之艱辛，順利登陸，這不說明蘇部或蘇氏本人的海戰才能。蘇部赴江口登陸，一路捷開得勝：

> 定方升東岸，乘山而陣，與之大戰，揚帆蓋海，相續而至。賊師敗績，死者數千人，自餘奔散。遇潮且上，連舳入江，定方於岸上擁陣，水陸齊進，飛楫鼓譟，直趣眞都。去城二十許里，賊傾國來拒，大戰破之，殺虜萬餘人，追奔入郭。〔註195〕

三月蘇定方平百濟後還朝，四月還充任陸路主將之一，攻打高句麗。〔註196〕

〔註190〕《舊唐書》卷69《薛萬徹列傳》，中華書局。1975年版，第2518頁。
〔註191〕《資治通鑑》，卷201，中華書局，1956年版，第6353頁。
〔註192〕《舊唐書》卷83《蘇定方列傳》，中華書局。1975年版，第2777頁。
〔註193〕《舊唐書》卷92《魏元忠列傳》，中華書局。1975年版，第2947頁。
〔註194〕《舊唐書》卷83《蘇定方列傳》，中華書局。1975年版，第2779頁。
〔註195〕《舊唐書》卷83《蘇定方列傳》，中華書局。1975年版，第2779頁。
〔註196〕《資治通鑑》，卷200，中華書局，1956年版，第6324頁。

2. 劉仁軌，孫仁師

蘇定方打下百濟後劉仁軌出任百濟派遣軍主將。唐麗戰爭後期劉仁軌的策略影響其實非常重要，他長期負責百濟陣地的戍守，而在唐新戰爭末期出任東征主帥和高句麗方面軍指揮官，可以發現此人是具備海陸全局的戰略思維。

到龍朔二年朝廷增發沿海地區部隊，遣孫仁師帶兵七千浮海赴熊津予以支持，結果促成白江之戰的勝利。〔註197〕劉仁軌決策指揮下：「仁軌遇倭兵於白江之口，四戰捷，焚其舟四百艘，煙焰漲天，海水皆赤，賊眾大潰。」〔註198〕當時糧船裝載來自山東半島的軍糧，通過熊津江、白江運往周留城。有人估計日本出兵超過三萬，可能有一百七十餘艘戰船，〔註199〕全軍覆沒。海州即今江蘇蘇北連雲港，則此次孫仁師所部為山東半島內陸及沿海的兵力，可說是都是江北軍人。劉仁軌部是隨蘇定方跨海及後而來的募兵。作為指揮官的劉仁軌和孫仁師可以說立下了千古奇功，劉仁軌的戰略意識更是可圈可點。

當時百濟殘餘勢力作亂，聯絡倭國，形勢緊張。當地唐軍與國內的聯繫只能依靠海上：「又遣來去運糧，涉海遭風，多有飄失。」〔註200〕近代戰略家馬漢曾指出：「如果一支入侵的陸軍處於敵對人民包圍之中，並且又受到來自海上的威脅，就會陷入絕境。」〔註201〕唐軍在百濟面臨類似境遇。因此高宗一度想撤軍放棄。在百濟軍事局勢最為複雜的危機時刻，劉仁軌向高宗上書，堅持不可撤退的主張，起到了力挽狂瀾的影響。上書的文字有兩點非常值得注意，一是劉仁軌堅持了海陸南北夾攻的戰略方針，二是唐軍因為待遇下降出現了戰鬥力嚴重下降的迹象。〔註202〕高宗深納其言，仍敕仁軌還，而仁軌「自請留鎮海東。上從之。」〔註203〕

孫仁師也是參與白江之戰的將領，在白江之戰前夕帥臨時征集的部隊七千，前往百濟，公元 663 年日本軍四萬侵入百濟，唐高宗「詔右威衛將軍孫

〔註197〕《舊唐書》卷 199《東夷列傳》，，中華書局，1975 年版，第 5332 頁。
〔註198〕《舊唐書》卷 84《劉仁軌列傳》，中華書局，1975 年版，第 2791 頁。
〔註199〕韓昇：《白江之戰的唐朝兵力》，《海東集》，上海人民出版社 2009 年版，第 159 頁。
〔註200〕《舊唐書》卷 84《劉仁軌列傳》，中華書局，1975 年版，第 2794 頁。
〔註201〕馬漢：《海權對歷史的影響》，解放軍出版社，1998 年版，第 53 頁。
〔註202〕《資治通鑑》，卷 201，中華書局，1956 年版，第 6340 頁。
〔註203〕《資治通鑑》，卷 201，中華書局，1956 年版，第 6341 頁。

仁師爲熊津道行軍總管，發齊兵七千往。」〔註204〕與劉仁軌部萬人匯合後，於當年八月發生白江之戰。這次海戰唐軍全殲了敵軍，是非常值得稱頌的也是唯一的海戰戰績。影響白江之戰的勝負因素是多重的，關於此次海戰具體的歷史記載簡略，劉仁軌和孫仁師的指戰水準很難考證，但功績無法否認。此戰史載劉仁軌「四戰捷，焚其舟四百艘，煙焰漲天，海水皆赤，賊眾大潰。」〔註205〕

五、唐新戰爭時期跨海作戰將帥素質表現

唐新戰爭大體分兩條戰線，半島北部的高句麗故土爲唐朝陸上主力與新羅軍、高句麗反抗勢力的主戰場，而半島南部的百濟故土則爲唐軍跨海偏師與新羅軍作戰的側翼戰場，兩個戰區並不相鄰，被新羅佔領地隔開，而劉仁軌與薛仁貴指揮和遭遇了主要的水戰戰役，薛仁貴長期負責半島南部方面軍的作戰，海陸都有作戰，表現較遜，劉仁軌在唐新戰爭最後一年出任主帥，主持半島北方作戰，以下分別討論。

1. 薛仁貴

薛仁貴最初就在遼東陸戰中脫穎而出，自家鄉應募後在遼東陸路主張場厮殺有功，「仁貴恃驍悍，欲立奇功，乃著白衣自標顯，持戟，」「所向披靡」，太宗在山上望見後令人馳問姓名，賞以金帛，授游擊將軍之職，曾曰：「朕舊將皆老，欲擢驍勇付闈外事，莫如卿者。朕不喜得遼東，喜得虎將。」〔註206〕應該說，唐太宗的期許很高，也反映出薛仁貴是唐建國後在邊事中湧現的第二代軍事將領，有區別於參與開國的長孫無忌等第一代將帥。唐麗戰爭後薛仁貴擔任半島鎮守軍主將，唐新戰爭爆發後出任百濟方面軍主將，但在唐新戰爭中戰績不佳，海陸聯戰節節敗潰。筆者研究發現唐新戰爭中唐軍作戰表現的特點是陸戰雖敗多勝少尚可不斷反攻，而水戰節節敗退。

唐麗戰爭中薛仁貴在遼東陸路主戰場作戰，陸戰表現較好，如總章元年（668）破金山，乘勝將三千人攻扶餘城，諸將以其兵少勸止，仁貴公曰：「兵不必多，顧用之何如耳。」遂爲前鋒，大破敵軍，殺獲萬餘，「扶餘川中四十餘城皆望風請服。」在他調任西北作戰也有「三箭定天山」的美名流傳。總

〔註204〕《新唐書》卷236《東夷列傳》，中華書局，1975年版，第6201頁。
〔註205〕《舊唐書》卷88《劉仁軌列傳》，中華書局，1975年版，第2791～2792頁。
〔註206〕《新唐書》卷111《薛仁貴列傳》，中華書局，1975年版，第4140頁，冊13。

章元年高宗問侍御史賈言忠遼東諸將孰賢，對曰：「薛仁貴勇冠三軍；龐同善雖不善鬥，而持軍嚴整；高侃勤儉自處，忠果有謀；契苾何力沉毅能斷，雖頗忌前，而有統御之才；然夙夜小心，忘身憂國，皆莫及李勣也。」〔註207〕

唐新戰爭事實證明水戰確非他所長，一開戰就在海上就遭受慘敗：

　　　　（671）冬十月六日，（新羅）擊唐漕船七十餘艘，捉郎將鉗耳

　　大侯士卒百餘人，其淪沒死者，不可勝數。〔註208〕

之前唐軍在海上損失，風浪是主要原因，極少有作戰直接損失。冷兵器時代兵糧同船，漕戰兩用是可能的。參加白江之戰的唐船就包括不少漕船。〔註209〕越到唐新作戰後期，作為百濟方面軍主將主的薛仁貴表現越是差強人意，與名將形象不符。

　　　　（675）來攻泉城。我（新羅）將軍文訓等，逆戰勝之，斬

　　首一千四百級，取兵船四十艘。仁貴解圍退走，得戰馬一千匹。

　　〔註210〕

泉城戰役水陸交戰，唐軍陸勝海負，損失兵船四十艘，若為戰船則兵員超過五千。失戰馬千匹，也很影響戰鬥力。唐軍南北兩條戰線為新羅所隔離，南線戰馬等作戰物資自海上運來，來之不易，在制海權易手的情況下很難補充。此戰戰略意義在於大大削弱了薛部繼續作戰的戰略基礎。接下來到次年冬天，整整一年時間缺乏戰事記載。唐在大同江以南僅掌握很小的海濱孤立據點。儀鳳元年（676）新羅海軍發動伐伐浦水戰，薛部喪失在朝鮮半島南部最後的橋頭堡，堪稱唐新戰爭「最後一戰」：

　　　　冬十一月，沙餐施得領船兵，與薛仁貴戰於所夫里州伐伐浦，

　　敗績。又進，大小二十二戰，克之，斬首四千餘級。〔註211〕

此次水戰資料僅此。此次新羅軍出動水師，顯然發生了海戰和兩棲作戰。二十二戰說明作戰激烈而頻繁，唐軍死去四千戰士就算都是水軍，相當於30艘戰船的兵力，可見參戰唐水師之弱。但是「斬首」之外必還有死傷，《舊唐書》稱仁貴「坐事徙象州」。薛仁貴最後堅守的所夫里州伐伐浦即百濟的泗沘港，是唐朝和半島南端保持海路暢通的據點，唐軍押送百濟君臣入華及劉仁願領

〔註207〕《資治通鑒》，卷201，中華書局，1956年版，第6354頁。
〔註208〕金富軾：《三國史記》，吉林文史出版社，2003年版，第97頁。
〔註209〕《舊唐書》卷84《劉仁軌傳》，中華書局，1975年版，第2794頁，冊8。
〔註210〕金富軾：《三國史記》，吉林文史出版社，2003年版，第100頁。
〔註211〕金富軾：《三國史記》，吉林文史出版社，2003年版，第100頁。

兵赴鎮守任全由此港出入，唐軍也曾以之作爲針對新羅的軍事基地。〔註212〕
唐軍喪失制海權，不能對南方橋頭堡進行支持，保守此地也沒有意義和可能，
而這其實是海戰連續失利後的必然結果。

2. 劉仁軌

到唐新戰爭晚期，形勢艱難，上元元年（674）正月唐朝換將，以劉仁軌
爲高句麗正面軍主將：

> 以左庶子、同中書門下三品劉仁軌爲雞林道大總管，衛尉卿李
> 弼、右領軍大將軍李謹行副之，發兵討新羅。〔註213〕

唐新戰爭已打了八年，唐朝逐漸失去制海權和戰略優勢。劉仁軌的戰略才能
再次展現，但唐軍已是強弩之末。公元 675 年二月兩軍恢復交戰，其間一年
時間已缺乏戰事記錄。劉仁軌指揮下先有七重城戰役爲中心的南北海陸夾
擊，再有買肖城三勝：

> 劉仁軌大破新羅之眾於七重城，又使靺鞨浮海，略新羅之南境，
> 斬獲甚眾。仁軌引兵還。詔以李謹行爲安東鎮撫大使，屯新羅之買
> 肖城以經略之，三戰皆捷，新羅乃遣使入貢，且謝罪。〔註214〕

相信劉仁軌具有海陸軍事全局的戰略觀念，重視過去南北海陸夾攻的經驗，
而小試牛刀，立竿見影。看來劉仁軌的作戰原則上還是重視南北海陸鉗擊的
態勢，北邊陸軍取得七重城和買肖城戰捷，南邊利用靺鞨海上力量攻擊新羅
南部，但北方戰線維持在浿江以南，未見在半島南部開闢新的軍事根據地，
屬於純粹的牽制性作戰，已不復雄風。

唐軍水軍中顯然也有胡姓的番將，如唐新戰爭中被新羅「捉郎將鉗耳大
侯士卒百餘人」。〔註215〕

七、結　論

由於體制和文化的關係，隋唐海軍將領多係陸軍和內陸作戰出身，海上
力量的組織也並非常備體制，臨時募集缺乏富有經驗的將才，故此作戰潛力
並未發揮到極致，也必然影響了隋唐海上力量的成長和實戰效果。隋唐跨海

〔註212〕金富軾：《三國史記》，吉林文史出版社，2003 年版，第 494～495 頁。
〔註213〕《資治通鑒》卷 202，中華書局，1956 年，第 6372 頁，冊 14。
〔註214〕《資治通鑒》卷 202，中華書局，1956 年，第 6375 頁，冊 14。
〔註215〕〔高麗〕金富軾：《三國史記》，吉林文史出版社，2003 年版，第 97 頁。

指揮作戰的諸將在征東前有海上遠征經驗的實際只有陳稜一人，隋唐在純粹的海戰中取勝的只有白江海戰一次戰役。

隋唐府兵制源出北朝，帶有少數民族部落兵制的遺風，遵循兵農合一的原則，屬於大陸兵制的性質，本無海軍兵種和編制。隋朝偏愛江淮籍將帥是因為重視他們的水上經驗，而唐的海上軍事力量是臨時根據戰爭需要招募南方人員，經多次實戰逐步鍛鍊而來。而到高宗時府兵制衰落，唐軍在半島主力是少數民族部族兵和募兵、兵募，缺乏海上常備正規部隊。唐麗戰爭後期，不僅士卒待遇和素質下降，〔註216〕唐軍將領的素質表現也在下降，這也直接影響了唐新戰爭。白江海戰前並無真正意義上的純粹海戰發生，而白江之戰後唐軍的海戰甚至包括兩棲戰呈現戰績表現為不斷戰敗。唐軍將帥薛仁貴、李謹行等人基本都是傳統陸軍將領，其才幹本不具備海軍將領的素質，當然唐將也出現人才斷層，如薛仁貴和劉仁軌都是唐帝國建國後對外作戰培養的一代將帥，基本屬唐軍第二代將帥。唐新戰爭爆發當年，滅高句麗統帥李勣年過七十，滅百濟主帥蘇定方 65 歲，劉仁軌 64 歲，在當時均屬高壽之人，薛仁貴業已 54 歲，李謹行則為 45 歲。〔註217〕用這樣一批年老的傳統陸軍將領統帶臨時召募的水手新兵來打海上和兩棲作戰，很難保證繼續勝利。缺乏常備的海軍體制使隋唐海上力量的發展被限制在較低的水平。

影響戰爭勝負的因素是多重的，但是將帥素質對隋唐東征成敗而言肯定也是重要因素之一。

第四節　唐代後期的海上力量和東亞地緣博弈

（原文發表於史林 2013 年第 2 期，《中國社會科學文摘》2013 年第 10 期摘

〔註216〕如兵募「手腳沉重者多，勇健奮發者少，兼有老弱，衣服單寒，唯望西歸，無心展效，」緣「從顯慶五年以後，頻經渡海，不被記錄。州縣發遣兵募，人身少壯、家有錢財、參逐官府者，東西藏避，並即得脫；無錢參逐者，雖是老弱，推背即來。顯慶五年，破百濟勳，及向平壤苦戰勳，當時軍將號令，並言與高官重賞，百方購募，無種不道。洎到西岸，唯聞枷鎖推禁，奪賜破勳，州縣追呼，求住不得，公私困弊，不可言盡。發海西之日，已有自害逃走，非獨海外始逃。又為征役，蒙授勳級，將為榮寵，頻年征役，唯取勳官，牽挽辛苦，與白丁無別。」見《舊唐書》卷 84《劉仁軌傳》，第 2793 頁。
〔註217〕據各人墓誌銘及傳記，見《舊唐書》、《新唐書》和《唐代墓誌彙編》，上海古籍出版社，1992 年版。

引，題爲《張保皋的海上活動與唐代東北亞地緣博弈》）

唐代後期的海上力量和東亞地緣政治博弈——以新羅張保皋海權活動動因爲中心的考察

摘要：

唐朝後期新羅張保皋的海洋活動帶有海權性質，其政治原因是多元的。唐朝的國策影響其地緣政策，在戰略上重視內陸，放棄海上開拓。淄青鎮李氏集團曾一度割據海疆，構成海上影響力，被唐憲宗平定。之後唐朝默許張保皋活動的興起。

關鍵詞：張保皋；海權；地緣政治；海上力量；東亞

海上力量對東亞歷史發展一直發生著重大影響。唐代前期東亞海域由於遼東領土爭端曾經發生國際間的多次海戰，唐朝、新羅、日本都曾發展還派遣海上武裝力量在朝鮮半島周邊作戰，甚至東亞地緣格局的奠定都與白江海戰和唐新海戰存在一定關係。到唐代後期，海上力量的戰略影響仍在發生深刻變化，新羅張保皋海洋勢力和海洋活動的興起成爲東亞歷史上的大事。張保皋活動的現象和原因十分深刻，以往已有一定研究，本文試圖從地緣政治和海權理論的角度作一探索。

一、學術回顧與理論問題

張保皋，是活動於九世紀三四十年代的新羅將領，中國史書稱其爲張保皋，韓國史書記爲弓巴、弓福，日本的文獻則有記載爲張寶高，關於張保皋的海洋活動，中外學界曾有不少研究，是唐代後期東亞海上跨國活動的重點研究對象。

在唐史領域裏研究東亞國際往來關係的中日學者不乏其人，張保皋海上活動曾受到一定重視。拜根興的專著《七世紀中葉唐與新羅關係研究》[註218]和《唐朝與新羅關係史論》（中國社會科學出版社。2009年版），[註219] 韓昇

〔註218〕拜根興：《七世紀中葉唐與新羅關係研究》，中國社會科學出版社，2003年版。
〔註219〕拜根興：《唐朝與新羅關係史論》，中國社會科學出版社，2009年版。

《東亞世界形成史論》〔註220〕等專著，都曾對東亞世界國際往來和國際關係的形成發展諸多問題進行宏觀探索，論文如王小甫《8～9世紀唐朝與新羅關係論》〔註221〕（見《唐研究》第6卷），孫光圻《公元8～9世紀新羅與唐的海上交通》〔註222〕，吳玲《九世紀唐日貿易中的東亞商人群》〔註223〕，祝捷《試論九世紀東亞的海上通交》〔註224〕都論及了張保皋在中國沿海的活動，或分析了唐與新羅間海上路線。拜根興的論文《論九世紀初張保皋海洋活動的動因》，〔註225〕（《唐都學刊》，2008年第3期）對張保皋活動的原因做了研究，指出其歷史動因是航運發展，海洋關聯問題認識提高，東北亞三國中央集權衰微三個方面的原因，〔註226〕分屬航運、科學認識和政治三個方面。韓國學界也高度關注張保皋的歷史，成立了「張保皋大使海洋經營史研究會」、「海上王張保皋紀念事業會」，對張保皋進行專門學術研究。韓國還多次向中、日派遣踏查團，開展重認識、再評價。拜根興在《唐朝與新羅關係史論》第二章《九世紀張保皋海洋活動關聯問題研究的現狀》中回顧了「涉及問題的探討」、「學術界的實地考察」，「國際學術會議的召開」等方面，總結了中日韓乃至其他國家的張保皋研究。研究者多就張保皋活動和國際經濟文化交流活動本身進行考證和評估，從中可見雖然韓國和美國學者對張保皋冠以「海上王」的稱號，〔註227〕且韓國學者沿用此稱號者不在少數，但無人從海權理論和地緣政治角度對張保皋現象進行分析，或從制海權、海上力量角度探索。

　　海洋地緣問題之重要，在古今是一致的。近代以來受到重視的海權理論是涉及海洋的最重要的地緣政治學理論。不僅張保皋現象，唐代東亞海權狀態，海上力量對地緣政治的作用，以及當時唐朝廷的認識和實踐，目前仍然

〔註220〕韓昇：《東亞世界形成史論》，復旦大學出版社，2009年版。

〔註221〕王小甫：《8～9世紀唐朝與新羅關係論》，《唐研究》第6卷。

〔註222〕孫光圻：《公元8～9世紀新羅與唐的海上交通》，《海交史研究》1997年第1期。

〔註223〕《西北工業大學學報》，2004年第3期。

〔註224〕延邊大學2006年碩士學位論文。

〔註225〕拜根興：《論九世紀初張保皋海洋活動的動因》，《唐都學刊》，2008年第3期。

〔註226〕拜根興：《唐朝與新羅關係史論》，中國社會科學出版社，2009年版，第七章《九世紀初張保皋海洋活動的動因》。

〔註227〕韓國學者崔南善的《新羅清海鎮大使張保皋──1100年前的東方海王》首度稱張保皋爲「東方海王」，19565年美國人雷夏威《圓仁在唐旅行》，稱張氏爲「海上貿易王」。

是缺乏研究的課題。雖然張保皋海上活動的經濟文化價值固然受到重視，面對海上權力從李正己父子向張保皋的易手，和張保皋控制海洋，唐朝中央的政策態度究竟如何理解，這些問題都需要從戰略上加以認識。

近代海軍戰略家馬漢提出「海權論」，地緣政治學中海權定義已在長期歷史實踐中逐漸形成約定俗成，海權的實質就是一個國家對海洋的戰略控制力，而這種控制力與軍事上的「制海權」有關卻並不等同於「制海權」。海權是基於生存發展必須依賴於對外貿易的經濟形態而催生的，海權的源起必須是有對海上貿易生命線維護的需要。古代地中海的雅典、迦太基和羅馬都是借助海權興起，古希臘城邦科林斯為了保護海上貿易而建立強大海軍，爭奪制海權，而航海民族腓尼基人建立的迦太基以今天的突尼斯為基地建立龐大的商業帝國，依靠商業發展進步，依靠海上力量保護海上貿易線，首先在地中海全境建立海上霸權。近代崛起的西方強國英國、西班牙、荷蘭、美國都是受海外貿易的刺激，為保護國家海上經濟生命線，出於海外市場和資源的依賴，而發展強大的海上力量謀求海洋霸權。古代中國都是大陸型的傳統農耕文明國家，國家安全與社會生存都不依賴海洋活動，傳統文化觀念也不重視海洋開發開拓，因此由發達的海洋貿易而滋生的海權追求就受到了冷落。

海權的重要基礎包括海上力量。海上軍事力量重要作用之一為奪取制海權，制海權屬於軍事學概念，和地緣政治關係密切，其定義為「交戰一方在一定時間內對一定海域的控制權。目的是為遂行預定作戰任務創造條件。按作戰規模和持續時間，分為戰略制海權和戰術制海權。奪取和保持制海權是獲得海上作戰主動權的基礎。在現代條件下，制海權依賴於相應的制空權、水下控制權和制電磁權來保障。」〔註228〕在西方軍事學語境中準確的「制海權」一詞是 thalassocracy，來自古希臘語 θάλασσα，包含強大海上軍事力量和強大海上商業力量的組合。包含海上軍事霸權和海上商業貿易霸權兩方面含義，與古希臘軍艦和商船合二為一的現象相吻合，與後來的 sea power 和 command of seas 的意思相去甚遠，後兩者一是海上力量，二是海洋控制之意。本文討論的唐代東亞「制海權」仍在上述工具書定義包涵範圍內，對於古代歷史的情況也依然適用。

二、張保皋海洋活動的歷史性質認識

〔註228〕《辭海》，上海辭書出版社，2010 年版，第 2455 頁。

　　張保皋的海洋活動在於立足海島軍事基地，打擊海上盜賊，保護正常有序的海上活動與國際往來，讚助國際交流與貿易，庇祐海上與海外新羅人的包括貿易和其他生計活動，影響國際海域，既帶有國家政權海洋控制與開拓的特徵，也帶有強烈的海權色彩。「『依靠海洋通道的外向型經濟結構』是海洋國家的基本特徵，也是引發海權的第一要素。」〔註229〕張保皋的活動特徵顯然具有濃重的海權色彩。

　　據杜牧《樊川文集》中的《張保皋鄭年傳》記載張保皋及親信鄭年本是在唐朝徐州藩鎮軍隊中充當兵卒出身。張保皋是熟悉海上生活的「海島人」。公元 828 年他自唐回國，「後歸國謁王，以卒萬人鎮清海。」〔註230〕逢公元 838 年新羅朝廷內亂，國王自殺，張氏分兵五千與鄭年入朝平亂，〔註231〕立神武王，新王「封清海鎮大使弓福爲感義軍使，食實封二千戶。」張保皋因此成爲左右韓國朝政的軍政強人，新王登基便要加封於他，公元 839 年，文聖王即位，於八月大赦，下教嘉獎張氏，「乃拜爲鎮海將軍，兼賜章服。」〔註232〕通過兵變廢立張氏實現對國政的掌控，且坐鎮清海，掌握東亞國際間海洋活動的交通主導權，並以唐朝山東沿海地域和新羅西南沿海的莞島清海鎮作爲根據地，打擊海盜，組織和庇護國際間航行，實際掌握了東亞國際海域通道的制海權，跨國建造寺廟，〔註233〕資助宗教文化活動，溝通國際交流，導引出九世紀初葉東亞經濟文化交流的新面貌。在張保皋的時代，日本僧人和使者來華都是乘坐新羅船隻和車輛等交通工具，〔註234〕雇用新羅水手，〔註235〕依靠新羅翻譯〔註236〕和新羅信使。〔註237〕張保皋的活動超越國界，而新羅航運業也同樣掌

〔註229〕倪樂雄：《從海權到陸權的歷史必然》，見《文明轉型與中國海權》，文匯出版社，2011 年版，第 30 頁。
〔註230〕〔高麗〕金富軾：《三國史記》，吉林文史出版社，2003 年版，第 144 頁。
〔註231〕〔高麗〕金富軾：《三國史記》，吉林文史出版社，2003 年版，第 147 頁。
〔註232〕〔高麗〕金富軾：《三國史記》，吉林文史出版社，2003 年版，第 149 頁。
〔註233〕〔日〕圓仁：《入唐求法巡禮行記》，上海古籍出版社，1986 年版，第 2 頁，第 62 頁。
〔註234〕〔日〕圓仁：《入唐求法巡禮行記》，上海古籍出版社，1986 年版，第 2 頁，第 199 頁，第 201 頁。
〔註235〕〔日〕圓仁：《入唐求法巡禮行記》，上海古籍出版社，1986 年版，第 2 頁，第 36 頁。
〔註236〕〔日〕圓仁：《入唐求法巡禮行記》，上海古籍出版社，1986 年版，第 2 頁，第 10 頁。
〔註237〕〔日〕圓仁：《入唐求法巡禮行記》，上海古籍出版社，1986 年版，第 2 頁，

東亞航海牛耳，張保皋修建了中國山東半島沿海的登州赤山法華寺，日僧圓仁來華期間留住該寺廟時，張保皋遣大唐賣物使崔兵馬司來寺慰問。〔註238〕當時中國沿海有很多旅居新羅人，有些城市甚至存在新羅人聚居的社區新羅坊，又比如登州赤山當地新羅移民圍繞張保皋捐造的法華院而聚居，加之海上船隻和水手多來自新羅，可見新羅人在東北亞國際間海上世界的重要地位，張保皋也因此對東亞海洋發生重大影響力，跨國修建新羅人聚會場所，組建在唐新羅人網絡，控制和影響碼頭港口，船隊遍及各港口碼頭。毫無疑問，九世紀前期，即使從事唐日貿易的商人群體也是以新羅商人為主，唐朝商人東渡日本也要搭乘新羅商船，史料中的首艘唐朝商船出現於841年，之後東亞商人群的重心才逐漸轉到唐商人。〔註239〕可以說這種新羅人商船航運業的興衰和張保皋的興衰是有著密切關係的。今天莞島周邊考古發現大量陶窯和陶瓷碎片，這是清海鎮具備跨國貿易基地的證明。張保皋還有遣唐賣物使崔暈負責對華貿易，有對日迴易使李忠和楊圓負責對日貿易。〔註240〕

　　張保皋從未進京直接掌權，而是依靠親信鄭年等人和自己的軍事影響力遙加操控，自己坐鎮東亞海上樞紐莞島清海鎮，這樣更有利於他對東亞海域施加影響，這反映出他對海洋戰略的高度重視。發展海權還是海上力量，無論以何種方式發展海洋控制管理都要注意海洋戰略地理問題，張保皋坐鎮的清海鎮莞島，位於今天韓國的全羅南道莞島郡，海岸線長33.5公里，面積62.6平方公里，最高海拔644米，北部沿海平原有耕地，周邊一帶列島200多個，本島係韓國六大島之一，北邊有長興半島、高興半島、海南半島環繞，南邊有所安群島和巽竹列島拱衛，受到列島和半島的屏障，處於朝鮮半島南端中日韓之間「循海岸水行」水道中間點，既地當朝鮮半島南海疆門，又可隔對馬海峽與日本遙望，是三國間航海必經之地，海洋地理位置堪稱戰略樞紐。當地屬暖溫帶海洋性季風氣候，自然條件優越，適於農業水產業。張保皋坐鎮此地，建立地方政權，必是依靠強力海軍，通過把守有利的戰略地理位置，把持新羅朝政，利用海外和海上的新羅人航海力量，海外新羅人社會，以及

第198頁。

〔註238〕〔日〕圓仁：《入唐求法巡禮行記》，上海古籍出版社，1986年版，第2頁，第63頁。

〔註239〕吳玲：《九世紀唐日貿易中的東亞商人群》，《西北工業大學學報》，2004年第3期，第21頁。

〔註240〕祝捷：《試論九世紀東亞的海上通交》，第18頁。

有利的國際形勢，形成了一股稱尊海上的強大力量。據《續日本後紀》卷九記錄張保皋還曾獨立進行對日外交活動：「大宰府言，藩外新羅臣張寶高遣使獻方物」，遭到日方以「為人臣無境外之交也」拒絕，足見張保皋權勢之大。按照圓仁的記錄，張氏本人甚至與日本地方官員有書信往來，〔註241〕從張保皋的歷史影響看，後人所賦予的「海上王」這一稱號是當之無愧的。

對於海上活動的有序化，張保皋是有貢獻的。「自大和後，海上無鬻新羅人者」。在之前由於新羅國、唐朝、日本內部的動蕩，逃亡者進入海上，海盜猖獗，海上正常秩序受到嚴重干擾。如公元841年，「春，京都疾疫。一吉餐弘弼謀叛，事發逃入海島，捕之不獲。」〔註242〕在海上有不少不安定因素存在，特別是海盜和掠賣主要為新羅人口的行為。在張保皋之前，唐淄青鎮李正己集團把持通海之利，依靠特權獲得很多利益，也是對中外正常關係構成消極影響。

公元845年新羅王甚至一度「欲娶清海鎮大使弓福女為次妃。」此時張保皋權勢達到頂峰。畏懼張氏權勢膨脹的朝臣提出反對：「今弓福海島人也，其女豈可以配王室乎？」〔註243〕這樁聯姻的失敗成為張保皋與朝廷決裂的導火索，846年春「清海弓福怨王不納女，據鎮叛。朝廷將討之，則恐有不測之患」，〔註244〕最終武州人閻長者前往刺殺刺殺張氏，結束了其傳奇生涯。〔註245〕

公元850年「春二月，罷清海鎮，徙其人於碧骨郡。」〔註246〕新羅國將清海鎮居民遷入內陸，其後果不僅在於消除張保皋的勢力，也是完全改變了張氏經營海洋的政策，張氏為首，以新羅人為核心的海洋力量必然受到沉重打擊，張保皋和同時代新羅海上開拓者的重要成果被連根拔除，這對海上交通是沉重打擊。

從史實看張保皋的海洋活動中軍事和貿易的部分顯然具有相互支持的關係。得到列國政府的支持或默許，以新羅邊防重鎮為軍事基地為根據地組織跨國海商貿易，甚至接近獨佔的地步，這不是普通商人或地方官可以做到的，說明張保皋不僅實現了地方割據，其海洋活動還帶有濃重的海權性質，不僅

〔註241〕圓仁：《入唐求法巡禮行紀》卷2，第81頁。
〔註242〕〔高麗〕金富軾：《三國史記》，吉林文史出版社，2003年版，第150頁。
〔註243〕〔高麗〕金富軾：《三國史記》，吉林文史出版社，2003年版，第150頁。
〔註244〕〔高麗〕金富軾：《三國史記》，吉林文史出版社，2003年版，第151頁。
〔註245〕〔高麗〕金富軾：《三國史記》，吉林文史出版社，2003年版，第151頁。
〔註246〕〔高麗〕金富軾：《三國史記》，吉林文史出版社，2003年版，第151頁。

僅局限於重商，此人應該具有一定的海權意識。

三、張保皋海洋活動之前的唐新國際關係

張保皋發展海上力量開展海洋活動得以成功的原因值得深思。根據拜根興的研究，張保皋海洋活動的歷史動因是航運發展，海洋關聯問題認識提高，東北亞三國中央集權衰微三方面的原因，〔註247〕分屬航運、科學認識和政治三方面。但是就政治角度而言，仔細觀察史料會發現因果關係其實是很複雜的，除了新羅內因，唐朝自身的海洋地緣政策也是決定性因素，因爲作爲東亞最大國家和朝貢制國際體系的盟主，對海上形勢來說，唐帝國的地緣政策才是最爲舉足輕重的。這就必須對張保皋海洋活動展開之前的地緣政策和國際關係的歷史進行檢討。張保皋掌權之前的東亞海洋歷史背景宏大，首先不僅要從東亞國家中央集權興衰看，也要從唐朝初年海洋局面歷史發展角度入手探討，其中兩個重要問題是唐新海上國際關係的來龍去脈與唐朝淄青鎮李氏割據集團海洋活動的興衰，分別予以論述。

唐新關係經歷了曲折的發展，新羅的海洋活動在唐朝前期就一度呈現出強勢。唐新兩國先曾結成針對高句麗百濟和日本的同盟，之後爆發了爭奪朝鮮半島主導權的唐新戰爭，唐朝和新羅在海陸兩方面都曾進行了激烈的軍事較量，唐朝在失利後予以讓步，承認新羅的利益訴求，接受新羅稱臣和對半島的實際控制，到唐玄宗時正式承認新羅對半島的領土主權，並加強和改善關係，在防禦靺鞨方面合作，共同穩定東亞局勢。

隋朝建立後，籌謀重構東亞國際體系和收復遼東失地的努力遭遇高句麗阻撓。在長期作戰中，隋唐帝國特別是唐朝發展了強大的海上軍事力量，跨海東征百濟，一度掌握了東亞海洋的制海權。〔註248〕唐麗之戰後，唐朝推進朝鮮半島羈縻體系建設的地緣政策與新羅國圖謀半島統一的政策發生衝突，引發了唐新戰爭。在作戰中，唐朝海上部隊遭受重大損失，咸亨四年（673）新羅組建了常備水師，「王遣大阿餐徹徹川等，領兵船一百艘鎮西海」，〔註249〕掌控了黃海制海權。唐新戰爭結束之初，朝鮮半島周邊制海權應主要爲新羅

〔註247〕拜根興：《唐朝與新羅關係史論》，中國社會科學出版社，2009年版，第七章《九世紀初張保皋海洋活動的動因》。

〔註248〕見拙作：《唐太宗與高句麗之戰跨海戰略——兼論海上力量與高句麗之戰成敗》，《史林》2011年第4期。

〔註249〕金富軾：《三國史記》，吉林文史出版社，2003年版，第99頁。

水師控制。東亞中日韓三國間水路樞紐，特別是最重要的「循海岸水行」航路在軍事上當主要為新羅勢力影響。唐朝自唐新戰後未見重建海軍的記載，客觀上放棄了東亞海洋航路的控制權。沒有資料表明新羅戰後解散「鎮西海」的水師，公元 688 年新羅「加船府卿一人」，〔註250〕繼續重視航運部門的建設。

新羅和日本的關係在唐新戰後曾經長期不和，八世紀上半葉新羅仍會遇到來自日本的海上入侵，如公元 722 年新羅「築毛伐郡城，以遮日本賊路。」〔註251〕公元 731 年「日本國兵船三百艘，越海襲我東邊，王命將出兵大破之。」〔註252〕這是一次大規模的入侵，按照以往對日本船載的研究，日本入侵的軍隊有可能載軍超過四萬人。〔註253〕而是年九月國王命百官會「觀射車弩。」〔註254〕新羅弩善，可達千步。可見新羅對軍備建設的重視，並很有可能依舊保有強大的海陸武備。753 年「秋八月，日本國使至，慢而無禮，王不見之，乃回。」〔註255〕

盛唐時期唐朝正式承認新羅對大同江以南的領土，並謀求針對靺鞨的戰略合作，利用新羅牽制渤海政權。雙方的地緣戰略需要導致謀求合作關係。公元 735 年二月唐朝借新羅回國之朝貢使臣「敕賜浿江以南地」，〔註256〕肯定了唐新戰爭以後懸而未決的主權爭議。六月新羅遣使謝恩賜。唐對主權要求的徹底放棄，使唐新關係徹底穩定下來，實現正常化的邦交和長期友好。在733 年唐玄宗封授新羅國王為「開府儀同三司寧海軍使」，令新羅「發兵擊靺鞨南鄙」。〔註257〕開元十年「頻遣使獻方物」。〔註258〕756 年玄宗御製五言十

〔註250〕〔高麗〕金富軾著，孫文範等校勘：《三國史記》，吉林文史出版社，2003 年版，第 107 頁。

〔註251〕〔高麗〕金富軾著，孫文範等校勘：《三國史記》，吉林文史出版社，2003 年版，第 115 頁。

〔註252〕〔高麗〕金富軾著，孫文範等校勘：《三國史記》，吉林文史出版社，2003 年版，第 117 頁。

〔註253〕韓昇：《東亞世界形成史論》，復旦大學出版社，2009 年版，第 256 頁。

〔註254〕〔高麗〕金富軾著，孫文範等校勘：《三國史記》，吉林文史出版社，2003 年版，第 117 頁。

〔註255〕〔高麗〕金富軾著，孫文範等校勘：《三國史記》，吉林文史出版社，2003 年版，第 124 頁。

〔註256〕〔高麗〕金富軾著，孫文範等校勘：《三國史記》，吉林文史出版社，2003 年版，第 118 頁。

〔註257〕〔高麗〕金富軾著，孫文範等校勘：《三國史記》，吉林文史出版社，2003 年版，第 117 頁。

〔註258〕《唐會要》，卷85《新羅》，上海古籍出版社，2006 年版，冊下，第 2028 頁。

韻詩賜新羅王,「嘉新羅王歲修朝貢,克踐禮樂名義」即使安史之亂當中新羅保持忠誠,遣使入蜀,朝見,玄宗再次賜詩嘉獎。〔註259〕

唐新戰爭之後,安史之亂以前,新羅必曾長期保持了有效的海上軍事力量和掌控包括黃海的周邊制海權。隨著中央集權的衰落,新羅應也難保持長期強有力的海上存在,從史料看安史之亂後新羅海洋軍事相關活動也不再顯著。新羅海洋強態不可持久,而唐朝也並未恢復初唐海上存在,盛唐以後山東半島的藩鎮上報朝廷稱東亞出現了大量「海賊」,也就是海盜,跨國掠賣人口,這也是東亞海域制海權真空化的標誌。即使在唐朝平定割據作亂的淄青鎮軍閥李氏家族之後,海賊掠賣人口的現象依然很猖獗,難以杜絕。「遍中國以新羅人為奴婢」。張保皋在華當兵期間正是在新羅人大量掠賣為奴的事實刺激下誓願消除這一社會現象。

四、淄青鎮李氏集團的海洋活動

安史之亂後,張保皋勢力崛起之前,唐朝淄青鎮坐大海濱,打破東方海洋的平衡。唐憲宗最終實行削藩,瓦解了淄青鎮,使海上權力再度「空心化」,這也是張保皋得以坐大的條件之一。

首先,淄青鎮李氏集團活動的性質與海洋聯繫密切。

淄青鎮李氏集團割據山東半島,作為安史之亂後出現的最大叛鎮割據東方沿海長達數十年。李氏係高句麗人後代,崛起成為唐新間雄踞海陸的勢力,世襲統治山東沿海六十多年,先後由李正己、李納、李師古、李師道三代人統治。李氏坐大始於李正己,曾任平盧緇青節度觀察使、海運使、押新羅渤海兩番使,檢校工部尚書,御史大夫,轄十五州之地,「最稱強大」。〔註260〕李氏的權力不僅在於沿海陸地,也擴展到海上,控制了黃渤海海運,新羅人在沿海的生計活動和商業往來均會受到地方藩鎮的干預操縱。唐代邊境長官擁有一定的外交權力,比如押蕃使一職始置於開元四年(716),〔註261〕可由地方藩鎮兼任,分掌外交權。淄青鎮節度使兼任押番使,有權管理朝貢貿易,接轉貢獻,上報番情,〔註262〕《唐會要》卷24《諸侯入朝》載「淄青統押海

〔註259〕〔高麗〕金富軾著,孫文範等校勘:《三國史記》,吉林文史出版社,2003年版,第125頁。
〔註260〕《舊唐書》,卷124,《李正己傳》,中華書局,1975年版,第3535頁。
〔註261〕黎虎:《漢唐外交制度史》,蘭州大學出版社,1998年版,第509頁。
〔註262〕黎虎:《漢唐外交制度史》,蘭州大學出版社,1998年版,第514~515。

番，每年皆有朝事，比差部領，人數較多。」渤海和新羅使節入唐第一站就是由登州新羅館渤海館接待。839 年張保皋扶立的新羅新王遣使來唐，尚且「遣淄青節度使奴婢」。〔註 263〕新羅新王以奴婢贈送淄青節度使是買通方便的賄賂，這說明淄青節度使在東方海疆的權勢依然灼人，依然是可以對新羅和中國外交往來施加不小的影響力，新羅奴婢的「市場」依然很大。然而賄賂的事情沒有瞞住唐皇帝，並得到唐皇帝的恩免，「詔令歸國。」〔註 264〕作為買通方便的賄賂，說明即使唐朝消滅李氏之後的淄青節度使權勢依然灼人，何況李氏掌權的時代，新羅一定提供了不少奴婢給李氏。以此看東方海域最有權勢的早非新羅國，而是淄青鎮。

李氏謀利海上，對海洋有著不小影響力，其財政基礎和海洋活動也有著密切聯繫，其活動與張保皋可以形成對比。出於牟利和加強自身實力的目的，淄青鎮也會對很多海上活動予以默許甚至贊助。李氏集團借外交特權和地利「貨市渤海名馬，歲歲不絕」，對經過淄青鎮山東半島的公私貿易收稅，參與貿易，積累實力，作威作福，專擅海利，通過煮鹽〔註 265〕、海外通商、奴婢買賣獲得巨大利益，為本鎮割據的財政基礎和李氏家族自身的財富積累發揮了巨大作用，而李氏家族之得益也反過來進一步刺激了其對割據權力和海上牟利的追求，構成相互促進。如開成元年緇青節度使專門上奏朝廷，請求讓新羅熟銅盡快過關，這樣關注民間貿易，必然和李氏集團自身利益有關。李氏參與奴婢貿易不說，還很喜歡蓄奴，據史書記錄到末代節度使李師道的時候不僅有親信的奴婢參與政務，還成為引起藩鎮權力鬥爭的重要原因之一，這無疑也刺激了海上奴婢私掠活動。唐代東亞海域的海賊和後來明代的倭寇有相似之處，包括海上流亡者甚或地方勢力的參與，不僅掠奪，而且兼事貿易，私掠人口是海賊的重要活動，李氏與之也有所勾結以從中獲利。

唐德宗即位後，李氏借朝廷糾纏於平定河北淮西叛鎮與防禦西北吐蕃入侵之機，鞏固自身，還曾多次「貢獻」，麻痹朝廷。如建中元年（780）「李正己內不自安，遣參佐入奏事」〔註 266〕，兩次「貢獻」，一次三十萬緡，一次三萬緡。這些貢獻當然來自李氏地方政權的錢財積累，不少當來自海利。

〔註 263〕〔高麗〕金富軾：《三國史記》，吉林文史出版社，2003 年版，第 148 頁。

〔註 264〕〔高麗〕金富軾：《三國史記》，吉林文史出版社，2003 年版，第 148 頁。

〔註 265〕有學者甚至認為淄青鎮的富有鹽場是其經濟的重要支撐，見樊文禮：《唐代平盧緇青節度使略論》，《煙臺師範學院學報》1993 年第 2 期。

〔註 266〕《資治通鑒》，卷 226，中華書局，1975 年，第 7281 頁，第 16 冊。

李氏集團成敗的海洋歷史影響同樣是深刻的，為了自身割據長久的需要而插手國際海上活動，形成「軍事商業復合體」，造成惡性的海上影響。顯然淄青鎮李氏集團對中韓兩國之間的海域擁有最大的實際影響力。

總的來看，李氏割據政權的經濟基礎很大程度上依靠海洋活動，也刻意推動海洋活動牟利來擴大自己的經濟利益，來自海陸的經濟利益和政治權勢互為支持促進，這一點符合「軍事商業復合體」的特徵。海洋商業資本和海上軍事力量的相結合，構成海上「商業軍事復合體」，這是近代西方出現的海權實體的重要特徵，這樣的實體生存發展的重要基礎是海上貿易，必以追求海權為目標，取得對海洋的控制力，軍事上要以海上力量掌控制海權，保證海上貿易的順利進行，實現自己生存發展利益。西漢時期的吳王劉濞也曾培植自己的軍事和商業勢力，「即山鑄錢，煮海為鹽，誘天下亡命人，謀作亂」，〔註267〕以商業活動輔助軍事割據，這一原則和淄青李氏相通，但劉濞沒有謀求海上跨國商貿利益。李氏集團追求海上權勢和海上商利，但終究是立足於陸地的割據，軍事上依靠藩鎮募兵，具有內陸傳統性質，海上軍事力量並不強大，也沒有用兵海外，這一方面是割據權勢畢竟有限，一方面是其海上利益未受到來自外國的挑戰和干擾。毫無疑問淄青鎮對唐新間海域擁有很大甚至可能是最大的實際影響力，但有海洋權力而無海權，甚至制海權，其海洋活動本質上是影響消極的甚至反秩序的。這和張保皋有所不同。

第二，李氏集團不僅在海上成為非法活動的讚助者，在陸地上更成為威脅中央集權的心腹大患，最終招致唐憲宗的殄滅。

安史之亂以後一段時間裏叛鎮猖獗，朝廷心腹大患重中之重是河北藩鎮，淄青鎮並不是首當其衝的，但著迷於割據所致利權的李氏集團同樣是追求世襲的合法化與割據的長久化，採取了狡猾的方式，明裏暗裏總是站在河北藩鎮一邊，與朝廷作對。淄青鎮李氏不但支持和叢恿叛鎮，而且按照組織「俠盜」入京暗殺朝廷命官，沿著朝廷的運河生命線搞破壞，企圖在洛陽製造屠殺暴亂，以恐怖活動的方式動搖人心，恫嚇朝廷。雖然淄青鎮在對抗初期僅僅採取境外恐怖活動而不是出兵參戰，但其屬於主動出境活動，且深入京師，恐怖活動打擊的空間範圍與河北藩鎮僅在本境和周邊抵禦朝廷討伐不可同日而語。淄青鎮的這種戰略存在及其激烈手段使衝在前面的河北淮西藩鎮得到了很大的支持鼓舞。淄青鎮的存在不僅在沿海陸地挑戰中央的權威，

〔註267〕《史記》，卷106，《吳王劉濞列傳》，中華書局，1982年版，第2825頁。

也在海上分散了中央政權的國際影響力，削弱了外交權威。消滅淄青鎮割據勢力對唐王朝的根本利益來說是必須的。

李氏雖然內心反對中央集權重新得以加強，但在唐德宗時期的叛鎮作亂中主要是持觀望態勢，沒有積極參與作戰。到唐憲宗時期皇帝致力中興，決心加強集權，平定藩鎮，淄青節度使李師道便積極地對朝廷的政策進行破壞活動，於元和十年（815）暗中組織恐怖破壞，給朝廷平定淮西鎮「拖後腿」：

> 師道素養刺客姦人數十人，厚資給之，其徒說師道曰：「用兵所急，莫先糧儲。今河陰院積江、淮租賦，請潛往焚之。募東都惡少年數百，劫都市，焚宮闕，則朝廷未暇討蔡，先自救腹心。此亦救蔡一奇也。」師道從之。自是所在盜賊竊發。辛亥暮，盜數十人攻河陰轉運院，殺傷十餘人，燒錢帛三十餘萬緡匹、穀二萬餘斛，於是人情恇懼。〔註268〕

李師道還派刺客入京暗殺負責軍事的丞相武元衡，暗殺裴度不成：

> 元衡入朝，出所居靖安坊東門。有賊自暗中突出射之，從者皆散去，賊執元衡馬行十餘步而殺之，取其顱骨而去。又入通化坊擊裴度，傷其首，附溝中，度氈帽厚，得不死。⋯⋯京城大駭，⋯⋯賊遺紙於金吾及府、縣，曰：「毋急捕我，我先殺汝。」故捕賊者不敢甚急。⋯⋯於是京城大索，公卿家有複壁、重櫞者皆索之。〔註269〕

是年八月李師道置留後院於東都，作為恐怖活動據點，「時淮西兵犯東畿，防禦兵悉屯伊闕。師道潛內兵於院中，至數十百人，謀焚宮闕，縱兵殺掠，己烹牛饗士。明日，將發，其小卒詣留守呂元膺告變，元膺亟追伊闕兵圍之。賊眾突出，防禦兵躡其後，不敢迫，賊出長夏門，望山而遁。是時都城震駭⋯⋯」〔註270〕

留守呂元膺以重賞發動山民「山棚」入山偵察得李師道黨徒，出動官軍圍捕盡獲之：

> 得其魁，乃中嶽寺僧圓淨，故嘗為史思明將，勇悍過人，為師道謀，多買田於伊闕、陸渾之間，以舍山棚而衣食之。有訾嘉珍、門察者，潛部分以屬圓淨，圓淨以師道錢千萬，陽為治佛光寺，結

〔註268〕《資治通鑑》，卷239，中華書局，1975年，第7711頁，第16冊。
〔註269〕《資治通鑑》，卷239，中華書局，1975年，第7713頁，第16冊。
〔註270〕《資治通鑑》，卷239，中華書局，1975年，第7715頁，第16冊。

黨定謀，約令嘉珍等竊發城中，圓淨舉火於山中，集二縣山棚入城助之。……留守、防禦將二人及驛卒八人皆受其職名，為之耳目。

元膺鞫訊嘉珍、門察，始知殺武元衡者乃師道也。〔註271〕

十月「東都奏盜焚柏崖倉。」〔註272〕十一月「盜焚襄州佛寺軍儲。盡徙京城積草於四郊以備火。」「戊寅，盜焚獻陵寢宮、永巷。」〔註273〕到元和十一年正月又有「盜斷建陵門戟四十七枝。」〔註274〕估計都是李師道同黨所為。

淄青鎮此次採取如此極端手段與朝廷作對，原因有二，一是李氏勢力做大已非一日，割據力量日益鞏固，網羅黨羽日益強大，故敢鋌而走險，二是李氏決心抗拒朝廷平藩努力，希望把海疆稱雄的基業保住。李氏可以收買這麼多武藝高強的各地匪徒作「門客」和死黨，足見其處心積慮樹立勢力和財力雄厚。

十一月李師道的作亂開始陞級，但還沒有出兵正面支持叛鎮，而是數次攻擊臨近運河沿線武寧鎮州縣，以動搖朝廷的生命線為戰略目的，但沒有得逞，為節度使李愿所敗。〔註275〕

元和十三年（818），朝廷討伐的壓力增大，李師道集團內部出現矛盾，李師道的部下僚屬有人主張獻地自贖，而得寵的妻妾家奴主張保有割據權勢，引發了內訌。〔註276〕七月朝廷正式討伐淄青鎮，〔註277〕元和十四年李氏集團內部矛盾加劇，部將劉悟倒戈殺李師道。在作戰後期，淄青鎮曾因財政消耗而加徵商稅，「軍用屈，率賈人錢為助」。唐憲宗於元和十四年剝奪李師道的押蕃使，轉授淮南節度使，以此剝奪李氏的外交權力，「但擔憂李師道利用職務的權威對唐朝廷造成更大的危害當是主要目的」，〔註278〕斬斷李氏對海疆和外交的權勢合法性。

商人貿易、奴婢、海上通商外交權是李氏權勢的重要源泉，而這些都被動搖。

有趣的是，在平定淄青鎮的時候，唐朝要求新羅出兵協助，按照《三國

〔註271〕《資治通鑒》，卷239，中華書局，1975年，第7716頁，第16冊。
〔註272〕《資治通鑒》，卷239，中華書局，1975年，第7716頁，第16冊。
〔註273〕《資治通鑒》，卷239，中華書局，1975年，第7719頁，第16冊。
〔註274〕《資治通鑒》，卷239，中華書局，1975年，第7721頁，第16冊。
〔註275〕《資治通鑒》，卷239，中華書局，1975年，第7720頁，第16冊。
〔註276〕《資治通鑒》，卷240，中華書局，1975年，第7747～7750頁，第16冊。
〔註277〕《資治通鑒》，卷240，中華書局，1975年，第7751頁，第16冊。
〔註278〕《唐朝與新羅關係史論》，中國社會科學出版社，2009年版，第239頁。

史記》新羅出動三萬部隊，公元 819 年，「秋七月，唐鄆州節度使李師道叛。憲宗將欲討平，詔遣揚州節度使趙恭，徵發我兵馬，王奉敕旨，命順天軍將軍金雄元，率甲兵三萬以助之。」〔註279〕新羅國境與淄青鎮隔海相望，但並不接壤，軍隊只能自海上派遣，作戰並無不符合新羅的利益。但從中韓唐代史料來看，並無新羅軍隊實際參戰或跨海航行的紀錄，可以認爲新羅的軍隊沒有實際出動，只是裝了裝樣子回應唐朝。耐人尋味的是唐朝實際並不需要新羅的軍事援助，而這種老式遠征對唐朝並無實際價值，除了宣示唐朝在海東的國際權威，還有什麼意義？

李氏集團覆滅後，海賊和掠賣新羅人口的現象愈演愈烈，長慶三年（821）平盧節度使薛平上奏，得皇帝敕旨令依照：

> 應有海賊詃掠新羅良口，將到當管登萊州界及緣海諸道，賣爲奴婢者。伏以新羅國雖是外夷，常稟正朔，朝貢不絕，與內地無殊。其百姓良口等，常被海賊掠賣，於理實難。先有制敕禁斷，緣當管久陷賊中，承前不守法度。自收復已來，道路無阻，遞相販鬻，其弊尤深。伏乞特降明敕，起今已後，緣海諸道。應有上件賊詃買新羅國良人等，一切禁斷。請所在觀察使嚴加捉搦，如有違犯。便準法斷。〔註280〕

其中這種反秩序現象和淄青鎮割據勢力的削弱也並非沒有關係。

唐憲宗中興活動的成功，消滅了淄青鎮這一割據勢力，把淄青鎮一分爲三。但是隨後由於憲宗及其繼任者沒有處理好藩鎮體制問題，使中興成果再度喪失，割據局面再度彌漫在華北平原上，淄青大鎮的海洋影響消失了，而朝廷的權威並沒有恢復到安史之亂前的水平，並沒有深入東方，而東部沿海林立的小藩鎮並沒有代替淄青鎮的資本和權勢，朝廷對地方的治理並未到位不說，海上秩序也呈現惡化，這爲後來張保皋新羅人海上勢力的崛起留下了一定的空間。按照《三國史記》的記載，九世初的新羅國出現了連年的饑荒，人民流離失所，海上的盜賊加劇，新羅的中央集權受到了削弱。公元 811 年新羅運糧船遭海賊劫掠，飄往日本，〔註281〕新羅通過入唐宿衛王子金長廉求唐朝清剿海盜，唐憲宗在元和十年（816）接受這一要求，下令沿海各地打擊不

〔註279〕〔高麗〕金富軾：《三國史記》，吉林文史出版社，2003 年版，第 141 頁。

〔註280〕《唐會要》，卷 86，《奴婢》，上海古籍出版社，2006 年版，第 1861 頁。

〔註281〕《續日本後紀》，卷 21，弘仁二年 8 月甲戌條。

法商人，禁止掠奪新羅人爲生口。但是討伐淄青鎮李氏的軍事行動方興未艾，朝廷對於山東半島海疆並無實際權力可以行使。張保皋本人也正因唐朝削藩後銷兵的政策而回到祖國。823 年，唐穆宗下令歸還被掠買爲奴的新羅良民，一律放歸本國，這種姿態說明唐朝認識到容忍奴隸貿易就是縱容海上盜賊，等於破壞海上國際秩序，這和淄青鎮李氏集團喜好掠賣來的奴婢，勾結不法商人，支持國際不法商貿，腐蝕海上秩序已經做出了明確的分割。但唐朝既然著力削藩銷兵，不希望藩鎮坐大的局面重現，而小規模割據的地方藩鎮和朝廷衰弱的地方控制力，都已經不能實現對東方海洋的有效控制，但是憲宗中興後出現的唐中央與地方的微弱平衡卻是唐朝樂於看到和推行的現實，管制東方海洋的重任只能「另擇賢能」。張保皋在華時期是淄青鎮李氏割據集團的盛期，而張氏是在李氏覆滅之後數年回到新羅，則其對東方海域的形勢瞭如指掌，有深刻和獨特的理解。

五、唐朝的國策與地緣政策的海洋缺失分析

從以上兩方面的論述看，唐朝前期的地緣政策結果是讓步於新羅，退出海洋，放棄制海權，而唐朝後期的政策目標局限於消滅強鎮，而對「取而代之」加強海洋控制沒有興趣，這展現了唐朝地緣政策的海洋缺失。張保皋海上活動得勢的一個重要原因顯然和唐朝的地緣政策有著密切關係，唐朝在地緣戰略上最爲重視的是西北陸權而非東方海洋，這種地緣政策和國策有著深刻聯繫。

按照陳寅恪先生的研究，唐朝實行「關中本位政策」，此政策涉及面很廣，此策源於西魏宇文泰組織集結地域內力量，〔註282〕「宇文泰率領少數西遷之胡人及胡化漢族割據關隴一隅之地，」而「李唐承襲宇文泰『關中本位政策』，全國重心本在西北一隅，」〔註283〕「關中本位政策」經隋至唐，雖有變化，但基本堅持下來，到唐後期甚至演變爲「長安集團與河北集團政治文化對立之形勢」。〔註284〕

〔註282〕《唐代政治史述論稿》，下篇，《外族盛衰之連環性及外患與內政之關係》，商務印書館，2012 年版，第 198 頁。

〔註283〕《唐代政治史述論稿》，下篇，《外族盛衰之連環性及外患與內政之關係》，商務印書館，2012 年版，第 326 頁。

〔註284〕《唐代政治史述論稿》，下篇，《外族盛衰之連環性及外患與內政之關係》，商務印書館，2012 年版，第 210 頁。

　　筆者以為「關中本位」實為隋唐國策，反映出隋唐帝國在戰略上高度重視關隴核心區，以為政治布局的基點。按照陳寅恪的觀點，這一政策對國家外交也有頗深影響，故唐重視西北開拓，遠征?嶺，保守安西四鎮，〔註285〕甚至影響唐朝東北方政策：「唐室為西北之強敵所牽制，不得已乃在東北方取消極退守之策略。」〔註286〕「唐承宇文氏『關中本位政策』，其武力重心即府兵偏置於西北一隅，去東方之高麗甚遠。」〔註287〕「唐代之中國連結新羅，制服百濟，藉以攻克高麗，而國力分於西北吐蕃之勁敵，終亦不能自有，轉以為新羅強大之資」。〔註288〕

　　我認為這實際上也是唐朝對外地緣政策的基礎。以唐朝前期唐麗戰爭和唐新戰爭來看，在唐代國策以西北內陸為戰略重心的情況下，國家海上力量的發展和海洋開拓並沒有被放在最重要的地位來加以考慮，這對唐的東北亞地緣政策發生支配性的影響。

　　唐前期在西北的西域執行開拓的戰略，唐後期執行重視保守開拓成果的政策，而在東北則截然不同。唐前期延續隋朝的地緣政治發展慣性，為解決與高句麗的爭端和敵對關係而用兵遠至朝鮮半島南端的百濟，連年大力用兵，不斷展開外交活動並發展海上力量，而在解決高句麗與百濟之後，唐朝在唐新戰爭中一經遭受挫折後即開始收縮戰線，承認新羅對大同江南的主權，放棄海上軍事活動，到唐後期甚至棄遼東地與渤海國，這明明是「重西輕東」的地緣戰略。

　　在當時，東亞國家中唐朝和新羅都是傳統的自給自足型農業國家形態，各國都缺乏現代海權意識。發展海權的兩個動力是國家安全與社會經濟生存的需要，這兩個條件在唐代甚至中國古代往往缺乏。唐朝以前中國的東方海濱沒有出現過軍事威脅，沒有來自海上的威脅，統治者的軍事戰略視野主要集中於內陸。陳寅恪認為唐朝國人不善海戰，但唐麗戰爭中海濱騷擾戰、平百濟戰役和白江海戰已證明唐海上力量曾是東亞一流，故唐新戰爭結局雖與

〔註285〕《唐代政治史述論稿》，下篇，《外族盛衰之連環性及外患與內政之關係》，商務印書館，2012 年版，第 331 頁。

〔註286〕《唐代政治史述論稿》，下篇，《外族盛衰之連環性及外患與內政之關係》，商務印書館，2012 年版，第 334 頁。

〔註287〕《唐代政治史述論稿》，下篇，《外族盛衰之連環性及外患與內政之關係》，商務印書館，2012 年版，第 334 頁。

〔註288〕《唐代政治史述論稿》，下篇，《外族盛衰之連環性及外患與內政之關係》，商務印書館，2012 年版，第 335 頁。

作戰失利有關，但和「關中本位政策」仍具有一定聯繫，〔註289〕卻不是陳寅恪在吐蕃兵鋒威脅下放棄半島的緣故〔註290〕。因為韓昇認為「從時間上看，唐朝是在新羅問題告一段落後，才將注意力轉移到西線的」，〔註291〕而筆者檢索史料，未見唐新戰爭中薛仁貴赴東線後吐蕃在西北發動有力攻勢，唐新作戰結束於676年冬，而到678年秋唐將李敬玄才在西線發動對吐蕃的反擊，〔註292〕時隔一年半，則陳寅恪與韓國學者徐榮教認為的唐朝需要調兵西北並不成立。

雖然黃海制海權拱手新羅，固然是作戰失利具體的重要原因，西北軍事形勢的牽制唐朝投入更大力量解決海東戰局，但隋唐不能維持強力海上軍事存在，有其深刻的歷史原因在。隋唐航海能力雖有重大發展，但畢竟是傳統農業大國，且自西北內陸關隴核心區大本營崛起，就戰略重心考量而言，對西北內陸廣大疆域的重視和經營必勝於東北亞海陸格局的關注與計算，更遑論發展海權海軍的需要和意識。如跨海東征百濟以實現南北鉗擊高句麗這一戰略是唐太宗規劃，唐高宗執行的，但在平百濟後戰爭進入關鍵時刻，作為最高統帥的唐高宗竟一度想放棄百濟橋頭堡陣地，虧了劉仁軌上書陳述佔據百濟的戰略利害才勸阻了決策。這說明高宗的地緣戰略頭腦和視野遠不及其父太宗，且暴露其不夠堅韌的性格，對海洋缺乏戰略認識。自秦漢以來，掌控從蒙古草原到中亞的陸權的西北游牧民族被看做是中原王朝的最大威脅，而在唐統治集團看來，西北的陸權才是帝國國防安全的戰略關鍵。唐帝國統治集團認為以關隴地區為軸心安排帝國的國防體系格局和地緣戰略行動才是合理與必須的，儘管新羅吞併受唐朝監護的緩衝國重組了大同江以南的戰略平衡，使唐朝在朝鮮半島的地緣利益受到實際損害，但唐朝不認為自己的核心利益受到侵犯，距離關隴核心區萬里之遙的唐帝國遼東邊疆的國防安全仍然可以得到保障，讓唐高宗接受新羅稱臣帶來的「面子」和一些「裏子」，就足以讓唐朝放棄重新造船征東所帶來的麻煩。

唐朝在朝鮮半島放棄維持羈縻制度的地緣政策，放棄通過海上軍事力量

〔註289〕《唐代政治史述論稿》，下篇，《外族盛衰之連環性及外患與內政之關係》，商務印書館，2012年版，第326～327頁。

〔註290〕《唐代政治史述論稿》，下篇，《外族盛衰之連環性及外患與內政之關係》，商務印書館，2012年版，第345頁。

〔註291〕韓昇：《東亞世界形成史論》，復旦大學出版社，2009年版，第273頁。

〔註292〕《資治通鑒》卷202，中華書局，1956年版，第6384頁，冊14。

重奪黃海制海權，也不尋求在東方海洋重建強大海軍，結果把朝鮮半島戰略控制和黃海制海權拱手讓與新羅，當然新羅只以統一半島為追求，並不威脅唐朝的東方沿海國防安全。新羅執東亞海上航路北路牛耳多年，直到盛唐的一段時間內保持了有力的軍備，抵禦日本入侵，在客觀上為唐朝充當了東方海上的屏障，牽制日本和靺鞨，雖然日本在唐新戰後仍會在海上入侵半島和日本海沿海的靺鞨部，但對唐朝缺乏威脅的能力。

安史之亂後唐德宗初即位想要平定東方叛鎮，結果引起大亂，吐蕃趁機大舉入侵，暫時平息之后德宗朝廷軍事方面以加強西北邊防為主。初唐解決遼東爭端問題，與新羅達成妥協之後，在東方海上也沒有軍事威脅，因此也缺乏發展海上力量的壓力和需要。由於作為朝貢體系盟主的唐朝缺乏有力的海洋戰略，不發展遠海軍事力量，也不謀求海洋霸權，在唐朝前期也不存在可依靠的國際法和相應的條約，東亞國際海洋的權力在各國管轄的近海之外實際存在真空，張保皋海上活動的合理性和必要性就都有了基礎。

在這裡值得一提的還有日本的海洋政策，日本在七世紀之前一直圖謀樹立朝鮮半島南部的控制權，日本大和政權，自 413 年至 502 年向南朝朝貢，向宋朝要求加封「使持節、都督、倭、百濟、新羅、任那、秦韓、慕韓六國諸軍事」的稱號，但因百濟為獨立邦國，且接受南朝冊封，故日本的追求始終未能實現。公元 633 年唐朝在白江之戰中擊敗日本和親日百濟勢力的聯軍，挫敗日本軍事入侵朝鮮半島的遠征行動。戰後受挫的日本致力於學習唐朝，在唐新戰爭中基本持局外旁觀的態度。新羅統一半島，海上力量強盛，日本無機會再次成功入侵，轉為謀求和平為主的國際交流政策，來華使節、留學生、僧侶也搭乘新羅船隻。實際上，日本對於安史之亂後東亞海洋秩序包括對張保皋活動採取的態度是「搭車」，沒有主動地參與塑造和整頓。至於日本的海洋政策的動因本文不予贅述。

六、結　論

張保皋海洋活動的歷史背景宏大，關涉隋唐東亞歷史發展的整體軌迹，原因是多元的，本文難以整體論述，僅從地緣政治角度提出一點看法。張保皋海權活動興起的政治原因不僅在於東亞各國中央集權衰落和新羅國政內因，也與唐朝的國策和地緣政策有關。唐朝前期的地緣觸角自唐新戰爭後從東亞海域收縮，唐朝後期更因為藩鎮割據和堅持國策而著重追求大陸統治狀

態的平衡和西北陸權的穩定，結果還是基本放棄了對海洋權力的追求。唐新戰爭後唐帝國作爲東亞朝貢體系的盟主，在海上影響力徒有虛名而已，在無論對於東亞國際海洋權力、海上力量、海洋戰略各方面都有所缺席的情況下，在東亞海洋地緣博弈中是近乎出局的狀態，因此鄰邦張保皋活動的興起絕非偶然的。

但是唐朝後期對東亞的政策態度，客觀效果仍然是積極的。唐新戰爭後到盛唐的一段時間裏唐朝逐漸和新羅建立了友好的國際關係，到唐後期更是堅持與新羅等東方鄰邦睦鄰往來，面對海洋活動控制權從沿海藩鎮向新羅易手採取了順應的態度，配合張保皋打擊海盜，包括對新羅張保皋掌控國際海權的默許，在客觀上體現了唐新共治東亞海域的「雙贏」智慧，也算是對海洋權力格局的巧妙處理。作爲大國能夠包容小國，放手讓小國代爲維持國際海洋秩序，也是東方社會戰略文化基因裏有重視和平合作的一面的體現。

第五節 小 結

隋唐帝國建立之後，不僅要鞏固內部的安定，也要面對複雜的外部世界，選擇以建立符合儒家國際政治理念的朝貢體系的方式來解決外部安全問題和重建國際交往秩序。在東北亞地區，隋唐帝國首先受到了高句麗政權的嚴重挑戰，由於種種原因，在不得已的情況下隋唐帝國爲了東北亞的主導權而投入了長期的遼東戰事，戰局逐步擴大到了整個東北亞所有國家政權。東北亞軍事形勢自古就受到獨特地理條件的制約，其地緣政治長時段原理爲朝鮮半島是東亞軍事重心所在，而朝鮮半島周邊的戰略樞紐在於半島西南部及其周邊的對馬海峽水域，東北亞地理環境分爲大陸地帶，半島爲主的邊緣地帶，島國所在的海洋地帶三種地帶，東北亞在戰爭狀態下爲海上軍事權力和陸上軍事權力相角逐的沙場，由於軍事地理的緣故，海上力量往往能發揮決定性的戰略影響。經歷了隋朝和自身的軍事挫折，唐朝開始大力發展海上力量，扭轉了整個東亞的軍事和政治局勢。然而，由於軍事體制和政治文化的種種歷史性因素，唐朝並未出現職業的和常設的海軍，隋唐組建的海上軍事力量儘管獲得了江南造船工業強大技術能力與巨大財政投入兩者的支持，卻仍是年高陸軍將領統帥的臨時招募的水軍。由於戰事過於持久，在唐新戰爭開始後疲敝不堪的唐朝海軍屢戰屢敗，最終在黃海輸給了新生的新羅海軍。隋唐

的歷史也表明確實工業和戰略文化兩方面存在著影響戰爭成敗的重要因素。

　　唐後期東亞各主要國家都出現了中央權力弱化的傾向，以致海上秩序混亂，海賊猖獗。新羅人張保皋奮起於海上，安定東亞海上秩序，首次興起東方海權。作為大國的唐帝國在經歷憲宗中興之後國勢稍振，包容和默許新羅海權的存在，實際承認和共享了其積極效果，是值得啟示的歷史經驗。

後序：學史多年的一點感想

其實學術研究是「仁者見仁，智者見智。」不同的人從不同角度進行的觀察會得出不同結論，任何角度的觀察都可能有不足之處，只要盡量避免「瞎子摸象」，能夠提出「一家之言」就好。我雖然人輕言微，軍事史和漕運史的研究也已經耗費了超過十年的光陰，儘管沒有什麼值得一提的成績，但因為各種關係，也難免有點感想抒發，恐猶如蟲在草叢，自鳴擾擾。

專門史研究需要借鑒專門學科的理論方法視角資料，軍事史也不例外。專門史研究者應當努力培養自己的跨學科素養，掌握有益的專門學科知識理論為專門史研究服務。過去前輩學者講「地理是歷史的舞臺」，其實地理也是軍事活動的舞臺，更是軍事歷史活動得以展開的波瀾壯闊的舞臺。研究軍事史很難忽視軍事地理因素。過去我們反對地理決定論，當然地理決定論過於強調地理的支配性，固然是有問題的，但地理虛無論，只強調主觀意志和武器裝備的作用也是有問題的。筆者研究古代軍事活動，感覺地理因素對軍事活動的影響實在是難以低估地重要，這種重要性來源於地理條件對軍事活動的限制，以及軍事活動對地理條件的利用和順應。地理條件也曾考驗古代戰略家的智慧。時代變化以後，地理面貌仍然具備相當的穩定性，改變的是技術手段。

過去讀書的時候，看到不少同學同仁往往要問研究歷史的用處是什麼？從事研究工作以後，我繼續觀察，發現即使是明確了答案的年長學者也有不同的認識和說法，而面對學科之外的人解釋起來總是很難，這個問題也曾很困擾我自己。

有同仁指出歷史研究的目的在於「求眞」，我贊同，但是「求眞」只能是歷史研究的一部分目的，甚至可能是最基本的低層次目的，第一層目的而已。「求眞」更多的屬性是達到目的的手段。很顯然的是，各個學科都把求眞規

定爲目的和手段，哥白尼觀測星系堅持日心說不是爲了求得宇宙運行的眞實嗎？愛因斯坦的相對論研究不是爲了探索物理規律的眞實面貌嗎？追求眞理是所有學科科學研究的目的，遵循這一原則是研究者的職責，除非歷史學研究不歸入科學研究的範疇，否則同樣要具備這一共性。歷史研究即使不是科學研究，也與文學創作不同。「求眞」首先是歷史研究的手段，即還原歷史的本來面貌，然而還原的意義何在？人類僅僅是純粹爲瞭解眞相而研究歷史嗎？如果歷史研究只能追求眞相的還原，則有可能陷入枯燥的考證，固然有學術價值，但是有可能（僅僅是有可能）造成死氣沉沉的成果。當年的我的博士論文在答辯的時候就曾經被一位研究社會生活史的前輩教授稱爲考證雖然過關，但可讀性較差，語言表達單調，這話說得甚有道理，我很信服，現在想起來不僅莞爾，也沒有多少長進。

眞相可以審美，提供樂趣，也可以警示，促醒思考。歷史可以提供經驗教訓，這是過去一直在講的，但我認爲這至少應該算是歷史研究的第二重價值所在吧。自從讀碩士之後，每每聽到導師嚴先生講歷史學是關於「智慧」的學問，我想這是再準確不過了。在完成還原眞相的手段性工作之後，「智慧」的提煉才剛剛開始。以此而論，歷史研究的作用會比之前第一個層次「求眞」更明朗，更接近實用。當然，歷史研究與實用的關係總是不那麼直接。但是無論哪一個社會科學的學科能說不需要本學科的專門史研究？哪一個社會科學學科能說本學科的專門史研究是無用的？陳寅恪先生曾講歷史研究選題要選擇「國計民生」，其中人文關懷的精神不言而喻，筆者以爲這就是與在整理眞相的基礎上尋找有用的智慧有關。

「智慧」有具體的，爲解決某一個具體問題直接提供答案的歷史參照，也有抽象的，最高級的「智慧」，即「價值」。歷史研究最深奧的部分應該是歷史哲學吧？在歷史研究完成眞相的整理和智慧的提煉之後，應該可以對把具體的「智慧」昇華爲抽象的「價值」發生重大的助力。陳寅恪先生的《柳如是別傳》就有崇高的「價值」寓於其精密繁複的考證論述之間。

說說容易做做難，要達到歷史研究的這三重境界何其不易？好在前輩學人中有不少做得好的，可以作爲榜樣激勵自己，聊以自慰，對於至今仍立足山腳，仰視高峰的我而言，追求攀登過程的樂趣勝於成敗吧。

2014 年 10 月 6 日於滬上方圓居

附圖表

1、五代漕運形勢圖（摘自本人碩士論文《五代十國時期的漕運與軍事》，2002 年上海師範大學碩士畢業論文，稍有修訂）（黑白手繪）

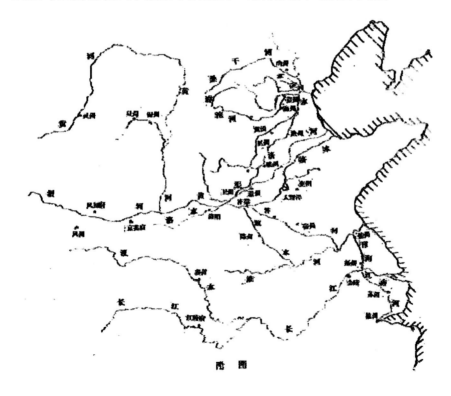

2、隋朝漕運系統結構圖（黑白手繪）

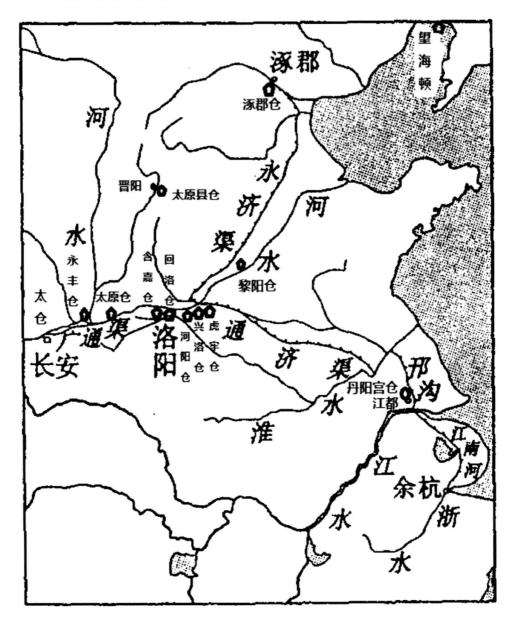

3、第三章第三節附表：

附表一：統計所依史料以正史為主，兼用《冊府元龜》、《文獻通考》，並參考《五代十國方鎮年表》〔註1〕，基本覆蓋與論文討論問題相關的五代與運使職制置情況：

任命使職時間	出任使職人物	所任使職名號	相關歷史事件	使職唐代淵源
後唐同光三年（925）二月	內官馬紹宏	北面轉運使	辟劉審交爲轉運判官，時趙德鈞鎮幽州，契丹入寇	無
後唐同光三年（925）九月	李茂貞子李從曮	詔充供軍轉運應接使	以魏王繼岌伐蜀，	無
後唐同光三年（925）	任圜	改行軍司馬，充北面水陸轉運使，仍知府事。	受契丹威脅，同光二年改鎮州爲北京，以任圜爲工部尙書兼眞定尹、北京副留守，行留守事。次年，郭崇韜兼鎮	無
後唐同光三年（925）四月丁亥	鎮州節度使李嗣源	兼北面水陸轉運使，徐州節度使李紹眞爲副	契丹南侵，漕運艱難，發生兵變	無
後唐天成元年（926）	鹽鐵判官、太僕卿趙季良	爲孟知祥官告國信兼三川都制置轉運使	魏王繼岌、郭崇韜率蜀中富民輸犒賞錢五百萬緡，聽以金銀繒帛充，給軍之餘，猶二百萬緡。任圜判三司知成都富饒。孟知祥企圖割據，截留租賦	無
後唐天成元年（926）	烏震	遷冀州刺史，兼北面水陸轉運使	明宗聞其名，擢拜河北道副招討使，領寧國軍節度使，	無
天成二年（927）二月戊子	前北面水陸轉運招撫使、守冀州刺史烏震	領宣州節度使		

〔註1〕朱玉龍，《五代十國方鎮年表》。

任命使職時間	出任使職人物	所任使職名號	相關歷史事件	使職唐代淵源
後唐天成三年（928）	劉審交	轉運供軍使	王都據定州叛，朝廷命王晏球進討，王都平，以劉審交勞授遼州刺史	無
後唐天成三年（928）夏四月戊寅	樞密使、權知鎮州軍府事、檢校太保范延光	為鎮州節度使兼北面水陸轉運使	契丹陷平州，王都勾結作亂	無
後唐天成四年（929）	劉審交	復為北面供軍轉運使，改磁州刺史	王晏球得勝還朝，謝久煩饋運。契丹繼續入寇	無
後唐長興元年（930）	蔡州刺史、加檢校司徒、左領軍衛大將軍充客省使張延播	命為馬軍都監，後遷鳳州防禦使、西面水陸轉運使	後唐莊宗伐蜀	無
後唐長興三年（932）夏	劉處讓	為河北都轉運使	魏博屯將張令昭逐其帥以城叛，朝廷命范延光領兵討之	無
歷梁、唐	婁繼英	絳、冀二州刺史、北面水陸轉運使、耀州團練使		無
後晉開運二年（945）八月丁丑	三司副使、給事中李谷	為磁州刺史，充北面水陸轉運使	契丹大舉入寇	無
開運二年（946）十二月	焦繼勳	拜秦州觀察使兼諸蕃水陸轉運使	西人寇邊，朝議發師致討，繼勳抗疏請行	無
後晉末帝末年	王章	為省職，歷沔陽糧料使	為都孔目官，從漢高祖至河東，專委錢穀	無
後漢乾祐元年（948）七月壬子	工部侍郎判三司李谷	充西南面行營都轉運使	河中節度使李守貞叛亂	無

任命使職時間	出任使職人物	所任使職名號	相關歷史事件	使職唐代淵源
後漢乾祐三年（950）四月庚寅	西南面水陸轉運使、工部侍郎李谷	爲陳州刺史	去年平定李守貞叛亂	無
顯德五年（958）六月丁丑	中書舍人張正	爲工部侍郎，充江北諸州水陸轉運使	後周收得江北	無
顯德五年（958）六月多十月	戶部侍郎高防	爲西南面水陸轉運使	將用師於巴、邛故也	無
顯德六年（959）九月丙辰	三司副使王贊	爲內客省使兼北面諸州水陸轉運使	周世宗北伐契丹，五月得關南	無

附表二：包括宋初統一戰爭期間轉運使任命的主要史事，史料依據為《宋史》

年代	出任使職人物	所任使職	相關史事
北宋建隆四年（963）	陝西轉運使沈倫	用爲隨軍水陸轉運使	王師伐蜀
北宋乾德二年（964）	曹翰	兼西南諸州轉運使	太祖親征西蜀，移刺均州，澗谷深險，翰令鑿石通道，師旋以濟；自石門徑趨歸州，餉運不乏
北宋開寶三年（970）	王明	選爲荊湖轉運使，以明爲隨軍轉運使。	會用兵於嶺南，大舉南征，山路險絕，舟車不通，但以丁壯數萬人轉遞，供億不闕。每下一郡一城，必先保其簿書，守其倉庫。廣州平，爲本道轉運使。太祖嘉其功，擢授秘書少監，領韶州刺史，充轉運使。俄以潘美、尹崇珂爲嶺南轉運使，以明爲副使。
北宋開寶五年（972）	潘美	平南漢，拜山南東道節度，開寶五年，兼嶺南道轉運使	土豪周思瓊聚眾負海爲亂，美討平之，嶺表遂安
北宋開寶五年（972）十一月庚辰	參知政事薛居正、呂餘慶	兼淮、湖、嶺、蜀轉運使	

年代	出任使職人物	所任使職	相關史事
北宋 開寶五年（972）	薛居正	加吏部侍郎。兼淮南、湖南、嶺南等道都提舉三司水陸發運使，又兼門下侍郎，監修國史	
北宋 乾德六年	趙逢	爲隨軍轉運使，鑄印賜之。	太祖征太原
北宋 開寶年間	邊珝	兼領淮南轉運使	會徵江表
北宋 開寶年間	邊珝	知江北諸州轉運事	金陵平
北宋 開寶年間		知州事兼水陸計度轉運使事，加兵部員外郎。	征南唐，命克讓知升州行府。升州平，
太平興國初	楊克讓	以克讓爲兩浙西南路轉運使。	會錢俶、陳洪進來歸疆土，泉州民嘯聚爲盜，克讓在福州，即率其屯兵至泉州，與王明、王文寶共討平之。四年，徙知廣州，俄兼轉運市舶使
北宋一代			都轉運使、轉運使、副使、判官：掌經度一路財賦，而察其登耗有無，以足上供及郡縣之費。歲行所部，檢察儲積，稽考帳籍，凡吏蠹民瘼，悉條以上達，及專舉刺官吏之事。熙寧初，詔河東、河北、陝西三路漕臣許乘傳赴闕，留毋過浹日。既又詔三路漕臣，令自闢屬各二員，以京朝官曾歷知縣者爲之